Holger Cebulla

<u>Törn auf dem Bodensee</u>

Vorwort

Die hier beschriebenen Ereignisse sind nicht frei erfunden, allerdings hat sich der Autor die Freiheit genommen, einiges ein bisschen zu verändern oder Situationen zusammenzulegen. Die handelnden Personen entsprechen der Realität, aber deren Namen sind fiktiv.
Für Bootslaien werden im Glossar Fachbegriffe, die im Text erwähnt werden, erklärt.

Vorspann

Es fing alles damit an, dass wir eigentlich gar nicht an den Bodensee wollten. Wir, das sind Randi, ein 6,5 m GFK Kajütboot, ihr Partner Sir John, unser 70 PS Johnson Außenborder, meine Freundin Tina und ich, der Skipper, Finanzier und Eigner der beiden ersten.
Unser Urlaubsziel sollte dieses Jahr Frankreich sein, der Canal du Midi stand auf dem Programm. Als verantwortungsbewusster Skipper hatte ich mir schon im Januar die entsprechenden Karten, Reiseführer und Törn Beschreibungen besorgt. Im Februar waren diese ausgiebigst studiert worden und die Route abgesteckt. Im März hatte ich alle Hände voll damit zu tun, Randi und Sir John für die kommende Saison vorzubereiten, denn Randi bekam einen neuen Anstrich. Ende April waren die bootsfreien Wintermonate endlich beendet, Randi lag wieder auf ihrem angestammten Liegeplatz in Hann.-Münden an der Wesermündung und strahlte erwartungsvoll in ihrem

neuen Farbkleid der Saison entgegen. Im Mai überlegte ich, was noch alles am Schiff gerichtet werden müsste, denn nur noch ein Monat verblieb bis zum langersehnten Urlaub.

Anfang Juni beschloss der Opa von Tina, mit dem sie zusammenlebt, zu sterben. Das ist an und für sich nichts Besorgniserregendes oder Ungewöhnliches, denn der alte Herr verkündet regelmäßig einmal im Sommer und mindestens zweimal im Winter, er gedenke jetzt die Augen für immer zu schließen. Da er es so seit nunmehr zehn Jahren hält und trotzdem (oder gerade deswegen?) das stolze Alter von 88 erreicht hat, nahmen wir es als den schon erwarteten und längst überfälligen Sommertermin. Allerdings schien er es diesmal doch etwas ernster gemeint zu haben, denn er legte sich ins Bett und stand nicht mehr auf. Der eilig herbeigerufene Arzt diagnostizierte eine Grippe mit leichter Lungenentzündung, schüttelte bedächtig sein Haupt und meinte, es sei zwar nichts Lebensbedrohendes, aber in dem Alter wisse man nie. Da er Derartiges seit nunmehr auch schon zehn Jahren von sich gibt, waren wir eigentlich wieder beruhigt. Ernstzunehmender allerdings schien uns die Tatsache, dass der alte Herr Bier und Schnaps kategorisch ablehnte. Bei den bisherigen Sterbeankündigungen hatte er seine Gewohnheit, zwei bis drei Bierchen und ebenso viele Schnäpse am Tag zu trinken, nie aufgegeben. Überdies verkündete er seinen „letzten Wusch", nämlich im Kreise „seiner Lieben" zu sterben. Da er schon seit 20 Jahren mit seiner Familie zerstritten ist, was wir bei *der* Familie gut verstehen können, konnte er damit eigentlich nur Tina gemeint haben, die mit ihm bestens auskommt, sieht man einmal von seinen doch manchmal recht nervigen Sterbemarotten ab.

Wir beraumten also eine Krisensitzung ein. Tina sagte, sie sei entschlossen, ihren Urlaub zu opfern und dem Opa zur Seite zu stehen, diesmal sei es wohl wirklich ernst. Ich erklärte mich daraufhin sofort bereit, denn ich liebe meine Tina sehr, ebenso zu Hause zu bleiben und mich mit ihr in der Pflege des alten Herrn abzulösen. Dies Ansinnen lehnte Tina aller- dings mit der Begründung ab, wenigstens einer von uns beiden sollte richtig Urlaub machen, und ich hätte mir den Urlaub dieses Jahr wahrlich verdient (Tina liebt mich eben auch!). Der Form halber protestierte ich zwar, doch - um ehrlich zu sein- ich war ganz froh, dass Tina mein Angebot ablehnte, denn ich hatte den Urlaub wirklich nötig, zumal er auf die Schnelle auch nicht mehr an einen späteren Termin verschoben werden konnte.

Das hieß allerdings, den Canal du Midi als Urlaubsziel aufzugeben, denn als Alleinfahrer sind über 200 Schleusen wirklich nicht zu schaffen. So holte ich mir am Abend des nächsten Tages eine Flasche „Beaujolais" aus der Vorratskammer, sozusagen in Memoriam France, und dachte über ein solches nach. Nachdenken ist an und für sich eine Be- schäftigung, die ich häufig und gern betreibe. Was ich allerdings partout nicht ausstehen kann, ist Nachdenken unter Zeitdruck. Und in einem solchen befand ich mich zweifelsohne, denn nur noch knapp drei Wochen verblieben mir bis zum ersten Urlaubstag. 100 Mög- lichkeiten wurden durchdacht und ebenso viele

verworfen, ohne dass bei meinen Gedanken-
spielen etwas Brauchbares herausgekommen
wäre. Als ich vor lauter Frust schon ernsthaft
erwog, doch bei Tina und dem Opa zu bleiben,
fiel mir ein, dass ein Kollege neulich begeistert
von seinem Urlaub am Bodensee erzählt hatte.
Das Wasser sei rein, das Wetter stets sonnig,
die Preise noch in Ordnung und die
Touristenströme hielten sich in Grenzen. Die
Flasche Beaujolais war inzwischen leer, und da
ich keine weitere hatte, legte ich jetzt kurzent-
schlossen mein diesjähriges Reiseziel fest: der
Bodensee.

Meine Freundin Tina behauptet immer, ich sei
nicht unbedingt das, was man entschluss-
freudig nennen könne, aber wenn ich einmal zu
einer Entscheidung gekommen bin, setze ich
diese konsequent in die Praxis um. Daher
schritt ich am nächsten Tag auch sofort zur Tat
bzw. dem Telefon und bestellte bei einer
Hamburger Spezialbuchhandlung eine Boden-
seekarte sowie einen Reiseführer für Wasser-
sportler. Als das Verlangte am übernächsten
Tag eintraf, taten sich bei der Lektüre allerdings
zwei Probleme auf. Das erste bestand darin,
dass auf dem Bodensee mein Binnenführer-
schein nicht galt und ich ein Bodenseeschiffer-
patent brauchte, um dort mit Randi fahren zu
dürfen. Das zweite Problem bestand darin,
dass auf dem Bodensee aus Umweltgründen
strenge Abgasvorschriften für Bootsmotoren
gelten, und in einer Liste, die ich dem Internet
entnahm, Sir John, der schon 14 Jahre alt ist,
in dieser nicht aufgeführt war, also keine
Bodenseezulassung hatte. Aber da wir noch
einen Hilfsmotor mit 9,9 PS für Notfälle

besitzen, falls Sir John mal streiken sollte, genannt der kleine John, beschloss ich, diesen zur Hauptantriebsquelle zu befördern, denn er war laut Netz zugelassen. Das bedeutete zwar noch etliche Umbauarbeiten an meinem Schiff, aber die erschienen mir in der verbleibenden Zeit bewältig bar. Sorge machte mir Problem Nummer eins: Wie kam ich innerhalb von drei Wochen an ein Schifferpatent?

Am nächsten Tag rief ich das Landratsamt in Konstanz an. Eine freundliche Stimme versicherte mir, dass die Prüfung sehr leicht sei und die Durchfallquote im Schnitt nur 30% betrage (was mich ungemein beruhigte!). Der Beamte gab mir die Titel von etwa 10 Büchern, die zur Vorbereitung dienlich seien. Als ich allerdings nach dem nächsten Prüfungstermin fragte, nannte er den 20. Juni, was bedeuten würde, die Hälfte meines Urlaubs auf den Prüfungstermin zu warten. „Tja, leider haben wir vorher nichts mehr frei, wir sind einfach zu überlaufen. Friedrichshafen hat die gleichen Probleme. Aber versuchen Sie es doch mal beim Landratsamt in Lindau, das ist Bayern, vielleicht sind die noch nicht so überlaufen. Ich gebe Ihnen mal die Telefonnummer." Ich bedankte mich herzlich, schwor meinem in vielen Jahren aufgebauten Vorurteil über die Unfreundlichkeit deutscher Beamten ab und rief in Lindau an. „Schönen guten Tag, ich rufe aus Göttingen an. Könnten Sie mich bitte mit dem zuständigen Beamten verbinden, der für die Bodenseeschifferpatentprüfung zuständig ist?" - „Moment bitte, ich verbinde." Das war allerdings gelogen, denn anstelle einer Verbindung erfolgte eine Unterbrechung. Als ich mein

Glück ein zweites Mal versuchte, war eine andere Stimme am Ende der Leitung: „Grüß Gott, Müller. Wie kann ich Ihnen helfen?" Ich sagte erneut mein Sprüchlein auf und erfuhr zu meiner Freude, dass Herr Müller selbst der zuständige Beamte war. Er nannte mir nur zwei Bücher zur Prüfungsvorbereitung, sagte mir, dass Bayern ein Multiple Choice Verfahren bei seinen Prüfungen praktiziere (welches ich beruflich sehr schätze, denn damit „ärgere" ich gewöhnlich bei Prüfungen meine Schüler), und stimmte mich vor allem dadurch glücklich, dass der nächste für mich in Frage kommende Prüfungstermin am Dienstag übernächster Woche liege, meinem zweiten Urlaubstag. Herr Müller, der wegen seines für Norddeutsche so ungewöhnlichen Grußes bei mir sogleich den Spitznamen „Grüß Gott Müller" erhielt, versprach, mir sofort den Bogen über die Eignungsvoraussetzungen zum Erwerb des Bodenseepatents zuzusenden und auch gleich die zwei erwähnten Bücher mit dazu zupacken. Ich könne ja dann mit den Prüfungsgebühren die Bücher mitbezahlen. Soviel Vertrauen der deutschen Bürokratie gegenüber seinen Bürgern hatte ich wahrlich nicht erwartet. Und als schon am nächsten Tag ein dicker Brief in meinem Kasten lag, musste ich mir kleinlaut eingestehen, dass auch mein Vorurteil über die Langsamkeit der deutschen Bürokratie wohl nicht mehr aufrechtzuerhalten sei.

Der amtlicherseits so bezeichnete "Bodensee-schifffahrtsprüfungseignungsbogen" wurde sofort meinem Hausarzt vorgelegt, der mir bestätigte, weder farbenblind, noch taub, noch sonst wie nicht geeignet zu sein, das begehrte

Zertifikat zu erwerben. Nur meine Seeschärfe sei zwar mit Brille ausgezeichnet, ohne allerdings allenfalls ausreichend. Daher steht auch in meinem Sportboot Führerschein der schöne Satz: „Eine geeignete Sehhilfe ist mitzuführen". Wohlgemerkt, nur mitzuführen, von auf die Nase Setzen wird nichts gesagt. Meine Heimatgemeinde bestätigte mir als nächstes erstklassige Führung, auch das eine Bedingung, um als geeignet für die Bodenseeschifffahrtsprüfung zu gelten. Schließlich erteilte ich noch meiner Bank die Anweisung, 55,00 Euro Prüfungsgebühr plus 20,00 Euro für die mitgelieferten Bücher auf das Konto der Stadtkasse Lindau zu transferieren. Dann steckte ich den nunmehr ausgefüllten Bodenseeschifffahrtsprüfungseignungsbogen nebst zweier Lichtbilder in einen Briefumschlag und warf diesen in den Briefkasten. Damit war der erste Teil zur Erlangung des Bodenseeschifferpatents erledigt.

Der zweite Teil bestand in der Aneignung der entsprechenden Kenntnisse, wofür mir Grüß Gott Müller ja die beiden Bücher mitgeschickt hatte. Ich büffelte also täglich zwei bis drei Stunden und fühlte mich nach einer Woche so fit, dass ich Tina bat, mich abzufragen. Anschließend fühlte ich mich zwar weitaus weniger fit, aber eine knappe Woche verblieb mir ja noch die Lücken zu schließen.

Drei Tage vor Urlaubsbeginn machte ich mich daran, Sir John ab- und den kleinen John anzubauen. Das gestaltete sich schwieriger und langwieriger als gedacht. Jedenfalls propelte ich den ganzen Sonnabend daran und war abends noch im Schein einer Taschenlampe damit beschäftigt, den Gaszug in die entsprechenden Führungen zu pfriemeln. Sonntagmittag gab es dann einen kurzen Probelauf des Kleinen John, es schien alles in Ordnung zu sein. Aber wie der Arzt vom Opa schon sagte: Man weiß ja nie.

Randi kam mit Hilfe eines Vereinskameraden des Weser Yachtclubs, der einen Geländewagen sein Eigen nennt, auf Schluppi, das ist ihr Butler für Landausflüge, profan auch Trailer genannt, wurde mit Lebensmitteln, Büchern, Klamotten und Sonstigem vollgepackt, an Nora, das ist mein Auto, das Schluppi schleppt, angekuppelt und vor meine Haustür gefahren. Dort verbrachte sie die Nacht, darauf wartend, dass endlich der große Törn losgehe.

Ihr Skipper tat das gleiche, allerdings nicht auf der Straße, sondern in seinem großen, schönen Bett.

1. Tag

Ich verbringe eine etwas unruhige Nacht, wahrscheinlich das Reisefieber, und werde lange vor dem Wecker Klingeln wach. So bleibt genug Zeit in Ruhe zu frühstücken und dann noch ein paar Dinge, die mir dabei eingefallen waren, in zwei Plastiktüten zu verstauen. Randi und Nora begrüßen mich erwartungsvoll und -so scheint es mir- gut ausgeschlafen. Ich gehe einmal um das Gespann herum und kontrolliere, ob die Spanngurte, mit denen mein Schiff auf dem Trailer festgezurrt ist, sich nicht gelockert haben. Dann ruckele ich noch mal am

Stecker der Elektroverbindung von Schluppi zu Nora, aber auch der sitzt fest. Okay, dann können wir also. Ich programmiere das Navi und dann ist es endlich soweit, der Tross setzt sich in Bewegung.

Daran gewöhnt eine unterhaltende Beifahrerin auf solchen Urlaubsstrecken an meiner Seite zu wissen, ist mir ein wenig mulmig ob der 9 bis 10 Stunden Fahrzeit, die ich mir mit Trailer (als Hemmschuh) ausgerechnet habe, um mein Urlaubsziel zu erreichen.

Die erste Etappe bis Fulda geht problemlos vonstatten, sieht man einmal davon ab, dass ich fast die Abfahrt auf die Würzburger Autobahn verpasst hätte, trotz Ansage meines Navis, was mir mit Tina an meiner Seite nicht passiert wäre, ist sie doch neben einer unterhaltsamen auch eine aufmerksame Beifahrerin. Kurz hinter Fulda lege ich eine kurze Rast ein und trinke einen Kaffee.

Die nun folgende Strecke bis Würzburg zieht sich endlos. Rollt man mit 80 bis 90 km/h dahin, hat man irgendwie das Gefühl, eigentlich gar nicht voran zu kommen. Obwohl ich mich ausreichend mit Musik CDs eingedeckt habe, ist mir stinklangweilig und ich muss aufpassen, meine Aufmerksamkeit für das Verkehrsgeschehen aufrecht zu erhalten.

Sechzig Kilometer hinter Würzburg lege ich die zweite Pause ein, mein Auto braucht neues Futter. Auch ich verspüre Hunger. Rippchen mit Sauerkraut bietet die Raststätten Küche, durchaus genießbar. Vor dem jetzt vor mir liegenden Autobahnstück bis Stuttgart habe ich wirklich Bammel. Zum einen bin ich bisher dort regelmäßig in Staus geraten und zum zweiten ist dieser Autobahn Abschnitt recht bergig, was mit einem Gespann, dessen Zugfahrzeug nur 140 PS hat, recht nervig werden kann.

Wider Erwarten klappt aber alles hervorragend und so finde ich mich nach nunmehr sechs Stunden Fahrzeit auf der Autobahn Richtung Lingen wieder. Da es mir immer noch an einer Beifahrerin mangelt, habe ich inzwischen begonnen, mit meinem Auto zu reden. Alles was mir so durch den Kopf geht muss sich Nora anhören und „nebenbei" auch noch Randi, den kleinen John und Schluppi ziehen. So hat sich mein braves Auto bestimmt gefreut, jetzt von mir ein dickes Lob zu hören, die Berge so gut bewältigt zu haben.

Ohne Pause geht es weiter, die letzten 120 Kilometer schaffen wir auch noch.

Entsprechend kaputt und verspannt stelle ich schließlich um 18.00 Uhr mein Gespann in Sipplingen auf einen Parkplatz gleich neben dem Yachthafen. Ich dehne und recke die müden Glieder und werfe dann einen ersten Blick auf mein Urlaubsrevier. Ein tiefblauer See erstreckt sich in scheinbar unendliche Weite. Viele Segelboote kreuzen auf ihm, die mit ihrem weißen Tuch einen reizvollen Kontrast zum Blau des Wassers bilden. Nur vereinzelt sehe ich auch Motorboote, die, im Gegensatz zu den Seglern, meist mit schäumender Bug-welle schnurgerade mit viel Speed ihre Bahnen ziehen. Der Yachthafen erscheint mir riesig, Boot an Boot liegt an den Stegen. Eigentlich sind es eher ausgewachsene Yachten, unter acht Metern Länge scheint es hier kaum ein Schiff zu geben. Ob ich mit der kleinen Randi auf dem Bodensee glücklich werde? Erste

Zweifel beschleichen mich. Nun ja, wir werden sehen, erst mal muss ich ja sowieso mein Patent erwerben.

In einer gutbürgerlichen Gaststätte genehmige ich mir einen Kaffee und einen Strammen Max. Beides mundet zufriedenstellend. Allein der Preis ist ziemlich happig. Wie hatte doch mein Kollege gesagt, am Bodensee sind die Preise noch in Ordnung? Sollte er, der als etwas tüttelig gilt, womöglich den Bodensee mit Mallorca verwechselt haben, wo er seinen vorletzten Urlaub verbrachte?

Gegen 19.00 Uhr klettere ich wieder ins Auto und fädele mich in den Verkehr auf der B 31 ein. Ich will möglichst heute noch bis Lindau kommen, damit ich morgen vor der Prüfung noch mal in Ruhe in die Bücher schauen kann. Die B 31 führt in weiten Teilen direkt am See entlang und bietet auf diesen wunderschöne Ausblicke. Allerdings ist sie auch die einzige Verbindung nach Lindau, will man nicht einen weiten Umweg über Nebenstraßen fahren, was sich mit einem Gespann von selbst verbietet. Gegen Abend, wenn alles vom See zurück in die Unterkünfte strömt, ist diese Straße eine der meist befahrenen am Bodensee. Und richtig, gleich hinter Sipplingen geht es los, Nora gerät in Stau Nr. 1, deren Ursache eine Baustelle mit, wie es so schön im Amtsdeutsch heißt, einspuriger Verkehrsführung ist. Eine halbe Stunde benötige ich für genau drei Kilometer. Bis Immenstaad kommen Nora, Schluppi und Randi dann wieder zügiger voran, doch dort ereilt uns Stau Nr. 2, Ursache unbekannt. Stop-und-Go Verkehr bis Meersburg. Durch das ständige Anfahren und Abbremsen fängt schließlich die Kupplung meines Autos an zu stinken. Leichte Panik überfällt mich, wobei ich das Gespann schon mit verendeter Kupplung am Straßenrand stehen sehe, selbst zum Stauauslöser werdend. Doch nichts von alledem passiert, außer besagter Geruchsbelästigung verrichtet Nora brav ihre wirklich nicht leichte Arbeit. Hinter Friedrichs-hafen entsteht Stau Nr. 3. Eine Fähre ist eingelaufen, von der sich jede Menge Autos Richtung Lindau ergießen. Im 20 Kilometer-tempo quält sich die Blechlawine voran, mein Gespann mittendrin.

Kurz vor 21.00 Uhr erreichen wir ziemlich entnervt endlich Lindau. Ich folge dem Hinweis-schild Altstadt, denn dort soll –laut Beschrei-bung von Grüß Gott Müller- morgen die Patentprüfung stattfinden. Mein Bodensee-führer nannte mir hier zwei Hotels, die preis-wert und nahe dem Hafen seien, also für Bootsleute bestens geeignet. Allerdings stellt sich nun ein Problem: Die Altstadt von Lindau ist ja bekanntermaßen eine Insel und daher herrschen hier nicht nur beschränkte Platz-, sondern ebensolche Parkverhältnisse. Vor dem ersten Hotel gibt es keine, also fahre ich weiter zum nächsten, doch auch hier stellt sich das gleiche Problem. Okay, dann suche ich mir erstmal irgendwo in der Stadt einen Parkplatz und gehe dann zu Fuß zu den Hotels, beschließe ich. Aber wo finde ich hier einen solchen für mein immerhin fast 12 Meter langes Gespann? Ein Großparkplatz nahe der Insel-halle wird angelaufen und wieder verlassen, denn noch nicht einmal für einen PKW gibt es hier einen Standplatz, geschweige denn für ein

Gespann. Also versuche ich mein Glück noch mal in der Nähe des Bahnhofs, hier soll es weitere Parkplätze laut meinem Navi geben. Leider verfahre ich mich aber und gerate in die kleinen, recht engen Gassen der Altstadt. Hier muss ein Gespann dieser Länge natürlich langsam, vorsichtig und mit höchster Konzentration bewegt werden, und so bildet sich allmählich hinter Schluppi eine entsprechende Schlange von Autos. Leider passiert mir dann ein Missgeschick: Als die Straße eine scharfe Rechtskurve macht, parken an dessen Rand -verbotswidrig- Autos. Obwohl ich vorsorglich ganz weit nach links aushole sehe ich im rechten Außenspiegel, dass Schluppi, fahre ich noch einen Meter weiter, gleich die abgestellten PKW rammen wird. Ich bremse und stelle den Warnblinker an. Als ich dann aber zurück-rangieren will, sehe ich im linken Spiegel, dass gleich hinter Schluppi eine Auto Schlange steht, eigentlich logisch, denn die war ja die ganze Zeit hinter mir. Verflixt, was mache ich nun? Kurz entschlossen steige ich aus und marschiere zum ersten Auto hinter meinem Gespann. Ein junges Pärchen schaut mich ein wenig gereizt an, reagiert dann aber sehr lieb, als ich mein Problem erkläre. Der junge Mann geht von Auto zu Auto und bittet, zurück zu fahren, damit ich Rangieren kann. Seine Freundin versucht mich derweil durch Hand-zeichen einzuweisen. Leider erweist sie sich aber für diesen Job als wenig geeignet, denn sie stellt sich genau hinter das Gespann und damit in den toten Winkel, sodass ich ihre gutgemeinten Gesten in den Rückspiegeln nicht sehen kann. Nach mehrmaligem Vor- und

Zurückfahren klappt es aber auch ohne sie, und mein 12 Meter Tross ist endlich um die Kurve herum. Die Parkplätze am Bahnhof sind auch alle belegt, also bleibt wohl nur, die Insel zu verlassen. Inzwischen ist es viertel vor zehn, wo bekomme ich um diese Zeit noch ein Hotelzimmer her? Notfalls könnte ich im Boot schlafen, aber das setzt natürlich einen Parkplatz voraus und dem jage ich ja die ganze Zeit hinterher. Vielleicht sollte ich mir irgendwo in der Botanik einen Feldweg suchen und dann morgen wieder in die Stadt kommen. Aber find mal einen in der Dämmerung. Hier in Lindau ist es jedenfalls noch taghell, überall brennen die Straßenlaternen und die Uferstraße, auf der ich jetzt entlangfahre, wird zusätzlich noch von am See stehenden Lampen angestrahlt.

Immer noch unschlüssig, was ich tun soll, entdecke ich plötzlich ein Schild: „Hotel am See, eigene Tiefgarage". Eigene Tiefgarage, das könnte die Rettung sein. Ich folge augenblicklich dem Hinweisschild, welches mich in eine kleine Nebenstraße lockt, die, als ich schon befürchte, in einer Sackgasse stecken zu bleiben, sich zu einer kiesbedeckten Auffahrt verbreitert und mich direkt vor das Eingangsportal eines nobel aussehenden Hotels führt.

Wohltuende Ruhe umfängt mich, als ich aussteige. Bis auf das Rauschen der Wellen vom See ist kein Geräusch zu hören, noch ein Mensch zu sehen. Ob die schon geschlossen haben? Aus der Eingangshalle dringt allerdings Licht, dem ich sogleich voller Hoffnung entgegen strebe.

Hinter der Rezeption sitzt eine etwas verschlafen wirkende Frau Mitte 30, die in einer Zeitung blättert. Bei meinem Erscheinen legt sie selbige rasch zur Seite, knipst ihr Gästelächeln an, und fragt, was sie für mich tun könne. „Ich hätte gern ein Einzelzimmer für diese Nacht, mit Dusche und WC, wenn möglich." – „Alle unsere Zimmer haben *Bad* und WC", werde ich belehrt, und nach einem abschätzenden Blick auf mein durch die lange Fahrt etwas „verknittertes" Äußeres fügt sie hinzu: „140 Euro inklusive Frühstück, der Einzelzimmer Zuschlag ist darin schon enthalten." Das ist natürlich ein stolzer Preis und ein weiteres Mal fällt mir mein Kollege mit den Preisen, die angeblich am Bodensee noch in Ordnung sind, ein. Ich ignoriere ihre unausgesprochene Frage, ob ich mir das Zimmer leisten kann, und stelle die für mich entscheidende Frage: „Draußen steht mein Auto, da hängt ein Boot dran, könnte ich das in die Tiefgarage fahren?" - „Natürlich, kein Problem. Moment bitte." Sie telefoniert und bittet mich, schon mal den Anmeldeschein auszufüllen, der Hoteldiener käme sogleich. Kurz darauf erscheint ein distinguiert wirkender Mann in blau weißem, maritimen Outfit. „Herr Gustlmeyer, zeigen Sie bitte dem Herrn unsere Garage. Er hat Zimmer 214." Sie händigt mir den Zimmerschlüssel aus und wünscht eine gute Nacht. Herr Gustlmeyer begibt sich mit mir vor die Eingangstür. Als ich auf das Gespann zeige, wiegt er jedoch bedächtig sein Haupt. „Wissen Sie zufällig, wie hoch Ihr Boot ist? Die Garageneinfahrt ist nämlich nur 2,50 Meter hoch." Zufällig weiß ich das nicht, aber Herr Gustlmeyer weiß Rat. „Wenn sie bitte einen Moment warten mögen, ich hole nur schnell einen Zollstock." Sehr praktisch, der Herr Gustlmeyer, darauf wäre ich nicht gekommen. Nach fünf Minuten ist er wieder da. Ich klettere auf die Randi, er hält von unten den Zollstock, und so bekommen wir schnell heraus, dass mein Schiff stolze 2,70 Meter misst. Was nun? Mir kommt eine Idee: Wenn ich das Verdeck runter klappe und den Mast auf Randis Kajütdach abschraube, könnte es vielleicht gehen. Wir messen also noch einmal, diesmal bis Oberkannte Windschutzscheibe, und stellen fest, 2,46 m. Also müsste die Randi rein passen. Als mir Herr Gustlmeyer dann allerdings die Einfahrt zur Tiefgarage zeigt, kommen mir wieder Zweifel. Sieht verdammt niedrig aus. Herr Gustlmeyer sagt, er würde aufpassen und rufen, falls es doch nicht passt. Ich klappe also Randis Verdeck runter, schraube den Mast ab und fahre dann vorsichtig in die Garageneinfahrt. Als Randi das Tor erreicht, peile ich in den Rückspiegel und sehe, wie Herr Gustlmeyer, korrekt neben dem Gespann und somit nicht im toten Winkel stehend, mir Handzeichen gibt, dass Randi nach oben noch Luft hat. Also fahre ich weiter und stelle das Gespann gleich auf dem ersten freien Platz ab oder besser den ersten freien Plätzen, denn es benötigt davon gleich drei. Als ich aussteige und einen Blick nach oben werfe, sehe ich, wie knapp das Ganze ist. Es scheinen wirklich nur Zentimeter zu sein, die Randi von der Betondecke trennen. Herr Gustlmeyer jedoch beruhigt mich, das sehe nur so knapp aus, da passe noch eine Handbreit dazwischen.

Ich hole meine Reisetasche aus dem Kofferraum, die er mir beflissen abnimmt. Per Fahrstuhl geht's in den zweiten Stock, wo mich ein wirklich tolles Zimmer erwartet: Alle Möbel sind in Mahagoni gehalten, mit Messingbeschlägen am Schrank und der Truhe, Intarsien Arbeiten zieren den Couchtisch, fast so, als wäre man in der Kajüte eines alten Segelschiffs. Herr Gustlmeyer stellt meine Reisetasche ab und fragt, ob ich noch einen Wunsch habe. Ja, den habe ich, ein großes Bier. So einfach ist mein Wunsch aber nicht zu realisieren, denn Herr Gustlmeyer zählt mir augenblicklich mindestens 10 Biersorten auf, die das Haus zu bieten hat. Da mir die meisten unbekannt sind und ich mir auf die Schnelle auch die Namen nicht merken kann, nehme ich einfachheitshalber die zuletzt genannte Marke. „Pils oder Export, der Herr?" Da fällt die Auswahl wesentlich leichter, denn ich bin Pilstrinker. „Kommt sofort." Zwei Minuten später steht das Verlangte in meinem Zimmer und Herr Gustlmeyer erhält für all seine Bemühungen ein großzügiges Trinkgeld.

Ich rufe Tina per Handy an, sage, dass ich gut angekommen bin und schildere ihr meine bisherigen Eindrücke vom Bodensee. Sie wünscht mir zum Schluss viel Glück für die morgige Prüfung.

Nachdem ich meine Tasche auspackte, lasse ich mir ein Bad ein. Das Bier kommt auf den Badehocker, dann falle ich mit einem wohligen Seufzer in die Wanne. Langsam entspannt sich mein Körper. Das Bier schmeckt übrigens sehr gut.

Eine halbe Stunde genieße ich den Luxus

eines Zimmers mit Bad, ehe ich schlagartig müde werde. Kurz vor dem Einschlafen denke ich noch an Tina und wie schön es wäre, sie jetzt zum Kuscheln an meiner Seite zu haben.

2. Tag

Mein Handy piept um 9.00 Uhr. Heute soll also die Schifferpatentprüfung steigen. Ein bisschen Bammel habe ich schon, wenn ich an 14.00 Uhr denke. Ausgiebig wird geduscht, denn für die nächsten 3 Wochen ist solcher Luxus aller Voraussicht nach eher die Seltenheit, anschließend werden halbwegs landfeine Klamotten aus der Reisetasche gekramt und dann marschiere ich runter in den Frühstücksraum. Auch dieser ist sehr geschmackvoll eingerichtet, mit roten Plüschsesseln, Messinglampen auf den Tischen und einem tollen Blick über den See. Das Frühstücksbüfett ist sehr reichhaltig und bietet ausgefallene Leckereien, alles schmeckt sehr gut.

Am Vormittag will ich noch einmal in meine Bücher schauen, um die letzten Hürden der Prüfungsvorbereitung zu bewältigen. Ich weiß allerdings nicht, wann ich mein Zimmer zu räumen habe. Und wenn ich daran denke, dass Randi dann aus der Tiefgarage zu einem neuen Unterstellplatz gefahren werden muss, wird mir nicht unbedingt fröhlich ums Herz. Doch die Rezeption versichert mir, vor 13.00 Uhr bräuchte ich nicht aus dem Zimmer raus und Randi könne sogar bis 18.00 Uhr auf ihrem Platz verbleiben. Für diesen netten Service bedanke ich mich mit einem entsprechenden Trinkgeld.

Lernend verbringe ich die Zeit bis 13.00 Uhr, bezahle mein Zimmer und lasse mir dann den Weg zur „Realschule Lindau neben dem Stadttheater" beschreiben, denn dort, so besagt es die Prüfungseinladung des Landratsamtes, findet der Test statt. Die Schule sei zu Fuß in etwa 25 Minuten zu erreichen, erfahre ich, daher muss ich mich nicht beeilen. Gemütlich schlendere ich also dorthin. Durch teilweise recht enge Straßen geht es mit schönen Fachwerk- und Patrizierhäusern, die teilweise einen Innenhof haben. In einem sehe ich sogar einen kleinen Garten voller Blumen. Ein schöner Ort ist Lindau, er gefällt mir sehr. Nach 20 Minuten stehe ich vor der Schule.

Zehn Minuten verbleiben noch bis halb zwei und so rauche ich auf- und abgehend eine Zigarette, ehe ich die Schule betrete. Gerade als ich rätsele, wo der Prüfungsraum sein könnte, kommen ein etwa vierzigjähriger Mann mit prallgefüllter Aktentasche und eine ältere Dame auf mich zu. Irgendwie sehen beide recht amtlich aus. Ich frage, ob sie wüssten wo die Patentprüfung stattfinde, und bekomme zur Antwort, ich solle mich ihnen einfach anschließen. Ganz unterm Dach betreten wir einen großen Raum mit halb schrägen Wänden und einer Tafel, auf der englische Vokabeln mit akkurater Kreideschrift angeschrieben sind. Quadratische Schultische stehen hintereinander in Reih und Glied, jeweils mit Holzstühlen davor, auf denen schon einige Leute sitzen. Ein eigentümlicher Geruch nach Bohnerwachs und Arbeitsschweiß liegt in der

Luft, wie er sich nur in einer Schule findet. Das Ganze erinnert mich irgendwie an den Film „Die Feuerzangenbowle".

Ein Wasserschutzpolizist empfängt uns und begrüßt den Mann mit der Aktentasche mit „Grüß Gott, Herr Müller". Aha, das also ist der Mensch, der meine Beamtenvorurteile zum Einsturz brachte. Ich schaue mir Grüß Gott Müller genauer an: Er entspricht fast perfekt dem Klischee eines Bayern, mit seinem Trachtenanzug, dem stattlichen Bierbauch und den rosig glänzenden Wangen. Die drei gehen nach vorn zum Lehrerpult und Grüß Gott Müller kramt aus seiner Aktentasche die Prüfungsbögen.

Ich war noch nie in meinem Leben ein Prüfungsmensch und mein letzter Test, an den ich mich erinnere, der Binnenführerschein, liegt schon acht Jahre zurück. Wie immer in Prüfungssituationen kommt bei mir die Angst schlagartig hoch, sobald sich die Prüfer im Raum befinden. Folge dieser Angst ist der unausweichliche Drang, die Blase entleeren zu müssen. Die Toilette liegt gleich nebenan. Dort treffe ich zwei weitere Männer, offensichtlich ist die Sache mit dem Wasserlassen ein weit verbreitetes Stressphänomen.

Zumindest an der Blase erleichtert suche ich mir einen Tisch in der letzten Reihe. Auch das ist für mich ein vertrautes Prüfungsritual, wahrscheinlich der Wunsch, sich -unbewusst- von der Quelle des Übels möglichst weit entfernt zu halten.

Allmählich füllt sich der Saal und neben mir nimmt ein jüngerer Mann Platz. Dem zittern vor Angst die Hände, wie ich durch einen

verstohlenen Blick sehe, als er seinen Kugel-
schreiber auf den Tisch legt. Meine Hände
zittern zwar (noch) nicht, sind aber dafür
schweißnass. Verlegen wische ich sie an der
Hose ab.

Eigentlich hätten wir schon vor fünf Minuten be-
ginnen müssen, aber Grüß Gott Müller meint
nun, es stünden noch drei Teilnehmer auf der
Liste, man werde noch etwas warten. Endlich
kommen die Anvisierten und Grüß Gott Müller
beginnt sogleich mit der Erklärung der
Prüfungsbedingungen: Meist sei nur eine von
fünf Antworten richtig, wenn mehrere zulässig
seien, stünde das jeweils vor der Aufgabe. Die
richtigen Antworten seien mit einem Kreuz in
die dafür vorgesehenen Kästchen einzutragen.
Ob wir noch Fragen hätten? Da das nicht der
Fall ist, wen wundert es, werden endlich die
Prüfungsbögen ausgeteilt. 10 Seiten mit ca. 50
Fragen, stelle ich beim Durchblättern fest, und
das Ganze soll in nur 90 Minuten bewältigt
werden. Während sich nun alle Kandidaten
über ihre Prüfungen beugen, gehen Herr Müller
und seine Kollegen die Sitzreihen ab und
kontrollieren unsere Personalausweise.

Wie so häufig, sieht auch diese Prüfung auf
den ersten Blick schwerer aus, als sie letztlich
ist. Jedenfalls läuft es bei mir recht gut, nur bei
wenigen Fragestellungen bin ich unsicher, die
hebe ich mir bis zum Schluss auf. Eine Auf-
gabe erregt meine Heiterkeit. Frage: Wo lassen
sie nach einem Törn ihren Abfall? Eine der fünf
Antwortmöglichkeiten lautet: Nach Einlaufen in
den Hafen, lege ich meine Mülltüte bei meinem
Nachbar ins Boot.

Nach einer Stunde und 20 Minuten habe ich

alles nach bestem Wissen und Gewissen beantwortet und gebe meinen Bogen bei Grüß Gott Müller ab. Dann gehe ich auf den Flur und warte, bis auch die anderen Prüflinge den Raum verlassen haben. Von der Binnenführerscheinprüfung erinnere ich mich, dass die Durchsicht der Bögen ungefähr zwei Stunden dauerte. Bei programmierten Fragen müsste das eigentlich wesentlich schneller gehen, ich schätze maximal eine Stunde. Doch außer mir steht kein anderer Prüfling auf dem Flur. Ich werde unsicher, brauchen die etwa doch länger? Da Grüß Gott Müller bisher zu mir so freundlich war, gehe ich einfach zurück ins Klassenzimmer und frage, ob ich eventuell in einer Stunde wiederkommen und mein Patent abholen könne. Er schaut mich verwundert an: „Wissen`s, so schnell sei ma net. Dös heißt, mea schon, aber die Wasserschutz muss ah noch Korrektur lesa, un dös mache die halt nur am Donnerstag. Solln ma Ihne das Patent zuschicke? Ihre Unterlagen sind ja vollschtändig, wie i seh." Dabei strahlt er mich an, als hätte er mir gerade eine Liebeserklärung gemacht. Ich falle aus allen Wolken: Das darf doch nicht wahr sein, geschlagene vier Tage brauchen die zur Auswertung von Multiple Choice Fragen, da legt man doch nur an der Seite einen Streifen mit den richtigen Antworten an und in 10 Minuten weiß jeder, wie viel Punkte der Kandidat hat. Leicht empört versuche ich Grüß Gott Müller klar zu machen, dass meine Randi ohne Skipper mit gültiger Fahrerlaubnis allenfalls als schwimmende Gartenlaube taugt, und mein Törn damit um fast eine Woche verkürzt wird. Geduldig hört er mir zu, und meint dann: „Aber dös is doch ka Problem, Se könne sich doch Ihre Binnenschein für 4 Wocha als Urlaubspatent umschreibe lasse. Kommen Se einfach zu uns aufs Amt, da mache mer dös." Nun falle ich das zweite Mal aus allen Wolken: Wieso quäle ich mich mit dieser Prüfung, wenn ich doch das blöde Patent eigentlich gar nicht brauche? Und vor allen Dingen, warum hat mir keiner gesagt, dass es auch so geht? Als ich Grüß Gott Müller darauf anspreche, meint er verwundert, und da hat er leider Recht, ich hätte ihn am Telefon doch nur danach gefragt, wo und wann die Patentprüfung stattfinde, und diese Frage habe er mir auch beantwortet. Aber wenn ich noch 10 Minuten Zeit hätte, würde er mit mir gleich aufs Landratsamt gehen und mir meinen Binnenschein umschreiben. Eigentlich wäre nur mittwochs Publikumsverkehr und dann eigentlich auch nur am Vormittag, aber in meiner Lage würde er das natürlich nicht so eng sehen. „Mer helfe doch, wenns irgend geat." Das finde ich nun wieder sehr nett von Grüß Gott Müller und langsam beruhigen sich meine Nerven.

Ich warte also draußen auf ihn und denke noch mal über die Bayern nach, die zwar schnell Termine vergeben, aber für die Auswertung programmierter Fragen vier Tage brauchen. Endlich erscheint Grüß Gott Müller mit seiner Kollegin, die Aktentasche mit den Prüfungen unter den Arm geklemmt.

Im Landratsamt bittet er mich, ihm meinen Binnenschein zu reichen. Er schnappt sich aus einem Aktenschrank ein Formular und überträgt darauf die Daten aus dem Führerschein.

An dieses heftet er noch eines meiner vor-
sorglich gleich in zweifacher Ausführung ein-
gereichten Lichtbilder für das Bodensee-
schifferpatent und reicht mir das Ganze dann
zur Unterschrift. „So sehens, nun können Se
ganz legal bei uns rumschippern. Macht 30
Euro, könnens gleich bei mir zahle, die Kasse
hat ja schon zu." Aha, hab ich`s mir doch
gedacht, dass das ganze einen Pferdefuß hat.
Die Prüfungsgebühr für das Patent hatte
bekanntlich 55,00 Euro gekostet, d.h. der
Freistaat Bayern hat nunmehr 85,00 Euro an
mir verdient. Aber was soll`s, schippern auf
dem Bodensee scheint halt seinen Preis zu
haben. „Ach ja, ehe ich es vergessa: Brauchen
Se denn auch noch eine Zollunbedenklichkeits-
erklärung?" fragt mich Grüß Gott Müller dann
noch, nachdem er meine 30,00 Euro ein-
gesteckt hat. Als ich ihn verständnislos ansehe,
erklärt er mir, dass ich mit diesem Formular in
Österreich und der Schweiz ohne die Wasser-
schutzpolizei und den Zoll zu verständigen, an
jeder beliebigen Stelle an Land gehen könne.
Vorsorglich frage ich, was das denn koste. 20
Euro erhalte ich zur Antwort, allerdings gelte
sie auch drei Jahre lang. Ich zücke also ein
weiteres Mal meine Geldbörse und mein
freundlicher Beamter füllt ein weiteres Formular
als Gegenleistung aus. Nachdem er mir eine
Quittung ausgestellt hat, fällt ihm noch etwas
ein: „Haben Se denn Ihr Boot schon
zugelasse? Sie wisse doch, jedes Boot muss
von uns erst amal auf Eignung für den
Bodensee geprüft werden." Das hatte ich in
den Prüfungsunterlagen zwar gelesen, aber in
der ganzen Hektik total vergessen. Ohne dass

ich frage, versichert mir Grüß Gott Müller, die Zulassung sei sehr billig, nur 20,00 Euro. Als ich ein drittes Mal nach meiner Geldbörse greifen will, wehrt er ab: „Das mache nicht ich, sondern meine Kollegin. Wo liegt denn Ihr Boot?" – „In der Tiefgarage vom Seehotel." Grüß Gott Müller ist einen Augenblick verdutzt, dann lacht er: „Da holt sich die Kollegin wenigstens ka nasse Füß. Eigentlich muss das Boot ja bei der Abnahme im Wasser sein, aber mir sehe das bei uns nett so eng. Ich ruf amal kurz an, ob sie es heute noch mache kann, an Augenblick bitte." Seinen Antworten am Telefon entnehme ich, dass die Kollegin zwar nicht gerade begeistert ist, aber sich zur Abnahme bereit erklärt. „Um 18.00 Uhr kommt die Kollegin zu Ihne. Am besten treffen se sich wohl im Foyer Ihres Hotels. Is Ihne das recht? " Als ich verwundert frage, ob denn so spät noch Dienstzeit sei, fügt er hinzu: „Wissens, wir habe hier Gleitzeit. Da kommt die Kollegin morgen dann ein Stündchen später, da kann se mal wieder richtig ausschlafe." Das klingt so, als sei die Kollegin nachts ständig unterwegs, und ich frage mich, wie heiß das Nachtleben in Lindau wohl sein mag. Ich bedanke mich bei ihm und er ruft mir beim Hinausgehen noch ein letztes „Grüß Gott" hinterher.

Inzwischen ist es fast halb fünf. Wenn möglich will ich die Randi heute noch einslippen, um eine weitere teure Hotelübernachtung zu umgehen.

Also auf zum Hafen. Ich gehe durch die Maximilianstraße mit malerischen Bürgerhäusern, dann über den Marktplatz, wo ich das alte Rathaus bewundere mit seinen tollen, Stuck verzierten Wandmalereien und der überdachten Treppe zum ersten Stock hinauf. Daneben steht das Cavezzen, es gilt, wie ich später meinem Bodenseeführer entnehme, als schönstes Bürgerhaus am See, heute ist es ein Museum. Erneut begeistert mich Lindau. Die Stadt hat drei Häfen, stelle ich fest, nun am See angelangt, einen recht großen, nahe dem Bahnhof, von dem auch die Fähren rüber zur Schweitzer Seite abgehen, einen nur für Segelboote und dann noch einen privaten Yachthafen, in dem überwiegend Motorboote liegen. Diesen steuere ich an. An dessen Kai entdecke ich auf Pfählen errichtete Holzhäuser, die der Wasserschutzpolizei als Bootsgaragen dienen. So ein Häuschen hätte ich für die Randi auch gern. Gleich daneben befindet sich eine Segelschule, welche einen sehr flachen Slip ihr Eigen nennt. Das wäre natürlich ideal vor allem für Nora, die ja bedingt durch ihren Frontantrieb häufig Probleme bekommt, Schluppi nach erfolgter Wasserung von Randi wieder aufs Ufer zu ziehen. Ein Mini Büro in Form eines Containers steht gleich neben der Slipstelle. Dort frage ich einen Jüngling, ob sie was dagegen hätten, wenn ich heute noch ihren Slip benutze. Er erklärt sich erstmal für nicht kompetent, er sei nur der Junior, sein Vater sei mit den Segelschülern noch draußen. Vom Prinzip sei gegen meinen Wunsch aber nichts einzuwenden. Wir machen aus, dass ich um 19.00 Uhr noch mal vorbeikomme und den Herrn Papa frage. Na, da wäre doch ein Problem schon fast gelöst. Nun brauche ich für Randi nur noch einen Gastliegeplatz. Im Yachthafen sehe ich zwar viele freie Liegeplätze, aber aus Erfahrung weiß ich, dass der Schein häufig trügt und einzig der Hafenmeister einem diesbezüglich Auskünfte erteilen kann. Also wird als nächstes das Clubhaus des Yachthafens aufgesucht. Recht unfreundlich teilt man mir mit, alle Gast-liegeplätze seien belegt. Doch als ich enttäuscht wieder abziehen will, meint ein gerade hereinkommendes Clubmitglied, ein Gastplatz sei frei, der Segler sei heute Morgen ausgelaufen. Sofort wird er vom Hafenmeister angerüffelt, dass das nicht stimmen könne, der Segler habe schließlich für zwei Tage bezahlt. „Und warum kann der dann nicht schon heute auslaufen, wenn er es sich anders überlegt hat?" – „Weil er sich nicht bei mir abgemeldet hat, darum." – „Wie sollte er denn, du warst doch heute Morgen gar nicht da", kontert der Clubkamerad. Einen derartigen Vorwurf von Pflichtverletzung mag aber der Hafenmeister nicht auf sich sitzen lassen und alsbald entsteht ein heftiger Disput, ob ein Hafenmeister zu jeder Tages- und Nachtzeit im Büro zu sein habe, jedes Clubmitglied den Hafenmeister nicht unverzüglich nach dessen Erscheinen über freie Gastplätze informieren müsse, ob Kompetenzen im Allgemeinen und im Besonderen nicht ganz klar in der Satzung niedergelegt seien und in diesem Club denn inzwischen jeder täte, was ihm gerade in den Kopf komme, was unweigerlich zu Anarchie und Chaos führe. Mehrfach versuche ich freundlich darauf hinzuweisen, dass ich auch noch da bin, und eigentlich nur wissen will, ob der Gastliegeplatz denn nun frei sei oder nicht, doch die beiden scheinen meine Anwesenheit völlig vergessen zu haben, meine Fragen werden einfach ignoriert. Schließlich stampft ein Mensch mit Prinz-Heinrich-Mütze, weißem Lacoste Pulli und ebensolcher Seglerhose ins Büro. Schlagartig herrscht Schweigen. Der Mensch will wissen, um was es geht, und ich ergreife flugs die Chance, mein Anliegen noch einmal vorzutragen. Kurz und bündig wird entschieden, ich könne selbstverständlich eine Nacht hier bleiben. Der Prinz-Heinrich-Mütze Mann nimmt mich bei der Schulter, führt mich vor die Tür und zeigt mir per ausgestrecktem Arm mit dem einfachen Wort: „Da" meinen Platz. „Bei uns kostet die Übernachtung 25 Euro, Benutzung der Duschen und aller Clubeinrichtungen inklusive. Zahlen Sie bitte beim Hafenmeister", fügt er dann noch hinzu, ehe er -so wie er hereingestapft war- das Büro wieder verlässt. 25 Euro sind zwar ein stolzer Preis, aber wesentlich billiger, als erneut eine Nacht im Hotel zu verbringen. Ich zücke also ein weiteres Mal meine Geldbörse (später bleibt mir dieser Tag übrigens als „Zahltag" in der Erinnerung). Der Hafenmeister deponiert meine Scheine in einem altmodischen Geld-schrank, schreibt eine Quittung, und grummelt: „Wenn es der Vorsitzende sagt, dann kriegen Sie eben Ihren Platz, aber eigentlich ist der noch mit dem Segler von gestern belegt." Sofort erhebt sich Protest von Seiten des Clubkameraden. Ich verabschiede mich auf der Stelle. Noch von draußen hört man die beiden miteinander streiten. Kann ja heiter werden, wenn der Platz wirklich doppelt belegt ist, denke ich, aber ich berufe mich dann halt auf den Vorsitzenden. Ich schaue mir nun den großen Hafen neben dem Bahnhof genauer an.

Eine lange Mole umgibt ihn und so liegt man hier wohl recht geschützt. Eine Art kleiner Leuchtturm steht auf der einen Seite der Hafeneinfahrt, auf der anderen eine große Bronzeplastik eines Löwen, dem aber die Zunge fehlt. Mein Handbuch sagt mir später, diese habe der Bildhauer seinerzeit einfach vergessen mit zu modellieren und auch, dass Lindau seit 1805 zu Bayern gehört, was der Löwe natürlich gut symbolisiert. Ein guter Ansteuerungspunkt, kommt man vom See, denke ich, ist der Löwe in jedem Fall, mit oder ohne Zunge…

Hungergefühle plagen mich nun auf einmal und mir wird bewusst, dass ich seit heute Morgen noch keine weitere Mahlzeit zu mir genommen habe. Auf dem Weg zum Hotel komme ich an einer Pizzeria vorbei. Bis 18.00 Uhr verbleibt noch genügend Zeit, also lasse ich mir eine Pizza Stagioni servieren. Die schmeckt zwar etwas pappig und ist auch nicht allzu üppig garniert, aber dafür kostet sie nur 12,00 Euro, was am Bodensee -nach meinen bisherigen Erfahrungen- schon fast als Sonderangebot gelten kann. Kurz vor sechs bin ich wieder im Hotel und man versichert mir, die Randi könne ruhig noch bis 20.00 Uhr in der Tiefgarage bleiben.

Ich setze mich in einen Sessel im Foyer und warte. Nach den Bemerkungen von Grüß Gott Müller hatte ich eine jüngere Beamtin erwartet, die auf dem Weg zur Disco mal eben schnell die Randi begutachtet. Umso überraschter bin ich, als mich eine etwa fünfzigjährige, recht korpulente Frau anspricht: „Sind Sie der Herr Cebulla?" – „Ja, der bin ich." – „Grüß Gott, ich bin Frau Schafftlmeyer. Herr Müller hat mir gesagt, ich solle ihr Boot abnehmen. Wo steht denn das Prachtstück?" Das ganze wird in akzentfreiem Hochdeutsch gesagt und Humor scheint die Dame auch zu haben. Gemeinsam gehen wir in die Tiefgarage. Sie holt aus ihrer Handtasche ein Formular, umrundet meine Randi, wirft einen Blick auf den kleinen John, notiert etwas in ihrem Papier und fragt dann, wie man aufs Boot komme. „Vorn auf die Hänger Deichsel treten, dann auf die Winde klettern, sich an der Reling hochziehen, und dann am Rand langhangeln bis in die Pflicht." Dabei muss ich wohl etwas zweifelnd geschaut haben, denn Frau Schafftlmeyer sagt lächelnd: „Ich sehe nur so unbeweglich aus. Passen Sie mal auf, junger Mann." Und um ihren Worten den nötigen Nachdruck zu verleihen, turnt sie sogleich den beschrieben Weg hoch auf die Randi. Ich bin bass erstaunt, mit welcher Behändigkeit sie ihre nicht unerhebliche Leibesfülle handhabt. Geschickt springt sie dann in die Pflicht und verschwindet in der Kajüte. Nach fünf Minuten taucht ihr Kopf wieder auf und sie macht sich auf den Rück-weg. Mit einem Hopser steht sie schließlich wieder vor mir, ein wenig außer Atem. „So, mein Herr, zwei Sachen müssen Sie noch ändern, gemäß den Bodenseevorschriften, sonst ist Ihr Schiff in Ordnung: Einen Müllbeutel vermisse ich und der Abwasserschlauch des Waschbeckens darf nicht nach außen gehen, sondern nur in einen im Boot anzubringenden Abwasser Behälter." – „Den Müllbeutel habe ich noch nicht ausgepackt, das mache ich sofort, aber wo soll ich denn einen Abwasserbehälter hernehmen? Aber vor allem, wo soll ich den denn noch auf meinem Schiff unterbringen, die Randi ist doch nur 6,5 Meter lang?" – „Unter einem Abwasser Behälter versteht man auch einen Eimer mit Deckel", werde ich belehrt, „stellen Sie einen solchen unter das Becken und leiten Sie den Schlauch da hinein, dann reicht das schon." Ihr Lächeln allerdings signalisiert, dass sie nicht unbedingt willens ist, auch zu kontrollieren, ob ich wirklich so verfahre. Die Schläuche sind nämlich fest mit den Außenborddurchlässen verschraubt und das hat sie bestimmt nicht übersehen. „Muss ich die Randi noch einmal vorführen?" will ich wissen, aber eigentlich kenne ich die Antwort schon: „Nein, das ist wirklich nicht nötig, ich vermerke es nur in der Zulassung. Sie können das dann in den nächsten Tagen einbauen." Da sage noch mal einer was von wegen pingeliger Beamten. Sie reicht mir das unterschriebene Formular, kassiert, wie von Grüß Gott Müller angekündigt, 20 Euro und wünscht mir zum Abschied gute Fahrt, schöne Ferien und viel Sonnenschein. Das Ganze hat noch nicht einmal eine halbe Stunde gedauert.

Ich fahre mein Gespann aus der Tiefgarage, klappe das Verdeck wieder hoch und befestige den Mast auf Randis Kajütdach, dann geht's durch etliche schmale Gassen zum Slip der Segelschule. Neben dem Büro-Container stelle ich Nora, Randi mit de kleinen John und Schluppi ab. Der Papa ist anwesend: Ein richtiger Bilderbuchsegler, groß, braunge-brannt, ganz in weiß gekleidet, mit Shag-Pfeife im Mund. Der Sohnemann hat ihn schon informiert und er bietet mir neben kostenlosem Einslippen an, mein Auto auf dem bewachten

Segelschulparkplatz unterzustellen, was allerdings drei Euro pro Tag koste. Das finde ich einen fairen Preis. Dankend nehme ich sein Angebot an. Nachdem er mir den Weg zum Parkplatz beschrieben hat, bittet er mich, beim Einslippen auf die Segelboote zu achten und entschuldigt sich, er könne mir leider nicht helfen, ein wichtiger Termin warte auf ihn. Ich versichere dankend, alleine klarzukommen.

Bevor es ernst wird, muss Randi aber erst mal fürs Einslippen präpariert werden, d.h. das Verdeck wird runtergeklappt, der kleine John hochgestellt, die Fender ausgebracht, an der vorderen Klampe ein langer Tampen befestigt, die Lichtleiste bei Schluppi wird abgebaut und schließlich werden noch Motor und Batterie überprüft. Inzwischen sind ein paar Touristen stehen geblieben, der Dinge harrend, die da noch kommen sollen. Zuschauer sind eine Kategorie Menschen, die ich absolut nicht ausstehen kann, es sei denn *ich* bin der Zuschauer. Hinzu kommt, dass es für mich das erste Mal ist, dass ich Randi allein einslippe, bisher assistierte dabei immer Tina, und so bin ich entsprechend nervös. Das Publikum erntet missbilligende Blicke, dann inspiziert der Skipper erstmal die Slipstelle genauer. Sie ist, wie vorhin schon festgestellt, recht flach und reicht weit in den See hinein. Die Segler, die rechts und links festgemacht sind, lassen allerdings nur eine Fahrrinne von schätzungsweise drei Metern Breite frei. Randi hat eine Eigenbreite von 2,50 m. Ich muss also aufpassen, dass mein Schiff beim Einwassern nicht Bug oder Heck der Segler anbumst.

Erst steht mir aber einiges an Rangierarbeit

bevor, denn ich habe etwas unüberlegt mein Auto in Richtung Wasser geparkt, also quasi verkehrt herum. So fahre ich einen weiten Bogen nach rechts und rangiere dann die Fuhre zurück. Im Laufe der Zeit habe ich mir zwar eine Menge praktisches Fahrgeschick im Gespann Betrieb angeeignet, aber das Problem ist der tote Winkel genau hinter Randi. Normalerweise steht dort Tina und weist mich ein, doch heute muss ich alleine klarkommen und abschätzen, wieviel Platz hinter meinem Gespann verbleibt. Ich kurbele das Fenster herunter und halte meinen Kopf heraus, um besser nach hinten schauen zu können. Leider aber schätze ich den Anfahrwinkel nicht richtig ein, denn das Gespann steht halb schräg vor der Slip Rampe. Na gut, auf ein Neues. Nora wird ein Stück nach vorn gefahren, dann versuche ich mich erneut mit Rückwärts-rangieren. Wieder klappt es nicht, ein dritter Anlauf ist nötig. Der aber passt, Randi steht endlich genau vor dem Element, für das sie gebaut wurde.

Bisher hat alles ganz gut geklappt trotz der sensationslüsternen Blicke der Zuschauer, die noch zahlreicher geworden sind. Allerdings folgt nun erst der entscheidende Teil der Aktion: Langsam lasse ich Nora rückwärts den Slip hinunterrollen, bis das Heck von Schluppi unter dem Wasserspiegel steht. Dann steige ich aus und inspiziere die Lage. Noch einen halben Meter weiter muss der Trailer ins Wasser hinein, schätze ich, dann müsste Randi mit dem Heck aufschwimmen. Nur mit der Bremse arbeitend lasse ich das Gespann also noch weiter zurückrollen, bis ich im Rückspiegel sehe, wie Randi beginnt aufzu-schwimmen. Handbremse anziehen, Gang ein-legen, aussteigen, auf Schluppis Deichsel treten und vorsichtig das Windenseil nach-lassen, sind die nächsten Schritte. Normaler-weise turnt nun einer aufs Schiff, lässt den Motor runter und macht das Schiff fahrbereit, derweilen der andere Randi gleichzeitig vom Trailer schubst. Aber den oder die andere habe ich nicht und so muss ich die Prozedur in zwei Schritten alleine vollziehen. Ich erklettere also mein Schiff, klappe John herunter und arretiere ihn. Dann kraxele ich zurück auf die Deichsel von Schluppi und gebe Randi einen leichten Schubs. Der war offensichtlich zu sanft, denn nichts rührt sich. Also etwas mehr Kraft ein-setzen. Wieder nichts. Okay, dann muss Schluppi halt doch noch ein paar Zentimeter weiter ins Wasser gefahren werden. Gesagt, getan. Als ich nun zum vierten Mal gegen den Bug meines Schiffes drücke, gleitet es ganz sanft ins Wasser. Ich ziehe es sogleich mit dem Tampen an die Kaimauer und belege diesen an einem Poller, sorgfältig darauf achtend, dass Randi sich an Schluppis Kotflügel keine Schramme in ihr GFK holt bzw. anderen Booten zu nahe kommt. Dann fahre ich das Gespann wieder aus dem Wasser, wobei Nora problemlos den Trailer die Rampe hinauf zieht. So, das wäre geschafft.

Vorsichtig ziehe ich dann Randi bis vor den Slip, um über ihren Bug einzusteigen. Als ich John versuche zu starten, „hustet" er zweimal vor sich hin, ehe er friedlich blubbernd seine Arbeit aufnimmt. Wieder sorgfältig darauf achtend, dass mein Schiff keinem der Segler zu nahe kommt, rangiere ich dann rückwärts Randi ins freie Fahrwasser. Rückwärtsfahren ist bei Randi im Gegensatz zu Nora mit Gespann recht einfach, gibt es doch keinen toten Winkel, sondern freie Sicht auch nach hinten, zumindest wenn das Verdeck herunter-geklappt ist. Am Ende des Segelhafens schwenke ich nach rechts, lege den Vorwärts-gang ein, und fahre in elegantem Bogen zu meinem mir nachmittags angewiesenen Platz, der -wie es der Vorsitzende versprochen hat-frei ist. Dort wird Randi belegt. Dann wischt sich der Skipper den Aufregungsschweiß von der Stirn und beglückwünscht sich selbst zu dieser erfolgreichen Aktion.

Anschließend laufe ich ganz um die Mole herum, baue die Lichtleiste bei Schluppi wieder an, und fahre zum Parkplatz der Segelschule. Nora und Schluppi finden ein schattiges Plätzchen unter hohen Bäumen. Ein paar Utensilien werden noch in die Reisetaschen gepackt, dann mache ich mich mit diesen auf den Rückweg zu meinem Schiff. Mit etwas lahmen Armen stehe ich dann wieder vor Randi, die Taschen waren doch schwerer als angenommen.

Obwohl eigentlich alle für den Törn wesent-lichen Sachen schon in Göttingen auf Randi verstaut wurden, fange ich nun doch noch einmal an umzustauen, denn der Inhalt der Reistaschen muss ja auch noch seinen Platz finden. Das führt allerdings dazu, dass viele Sachen, die eigentlich schon einen festen Platz hatten, umgepackt werden, um neuen Dingen, die bisher noch keinen festen Platz fanden, zu weichen. Wozu soll das denn gut sein, wird vielleicht der eine oder andere Leser/in sich jetzt fragen. Ganz einfach, auf einem 6,50 Meter großen Schiff muss jedes Ziepelchen Raum nicht nur optimal ausgenutzt werden, sondern die wichtigsten Sachen müssen gleichzeitig auch so gestaut sein, dass sie im Bedarfsfall ohne Nachzudenken oder langes Kramen sofort einsatzbereit sind. Es ist also genau zu überlegen, was wo einen sinnvollen Platz findet.

Fast eine halbe Stunde steige ich über im Wege stehende Plastikbeutel und Reisetaschen, suche fluchend meine Kulturtasche, packe zweimal den Klappanker und dreimal den zehn Meter Tampen um (beides braucht man relativ selten), und überlege zum Schluss der Aktion allen Ernstes, ob die Reiselektüre besser im linken oder rechten Schapp der Kajüte verbleiben sollte, was völlig Wumpe ist, aber irgendwann verliert man beim Stauen wohl die Prioritäten aus den Augen.

Den ganzen Tag über war es recht warm, wenn auch bewölkt, ohne dass es jedoch regnete. Nun allerdings prasselt ein gewaltiger Schauer auf Randis GFK und ich kann gerade eben noch ihr Verdeck hochklappen. Der Schauer geht in einen Nieselregen über und ich danke Petrus, dass er erst jetzt, und nicht etwa schon beim Einslippen, seine himmlischen Schleusen öffnet. Mit einer Flasche Bier setze ich mich gemütlich in die Pflicht und rufe Tina an, der ich berichte, wie es heute gelaufen ist. Sie lacht mehrfach, als ich ihr die Sache mit den diversen Formularen von Grüß Gott Müller schildere. Dann schmiere ich mir zwei Scheiben Brot, lese ein wenig und mache –als der Regen endlich aufhört- noch einen kurzen Spaziergang zu Nora, um die nunmehr leeren Reisetaschen in ihrem Kofferraum zu verstauen und mich von ihr zu verabschieden.

Wieder an Bord entledige ich mich meiner verschwitzten Klamotten, putze mir die Zähne, fahre mit dem Waschlappen einmal über Gesicht und Brust und gehe dann in die Kajüte, wo ich mich im Bett in meine Ecke kuschele, das ist die Backbordseite, die andere ist Tinas Seite. Ein bisschen lese ich noch in meinem Buch, aber da mir immer wieder die Augen zufallen, lösche ich bald das Licht und mummele mich in den Schlafsack.

Die erste Nacht in einem fremden Revier ist für mich immer wieder ganz neu: Das sanfte Schaukeln meines Schiffes, das leichte Gurgeln des Wassers, die zunächst ungewohnten Geräusche des Hafens und ein Bett, das vorne spitz zuläuft. Ich genieße dies alles und bin mit mir und Randi zufrieden, nur Tina fehlt mir, an die ich mich jetzt gern ankuscheln würde.

3. Tag

Recht früh am Morgen wache ich auf. Gestern hatte ich vergessen die Vorhänge in der Kajüte zuzuziehen, so dass mir die Sonne voll aufs Gesicht scheint. Dass ich die Schiffsroutine noch nicht wieder verinnerlicht habe, merke ich auch beim Aufstehen, denn prompt haue ich mit meinem noch etwas dösigen Haupt an das Dach der Kajüte, welches nur eine Höhe von

1,70 m hat, was bei meiner Größe von 1,85 m ein leichtes Einziehen des Kopfes erfordert. Und als ich mir dann zu allem Übel auch noch das Knie am Fahrersitz in der Pflicht anschramme, entringt sich ein unterdrückter Fluch meiner Brust. Da ist von Bordroutine wirklich noch nichts zu spüren. Aber halt, dem nicht eingeweihten Leser/in muss erst noch erklärt werden, was es denn überhaupt mit dieser Bordroutine auf sich hat. Wenn 12 qm GFK für die nächsten zweieinhalb Wochen Ihr zu Hause ist und wenn diese 12 qm in jedem nur erdenklichem Winkel noch Ihren halben Hausstand beherbergen müssen, will jeder Schritt und Handgriff wohlüberlegt sein, soll es nicht zu eben beschriebenen Stößen und blauen Flecken kommen. Ich verdeutliche Ihnen am besten das ganze anhand eines Beispiels, dem morgendlichen Waschritual.

Es beginnt mit dem Herunterklappen des Beifahrersitzes, unter dem sich das Waschbecken befindet. Nicht vergessen werde darf, vorher die Stütze für den Sitz auszuschieben, sonst droht die ganze Konstruktion abzureißen. Bei der sich nun anschließenden Waschung ist neben dem Aspekt Sauberkeit auch der des Ausbalancierens des Gleichgewichts zu beachten, denn mögliche Schwabbelbewegungen des Schiffes bzw. vorbeifahrender Boote sind zu berücksichtigen, will Mann nicht unsanft gegen die Spüle oder die Bordwand gedrückt werden. Das Ende der Waschprozedur wird durch einen Griff ins „Bad" (sprich den WC-Raum) eingeleitet, um das Handtuch zu angeln, mit dem ich mich dann abtrockne. Aus dem Schränkchen im Bad wird jetzt die Kulturtasche und der Handspiegel entnommen. Mit beiden Utensilien geht's zurück in die Pflicht. Die Kulturtasche hat ihren Platz auf dem Fahrersitz, der Spiegel wird vor die Windschutzscheibe gestellt. Nun kommt der Deo Roller zum Einsatz, anschließend der Batterierasierer. Aftershave wird dann großzügig auf den Wagen verteilt, womit Randi wieder einen wohlduftenden und nicht mehr nach Schlaf miefenden Skipper erhält. Um klaren Durchblick bemüht, reinigt Mann nun seine Brille. Dafür zieht er aus der Kulturtasche eine Speziallösung, mit der die Gläser beträufelt werden. Dann das Ganze mit einem sauberen Tuch verreiben und glatt polieren, schon sieht die Welt wieder strahlend aus.

Da ich einen Spirituskocher mein Eigen nenne, kann zwar nichts explodieren, wie z.B. bei Gas, aber der Kochvorgang dauert etwas länger. Rechtzeitiges Aufsetzten des Kaffeewassers ist deshalb angesagt. Langjährige Experimente haben gezeigt, dass der Zeitpunkt dafür genau nach dem Putzen der Brille liegt. Nicht früher, aber auch nicht später. Erst wenn mein Kessel auf dem Kocher steht, ziehe ich mir mein Hemd und die Hose an. Dann fülle ich den Kaffee in den Filter, stelle diesen auf die Kanne und dann beides in die Spüle, damit nichts umfallen kann, und hole die Vorräte aus der Kühlbox unter dem Fahrersitz. Der Tisch wird aufgeklappt und die Vorräte auf diesen gestellt. Anschließend folgt das Öffnen des Verdecks, natürlich nur, wenn das Wetter es zulässt. Wenn ich beim nun folgenden Stullen Schmieren nicht trödele, kocht das Kaffeewasser genau dann, wenn die Brote belegt sind. Jetzt kann der Kocher ausgeschaltet und das heiße Wasser in den Filter gegossen werden. Während ich darauf warte, dass dieses über den Kaffee läuft, verstaue ich die Vorräte wieder in der Kühlbox und verbringe Kulturtasche und Spiegel an ihren Platz im Bad. Der fertige Kaffee wird in die Thermoskanne gegossen, so bleibt er warm und kann auch während der Fahrt noch Skippers Gaumen laben. Derartige „Ablaufpläne" existieren natürlich noch für tausend andere Alltäglichkeiten. Wenn Sie sich alle diese Pläne nun aufeinander abgestimmt denken, was in der Praxis zugegebenermaßen fast nie der Fall ist, dann wissen Sie, was mit Bordroutine gemeint ist.

Heute zumindest klappt sie absolut noch nicht, denn die Sache mit dem Kaffeewasser ist gründlich danebengegangen. Ich rauche nämlich schon meine obligatorische Zigarette nach dem Frühstück, als das Wasser endlich kocht. Nun ja, der Törn fängt ja erst an. Spätestens morgen ist der Skipper wieder im Trott.

Ach ja, noch etwas, Sie werden es vielleicht nicht glauben, aber was mich an einem Hafen immer am meisten fasziniert, sind dessen Gerüche. Ich glaube ich könnte einen Hafen schon von weitem erriechen, diese Mischung aus Benzin, Diesel, Holz, Teer, Pflanzenresten, Sonnenöl und Skipper Schweiß. Und gerade jetzt weht es wieder zu mir herüber, das Hafenparfüm, auf das ich den ganzen Winter über gewartet habe.

Ich schaue in die Runde: Eine Gruppe von Bootsleuten hievt mit viel Hallo einen Kasten

Bier an Bord eines Seglers, das Hafenmeister-büro wird gerade aufgeschlossen, ein Skipper führt seinen Hund auf der Hafenmole Gassi und mein Liegeplatznachbar müht sich seine Fender einzuholen. „Na, soll es losgehen?" frage ich zu ihm herüber, und da er es offen-sichtlich nicht allzu eilig hat, halten wir noch einen Klön schnack, bevor er seinen Jockel anwirft und der Hafenausfahrt zustrebt. Eine kurze Anmerkung für Nicht-Bootsleute: Unter Jockel versteht man den Hilfsmotor der Segler, mit dem sie bei Flaute und im Hafen auch ohne Segel ihr Schiff manövrieren. Auch die Sonne meint es schon gut mit uns, in dem sie bizarre Lichtreflexe aufs Wasser zaubert. Nun meldet sich mein Darm, auch das gehört nach dem Frühstück zur Bordroutine, und ich gehe zu den Sanitäranlagen. Bei diesen angelangt, sehe ich neben dem Toilettenhaus auch noch das Duschhaus und mir fällt wieder ein, dass der Vorsitzende ja gestern zu mir sagte, dass in den 25 Euro Liegegebühr auch eine kostenlose Duschbenutzung inklusive sei. Wieso habe ich Depp daran nicht gedacht und mich hier ge-duscht? Der einzige Grund, der mir einfällt, ist der, dass ich so in der Bordroutine drinstecke, dass mir etwas anderes als diese einfach nicht mehr in den Sinn kommt. Sie merken, lieber Leser/in, manchmal kann Bordroutine auch durchaus negative Folgen zeitigen, zumindest, wenn sie so starr gehandhabt wird, wie der Skipper es heute Morgen tat.

Wieder auf meinem Schiff überfällt mich nun ein bisschen Wehmut, denn eigentlich ist das jetzt der Zeitpunkt, wo Tina und ich den Tagesablauf und die Route besprechen. Dem

Alleinfahrer bleibt, neben der Erinnerung an schöne Törns, da nur das eigene Schiff als Gesprächspartner. Vielleicht finden Sie es, lieber Leser/in, ein wenig verwunderlich, wenn sich jemand mit GFK unterhält, denn rein physikalisch betrachtet ist Randi ja nichts anderes. Möglicherweise überlegen Sie auch, inwieweit ein mit seinem Schiff sprechender Skipper nicht ein Fall für die geschlossene Abteilung der Psychiatrie ist. Ich kann Sie beruhigen: Ein Clubkamerad von mir ist Nervenarzt und Psychoanalytiker. Eines Tages beobachtete ich ihn, wie er heftig auf sein Boot einredete. Darauf angesprochen nahm er mich zur Seite und gestand, dies nicht nur manchmal, sondern eigentlich ständig zu tun. Ich bräuchte mir aber keine Sorgen um ihn zu machen. Neueste wissenschaftliche Untersuchungen aus den USA hätten ergeben, dass ein solches Verhalten normal und sogar sehr gesund sei, denn es baue Omnipotenz- und Einsamkeitsgefühle ab. Seither bekenne ich mich -mit wissenschaftlicher Rückendeckung- offen zu meinem Tun. Und so frage ich denn mein Schiff, wo es denn heute hin wolle, aber leider nuschelt Randi ein wenig und ich kann aus ihrem "Blubblubblub" keine klare Zielrichtung erkennen. Vorsichtshalber ziehe ich die Karte zu Rate und beschließe, es am ersten Tag ruhig angehen zu lassen. Ich werde einfach nur mal auf den See rausfahren, dort sozusagen ein paar Runden drehen und setze mir dann spontan als heutiges Ziel Bregenz, das sieht nicht allzu weit aus. Auf dem See werde ich auch den kleinen John austesten, denn bis auf eine kurze Probefahrt auf der heimischen Weser hat sich noch nicht gezeigt, ob meine schnell vorgenommene Installation vor Urlaubsbeginn auch in der Praxis besteht.

Ein paar Sachen werden noch umgestaut, dann folgt ein kurzer Check der Armaturen, genug Benzin ist im Tank, der kleine John wird angeworfen, die Tampen werden gelöst und endlich sind wir auf dem Bodensee. Ein bisschen Herzklopfen stellt sich ein, bei der Weite von Wasser, die sich vor mir auftut, denn meine bisherigen Bootserfahrungen erstrecken sich auf Flüsse und Kanäle. Das Ufer nicht mehr in greifbarer Nähe zu wissen, macht mich kribbelig. Doch bald schwindet dieses Gefühl. Ich genieße den Wind, der meine Haut streichelt, das türkisblaue Wasser, das Randis Bug in tausend kleine Tropfen zerteilt, und den Blick auf das gewaltige Alpenpanorama, von einem leichtem Dunstschleier umgeben. Langsam lege ich den Gashebel nach vorn und John kommt auf Touren. Fast 8 Knoten schafft er, nicht schlecht für seine knapp 10 PS. Was mir allerdings noch nicht behagt, ist die Schwergängigkeit des Gasbowdenzuges, der offensichtlich zu früh seinen Anschlagpunkt erreicht. Ich verstelle die Schraube am Schaltkasten entsprechend und schon ist das Problem gelöst. Gleichmäßig schnurrt der Kleine jetzt vor sich hin und reagiert willig auf Veränderungen der Gaszufuhr. Einzig, dass Randi nicht ins Gleiten kommt, stört ein wenig den positiven Gesamteindruck, aber bei 9,9 PS ist das natürlich nicht möglich.

Hatte ich mich bisher in der Nähe des Ufers gehalten, weil ich wohl unbewusst dem See noch nicht ganz traue, was natürlich Unfug ist, denn ob unter Randis Kiel zwei Meter Wasser, wie auf der Weser, oder 258 Meter, wie auf dem Bodensee, sind, ist wurscht, schwimmen muss sie so oder so, steuere ich nun auf die Seemitte zu. Übermütig fahre ich einen Kreis, verlangsame, und drehe wieder voll auf. Es ist schon toll, so unendlich viel Wasser als Fahrraum zu haben.

Erst allmählich wird mir bewusst, dass man bei so viel Wasser schnell die Orientierung verliert, denn eigentlich habe ich ja ein festes Ziel, Bregenz. Ein GPS System hat die Randi übrigens nicht, denn auf der Weser ist ein solches, doch recht kostspieliges elektronisches Teil nicht vonnöten, „verfahren" haben wir uns auf dem Fluss noch nie... Es stellt sich also die Frage, wie gelangen wir dorthin? Die zu Rate gezogene Bodenseekarte weist zwar etliche Kirchtürme als Landpeilmarken aus, die ich durch mein Fernglas auch erkenne, aber welcher Turm gehört in welche Ortschaft? Also bleibt nur eines, nach Kompass fahren. 110 Grad müsste der ungefähre Kurs sein und so bekommt Randi jetzt wieder eine gerade Linie als Vorgabe. Anfangs finde ich es rechtschwierig, die Grad Zahl einzuhalten, zumal ein Gleitboot in Verdränger Fahrt nie hundertprozentig geradeaus läuft, und zusätzlich durch Wind und Wellen schnell versetzt wird. Und ab und zu machen auch künstlich erschaffene Wellen von den Motorbootkollegen der Kategorie „Heizer" Randi zu schaffen. Tina und ich verwenden diesen Begriff für Boote, die einzig auf Geschwindigkeit ausgelegt sind, und von ihren Skipper ständig mit Höchstgeschwindigkeit durch die Gegend „geheizt" werden. Wenn ein solcher Heizer Randis Kurs kreuzt oder parallel zu ihr fährt, kommt meine Kleine durch die erzeugte Schwellbildung gepflegt ins Schwabbeln. Die Skipper solcher Speed-Boote merken davon meist nichts, denn wenn die durch deren Prop erzeugten Wellen bei Randi ankommen, sind sie schon viele Meter weitergeprescht. Das Fahren nach der Kompassnadel wird mit fortschreitender Zeit übrigens immer besser, auch hier stellt sich allmählich Routine ein.

Da die Sonne es mit Randi und mir sehr gut meint, hatte ich mein Hemd ausgezogen, um Wind und Wärme auf nackter Haut zu genießen. Leider neige ich aber dazu, mir schnell einen Sonnenbrand einzufangen, und so hole ich mir Sonnenschutzmittel aus der Kajüte. Ist nun für schätzungsweise 99 % der Bevölkerung das Einreiben mit Sonnenöl oder -creme eine Sache, die als Routine zu bezeichnen ist, graust es mir allein schon bei dem Gedanken, derartiges gleich tun zu müssen. Tina drückte es mal drastischer aus: Sie meinte, ich habe ein ausgewachsenes Sonnenschutzmittel-Trauma, womit sie wohl leiderrecht hat. Alle meine bisherigen Bemühungen nämlich, derartige Mittel auf meiner Haut zu verteilen, sind unisono gescheitert. Entweder verteile ich das Öl dermaßen ungeschickt auf mir, dass ich hinterher aussehe, als hätte ich die Masern, oder ich hantiere so unbeholfen mit der Flasche, dass ich die Creme in die Nase oder sogar die Augen bekomme. Tina hatte mir daher für meinen Urlaub liebenswerterweise einen Sonnenschutz-Schaum besorgt, eine völlige Neuentwicklung am Markt, dessen

Anwendung laut Gebrauchsanweisung denkbar einfach sei: Man brauche nur die Dose in einem Abstand von zwei Zentimeter vor die gefährdeten Hautpartien halten und auf die „speziell konstruierte Düse" zu drücken, schon verteile sich der milde Schaum gleichmäßig auf dem Körper, welcher somit zehnfach gegen UV-Strahlen geschützt sei. Da hier nichts von Verreiben auf dem Etikett steht, was mir bisher ja immer besagte Probleme bereitete, meinte Tina, damit müsste sogar ich klar kommen. Erwartungsvoll nehme ich also besagten Sonnenschutz Schaum in die rechte Hand, halte die Dose im vorgeschriebenen Abstand vor meinen Oberkörper und drücke dann auf die speziell konstruierte Düse. Augenblicklich schwirren überall im Boot kleine weiße Flöckchen umher. Offensichtlich hatten die Konstrukteure der speziellen Düse den Bodenseewind nicht auf der Rechnung. Da mein Körper bei der Aktion keinen Schaum abbekam, versuche ich mein Glück nun ein zweites Mal, indem ich -entgegen der Bedienungsanleitung- die Dose *direkt* gegen die Haut halte. Nach Betätigen der Düse entsteht auf meiner Brust ein weißer Berg, der dort sekundenlang verharrt, um dann von einem Windstoß gleichmäßig auf der Windschutzscheibe verteilt zu werden. Um eine weitere Erfahrung mit Sonnenschutzmitteln reicher, lege ich den Leerlauf ein, lasse mein Schiff dümpeln, schnappe mir Eimer und Lappen und mühe mich dann, mit viel Wasser wieder klaren Durchblick zu schaffen. Anschließend befindet sich zwar auf der Scheibe kein Sonnencremewolkenmuster mehr, dafür aber ein Fettfilm, der den Bodensee in scheinbar dichten Nebel taucht. Ajax-Glasklar schafft nach zweimaliger Intensivbehandlung schließlich auch dieses Problem aus der Welt. Da ich kein Verlangen nach einem neuen Anwendungsversuch oder einem Sonnenbrand habe, ziehe ich mein Hemd wieder an. Sonnenschutzschaum scheint also für mich auch nicht in Frage zu kommen.

Ansonsten aber fühlen sich Schiff und Skipper ausnehmend wohl und genießen den strahlend blauen Himmel, das leicht gekräuselte Wasser und das herrliche Panorama der Alpen.

Gegen 15.00 Uhr erreichen wir zufrieden und glücklich die Hafeneinfahrt von Bregenz.

Wenn man die Häfen der Weser oder die der französischen Kanäle gewöhnt ist, erscheinen einem die des Bodensees riesig. Ein unübersehbarer Wald von Stegen, Schiffen und deren Masten empfängt mich. Laut Bodenseehandbuch soll es in Bregenz ausreichend Gastliegeplätze geben. Aber bitte, wo sind die? Ich steuere die erstbeste Fahrrinne an und halte auf die Uferkaimauer zu. Dort wird Randi erst mal fachmännisch mit zwei halben Schlägen an Pollern belegt, dann begibt sich der Skipper zum nobel aussehenden Hafenbüro. Sehr freundlich erteilt man mir dort anhand eines Planes Auskunft, wo die Gastplätze zu finden sind, und knöpft mir anschließend 18,00 Euro Liegegebühr für eine Übernachtung ab. Zurück an Bord wird Randi losgemacht. Ich wende nach Backbord und fahre hinter dem fünften Steg rechts rein. Hier sollen die Gastplätze sein. Denkste, keine einzige freie Box. Ich werde unsicher: War das jetzt wirklich der fünfte oder erst der vierte Steg? Da hier offensichtlich alles belegt ist fahre ich eine Fahrrinne weiter. Auch hier gibt es kein freies Plätzchen für mein Schiff. Aber der Hafenmeister hatte mir doch auf seinem Plan genau den fünften Steg gezeigt. Plötzlich begreife ich: Im Hafenbüro hing der Plan an der Wand und ich stand davor, als er sagte, erst backbords und dann der fünfte Steg. Von Randis Liegeplatz aus hätte ich natürlich spiegelverkehrt nicht nach Backbord, also links, sondern nach Steuerbord, sprich rechts, fahren müssen. Guten Morgen, lieber Skipper, aufwachen, auch wenn es schon Nachmittag ist. Also wird eine Wende eingeleitet und zurück zum Ausgangspunkt gefahren. Hier halte ich mich nun steuerbords und siehe da, da sind sie auch, die versprochenen freien Plätze. Nachdem Randi belegt ist muss ich grinsen: Fast wäre ich zurück zum Hafenmeister gefahren und hätte mich beschwert. Wäre eine schöne Blamage geworden, ein Skipper, der Backbord und Steuerbord verwechselt. Nun wird erst mal ein Kaffee gekocht, eine Zigarette geraucht und dann ein wenig gelesen.

Gegen 17.00 Uhr verlasse ich mein Schiff für einen Landgang und schlendere die Uferpromenade entlang. Gleich hinter dem Yachthafen entdecke ich einen idyllischen kleinen Stichkanal, über den eine Buckelbrücke führt. Rechts und links an seinen Ufern liegen Boote. Der Kanal endet in einem Mini-See, wo sich ein Skipper müht, das Regenwasser aus seinem Ruderboot zu schöpfen. Da er, wie es scheint, keinen Eimer zur Verfügung hat, nimmt er einfach einen seiner Gummistiefel. Schmunzelnd sehe ich ihm eine Weile zu. Beim

Weiterschlendern entdecke ich ein Freilicht-
theater. Es besteht einerseits aus einer halb-
rund am Ufer aufgebauten Tribüne für die
Zuschauer, andererseits aus einem großen, im
See verankerten Ponton, auf der sich die
Bühne befindet. Auf dieser wurde künstliches
Felsgestein aufgetürmt. In den Nischen der
Felsen sind riesige Spiegelglasplatten verank-
ert, auf die die leichte Dünung des Sees ein
bizarr flackerndes Lichtspiel zaubert. Aus
einem der Felsen wächst ein überdimensio-
nales Cello, offensichtlich ist das die Kulisse für
eine Musikaufführung. Am Rande der Insel-
bühne liegen Schuten, mit Requisiten vollge-
packt. Im Hintergrund das Panorama des
Bodensees, auf dem kleine weiße Segel auf
und ab hüpfen. Ich bin begeistert, eine tolle
Idee, Natur und Theater miteinander zu ver-
knüpfen. Ob heute Abend hier eine Veran-
staltung stattfindet? Neben der Tribüne ent-
decke ich einen Kiosk, wo Programme aus-
liegen. Erst in drei Tagen findet wieder eine
Aufführung statt. Schade, soviel Zeit zum
Warten habe ich nicht.
Weiter am Ufer entlang schlendernd komme ich
zu einem weiteren Hafen, der offensichtlich
Fahrgastschiffen vorbehalten ist. Dann bumme-
le ich noch ein bisschen durch die Stadt und
esse an einem Stand eine Curry Wurst mit
Pommes.
Auf dem Rückweg entdecke ich zufällig noch
den Bahnhof von Bregenz, direkt am Ufer des
Sees gelegen, mit österreichischen, deutschen
und Schweitzer Loks. Bahnhöfe ziehen mich
schon seit meiner Kindheit magisch an. So bin
ich ob des regen Zugverkehrs happy und

schieße etliche Fotos für mein „Lokarchiv".

Kurz vor 21.00 Uhr bin ich wieder bei Randi. Die Füße schmerzen ein wenig nach dem ungewohnt langen Fußmarsch. Ich hole mir ein kühles Bier aus der „Kellerbar", so nennen wir etwas hochtrabend Randis Stauraum zwischen Kiel und Bootsboden, der durch eine Luke zugänglich ist und die Spirituosensammlung schön kühl hält, bette meine müden Füße auf die Bank in der Pflicht und rufe Tina an. Sie berichtet, dass der Opa sein Sterben inzwischen fast schon beendet hat, indem er langsam wieder zum normalen Tagesablauf mit der entsprechenden Anzahl von Bieren und Schnäpsen übergegangen sei. Der routinemäßig vorbeischauende Arzt hat ihn allerdings unglücklicherweise gestern bei seinem abendlichen Glas Korn ertappt, worauf er ihm jedweden Alkohol strikt untersagte. Tina beging den Fehler, den Arzt ernst zu nehmen, indem sie Opas Bier- und Schnapslager im Keller mit einem Schloss versah. Daraufhin legte sich der alte Herr prompt wieder ins Bett und begann erneut zu sterben. Diesbezüglich ist Tina zwar wieder zur Routine im Umgang mit ihm zurückgekehrt, d.h. sie nimmt ihn nicht Ernst, hat sich aber dafür fest vorgenommen, den Großvater in den zweieinhalb Wochen, wo sie ihn ständig unter Aufsicht hat, endgültig „trocken" zu legen oder zumindest, falls das nicht klappen sollte, seinen etwas exzessiven Umgang mit Bier und Schnaps auf ein Normalmaß zu begrenzen. Als ich den Vorschlag mache, dieses in meinen Augen unmöglich zu schaffende Unterfangen doch lieber aufzugeben und zum Bodensee nachzukommen, lehnt Tina leider ab, sie wolle sich diese einmalige Chance nicht entgehen lassen. Ich bin zwar etwas enttäuscht, wünsche ihr aber trotzdem viel Erfolg. So wie ich allerdings den alten Herrn kenne, wartet der stur ab, bis Tinas Urlaub vorbei ist, um seine alten Gewohnheiten wieder aufzunehmen, was ich ihm auch nicht verdenken kann, praktiziert er diese doch schon sein Leben lang mit offensichtlich gutem Erfolg, denn dieses Jahr ist er, wie schon erwähnt, 88 geworden.

Im Bett lese ich weiter mein gestern begonnenes Buch, das sich als recht spannend erweist, und so ist es weit nach Mitternacht, ehe ich das Licht ausknipse, und mich von Randi sanft in den Schlaf wiegen lasse.

4. Tag

Heute klappt es schon besser mit der Bordroutine und ich bleibe von schmerzhaften Begegnungen mit GFK verschont. Allerdings wasche ich mich nicht am Waschbecken von Randi, sondern gehe zum Duschhaus des Hafens, denn ein solches gibt es auch hier, wie ich gestern feststellte. Die Benutzung der Duschen ist kostenpflichtig, d.h. man muss in einen kleinen Kasten vor diesen in einen Schlitz einen Euro einwerfen. Als ich mich gerade eingeseift habe und abduschen will, kommt kein Wasser mehr aus der Dusche. Mist, was soll das denn? Ich tapse eingeseift und tropfend nackt aus der Duschkabine und schaue auf den Kasten. Das grüne Licht ist erloschen. Aus dem Portemonnaie meiner

Hose fingere ich ein weiteres Eurostück heraus, wobei sich dabei die Seife an meiner Hand sowohl auf der Hose als auch meiner Geldbörse verteilt und beide verschmiert. Vor mich hin grummelnd werfe ich den Euro in den Schlitz und die Dusche fängt sofort wieder an zu schauern. Als ich meinen linken Fuß besprühe, der als letztes noch Duschgel hat, schaltet sich die Dusche erneut ab. Ich nehme meinen Waschlappen zur Hand, tunke diesen in die Pfütze Wasser unten auf dem Boden der Kabine und reibe ihn ab, erneut vor mich hin grummelnd. Dann trockne ich mich ab und reinige mit dem Waschlappen noch vorsichtig meine Hose und mein Portemonnaie von der Seife, schließlich ziehe ich mich an. Beim Rausgehen fällt mein Blick auf ein kleines Schild an der linken Wand, auf dem steht: Duschbenutzung 1 Euro, Wasserfluss 1 Minute. Nur eine Minute zum Duschen zur Verfügung zu haben, finde ich ziemlich dreist, denn wer schafft es schon, sich innerhalb dieser Zeit einzuseifen und auch wieder abzuspülen? Also beschließt der Skipper, demnächst wieder die morgendliche Bordroutine an Randis Waschbecken zu praktizieren.

Nach dem Frühstück nehme ich mir die Bodenseekarte zur Hand und beschließe, am Schweitzer Ufer entlang zu fahren und mir die Mündungen von Bregenzer-Ach, Rhein und Altrhein anschauen. Vielleicht schippere ich auch ein Stück die Flussläufe hoch.

Dass ich die Bordroutine wohl doch noch nicht so ganz im Griff habe, merke ich beim Herumdrehen des Zündschlüssels: Es tut sich nichts. Etwas verwundert versuche ich es gleich noch einmal mit ebensolchem Resultat. Das gibt es doch nicht, irgendwas muss mit den Batterien nicht in Ordnung sein. Ich klappe die rechte Sitzbank hoch, in deren Tiefe selbige ihr Dasein fristen. Die Batterieklemmen sind fest, die Kabel nicht verschlissen oder gebrochen, der Batterieschalter steht auf „On", sonst hätte heute Morgen auch das Radio nicht gespielt. Beim Stichwort Radio schießt mir die Röte ins Gesicht: Ich habe schlicht und ergreifend vergessen, den Batterieschalter von Verbraucher- auf Starterbatterie zu stellen. Eine kurze Erklärung für Nichtfachleute: Durch das Trennen der Stromkreise soll verhindert werden, dass morgens der Motor nicht anspringt, weil abends zu viele Verbraucher Saft aus der Batterie gezogen haben. Da sieht man mal wieder, wo man ohne Routine hinkommt.

Da er nun Saft bekommt, hat der kleine John keine Mühen sein Tagewerk zu beginnen. Vorsichtshalber kippe ich noch 20 Liter aus dem Reservekanister in den Tank, denn eine Strecke von zwei bis drei Stunden Fahrzeit liegt vor uns.

Randi wird aus ihrer Box manövriert und gen Hafenmole gedreht. Ein vom See kommender Segler erreicht fast gleichzeitig mit mir die Hafenausfahrt. Beide Skipper werden unsicher, wer zuerst passieren soll. Als höflicher Mensch lasse ich ihm per Schallsignal den Vortritt. Er bedankt sich durch freundliches Winken. Vorschriftsmäßig, so hab ich es für das Patent gelernt, fahre ich dann in gerader Linie ca. 300 m vom Ufer weg, ehe ich Randi auf 210 Grad nach Backbord drehe. Dem kleinen John gebe ich 4.500 U/min als Arbeitspensum vor. Sieben

Knoten schafft er heute nur, doch da ein leichter Wind von vorn kommt, ist das kein schlechter Wert.

Hatte ich gestern manchmal Orientierungsprobleme auf der „Weite des Sees", helfen mir heute sogenannte Seezeichen mit Wife, so bezeichnet sie jedenfalls die Bodenseekarte. Das sind in den See gerammte Pfähle, auf denen eine Nummer steht. Passiert man einen solchen Pfahl, vergleicht man einfach seine Nummer mit der auf der Karte eingezeichneten und schon ist ein Verfranzen ausgeschlossen. Bis zur Mündung der Bregenzer-Ach gibt es sechs dieser Seezeichen. Per Fernglas peile ich deren Nummern und streiche sie -nach Vorbeifahrt- auf der Karte durch. Wahrscheinlich wird ein alter Fahrens Mann mein Tun belächeln, denn das Durchstreichen passierter Seezeichen ist nur dann sinnvoll, wenn es auf See davon so viele gibt, dass ein Abstreichen zusätzliche Orientierungssicherheit liefert, und da heute fast kaum noch nach Karte, sondern eben über GPS navigiert wird, sowieso unnötig. Mir aber bringt das einfach Spaß und weckt ein bisschen das Gefühl auf großer Fahrt zu sein. Da sich auch die Sonne inzwischen ihrer Wolkendecke entledigt hat, geht es dem Skipper rundum gut.

Nach knapp 40 Minuten passiere ich an Backbord die Mündung des Rheins, aber es ist verboten, diesen zu befahren, also kreuze ich ein bisschen in der Fußacher Bucht, passe dabei aber auf, zwischen den Spieren zu bleiben, den außerhalb von diesen soll es untief sein, meint die Bodensee Karte. Vor dem Hafen Fußach wende ich, denn ich will ja nicht gleich wieder in einem Hafen anlegen, sondern erstmal „Strecke machen", wie das so schön in der Seemannssprache heißt. Nun wird der Kurs geändert, 180 Grad werden angelegt. Noch einmal 40 Minuten dauert es, ehe lange Buhnen in Sicht kommen und von der Mündung des Alten Rheins zeugen. Beim Näherkommen sehe ich dann allerdings dessen Tücken: Etliches an Treibholz befördert Vater Rhein ganz ungeniert in den Bodensee und eine starke Strömung tut ein übriges, dass ich die Buhnen weiträumig umfahre, und dann zwischen den beiden Ansteuerungsbojen hindurch in den Rheinspitz einbiege.

Im Gegensatz zum gestrigen Tag, wo mich die Weite des Bodensee so faszinierte, entsteht mit der Einfahrt wieder ein Fluss Gefühl: Die Ufer rücken zusammen und werden konturvoller, Schilf ist der Böschung vorgelagert, Nähe und Beschaulichkeit stellen sich ein. Ich nehme Fahrt zurück und lasse die Landschaft an mir vorbeiziehen.

Nach fünf Kilometern in der Nähe von Rheineck soll es einen Hafen geben, mein erstes Etappenziel für heute. Nach fünf Minuten Fahrt bemerke ich rechts einen im Schilf liegenden Daycruiser, auf dem der Skipper, als er mein Boot sich nähern sieht, mit weit ausholenden Armen zu mir herüberwinkt. Im Schifffahrtsverkehr ist es, im Gegensatz zu dem auf der Straße, absolut üblich und letztlich auch Pflicht, vergleicht man die entsprechenden Bestimmungen, sich Hilfe zu leisten, wenn es einen Unfall oder ein anderes Malheur gegeben hat. Und nach einem solchen sieht das bei dem Boot dort aus, zumal ja auch der Skipper mir das zu signalisieren versucht.

Ich betätige also Randis Horn, ein langer Ton, was so viel wie Achtung, ich eile dir zur Hilfe, heißt. Alsbald wird die Maläse, in der sein Schiff steckt, deutlich: Der Daycruiser ist fast völlig von Schilf umschlossen. Am hochgeklappten Zet-Antrieb hängt jede Menge Gras, welches sich um die Schraube gewickelt hat. Randi lässt ein warnendes Blubb vernehmen, was mich veranlasst, einen Blick auf die Wasseroberfläche vor ihrem Bug zu werfen. Ein guter Hinweis meines Schiffes, denn dort schwimmt ein dicker Teppich aus geschnittenem Schilf und Gras. Sofort gehe ich in den Leerlauf und dann auf Rückwärtsfahrt, um zu diesem da auf mich zutreibenden Schraubenkiller den nötigen Sicherheitsabstand zu wahren. Aus leidvoller Erfahrung weiß ich, wie schnell sich dieses Treibgut um den Prop wickeln kann, um dann mein Boot manövrierunfähig genau dorthin zu befördern, wo der Daycruiser jetzt fest sitzt. Ist doch gut, wenn man ein Schiff hat das mitdenkt. Randi bekommt jedenfalls ein dickes Lob von ihrem Skipper. Durch leichtes Vor und Zurück des Gashebels halte ich sie auf der Stelle und rufe dann zum Skipper hinüber: „Ahoi, was ist passiert?" Von drüben schallt es zurück: „Mein Motor streikt, können Sie mich rausziehen?" Um dem verständlichen Wunsch des Skippers entsprechen zu können, müssen allerdings zwei Voraussetzungen gegeben sein: Ein entsprechend langer Tampen und die Möglichkeit, diesen zu ihm herüber zu befördern. Ob der kleine John es anschließend schafft, das Boot aus dem Schilf zu ziehen, ist eine andere Frage. „Ich versuche, einen Tampen zu Ihnen herüber zu werfen. Einen Moment". Aus dem Schapp krame ich nun meinen 10 Meter Tampen hervor, den ich auch sofort finde, denn Mann hat ja gut gestaut (vgl. den zweiten Tag). Ich schieße den Tampen auf, knüpfe an sein Ende einen Wurfknoten und starte dann einen ersten Wurfversuch. Kläglich klatscht der Tampen keine drei Meter von Randi entfernt ins Wasser. Mein zweiter Versuch endet bei vier Metern, mein dritter schätzungsweise bei fünf. Weitere Wurfversuche zeigen leider, dass das offensichtlich meine Bestmarke war. Hatte sich der Skipper anfangs noch weit vorgebeugt, um den Tampen auffangen zu können, steht er jetzt mit herunter hängenden Armen im Boot und zuckt die Schultern. So bekomme ich jedenfalls den Tampen nicht zu ihm herüber. Näher heran traue ich mich aber bei all dem Gras und Schilf auch nicht. Was also tun? Der Tampen ist eindeutig zu leicht, überlege ich, so kann er nicht weit genug fliegen. Wie wäre es aber, würde ich vorne an ihn zur Beschwerung meinen Bootshaken anknoten und dann mit diesem quasi Speerwerfen üben, da müssten doch größere Reichweiten zu erzielen sein. Gedacht, getan. Nachdem ich den Tampen um den Stil des Bootshakens geknotet habe, nehme ich diesen wie einen Speer in die Hand, peile mit zusammengekniffenen Augen den Standort des Daycruisers an und schleudere ihn dann mit aller Kraft in diese Richtung. Der Wurf war nicht schlecht, doch leider immer noch nicht weit genug, denn ungefähr einen Meter vom Bug des Havaristen entfernt klatscht er ins Wasser. Dessen Skipper schaut enttäuscht zu mir herüber, reagiert dann aber, indem er sich ein Paddel greift, damit auf den Bug seines Schiffes turnt, sich dort auf den Bauch legt und mit dem Paddel versucht, meinen Bootshaken zu sich hin zu ziehen. Nach zwei Versuchen schließlich haben seine Bemühungen Erfolg. Voller Begeisterung rufe ich: „Toll, Klasse, wir packen es." Er winkt mir zu und befestigt den Tampen an seiner vorderen Backbordklampe. Ich fahre mit Randi eine Wende und liege jetzt mit dem Heck zum Schilf. Der erste Teil der Bergungsaktion ist damit erfolgreich abgeschlossen.

Nun aber kommt der wahrscheinlich entscheidendere: Wird der kleine John es schaffen das Boot aus dem Schilf zu zerren? Ich tätschele ihm liebevoll die Haube, erkläre ihm, dass er jetzt gleich ganz stark sein müsse, und füge -um sein Selbstbewusstsein zu steigern- noch hinzu, wie stolz ich auf seine bisherigen Leistungen bin. So, John, nun musst du zeigen, was du kannst. Vorsichtig kupple ich ein und Randi schiebt sich langsam nach vorne. Der Tampen kommt steif. Dann tut es einen Ruck und ich gebe bedächtig Gas. Der kleine John wühlt, ackert und gibt alles, was er hat, aber leider bewegt sich Randi keinen Zentimeter voran. Ich erlöse John kurzfristig von seiner Qual, fahre ein paar Meter zurück, und beginne einen neuen Anlauf, dieses Mal mit mehr Speed beim Anfahren. Einen Moment lang scheint es, als würde John es schaffen, aber dann wühlt Randi wieder auf der Stelle. Ich breche den Schlepp ab, zumal ich Angst habe, dass der Tampen reißt.

Frustriert drehe ich mich zum Daycruiser um,

und zucke hilflos mit den Schultern. Mein Skipper aber hat eine Idee: „Ich helfe mit Staken nach. Noch mal vorsichtig anziehen."
Er schnappt sich meinen Bootshaken, geht zum Heck seines Schiffs, stellt sich dort breitbeinig in Positur und steckt den Haken wie ein Gondoliere in den Grund. Wenn der man bloß nicht ins Wasser klatscht, denke ich, aber vielleicht hilft Skippers Muskelkraft dem kleinen John ja wirklich. Vorsichtig gebe ich erneut Gas, über die Schulter blickend meinen Staker aufmerksam beobachtend. Anfangs hängt Randi wieder auf der Stelle, aber dann tut es einen Ruck und mein Schiff kommt ein kleines Stückchen voran. Wieder folgt ein Ruck, ein weiterer Meter ist geschafft. Langsam, aber stetig schleppt John das Schiff aus seiner misslichen Lage.
Nach Passieren des Schilfgürtels ruft der Skipper: „Schiff frei, alles klar". Vorsichtshalber schleppe ich ihn aber noch ein paar Meter weiter, ehe ich den Tampen löse. Dann wende ich und gehe bei ihm längsseits. Die Schiffe werden mit einem Tau eng aneinander belegt. Zur Sicherheit lasse ich John im Leerlauf tuckern, um manövrierfähig zu bleiben, sollte die Strömung uns aufs Ufer zutreiben. Eine Hand streckt sich mir entgegen: „Vor allem erst mal herzlichen Dank. Mögen Sie ein Bier?" Als ich verneine, öffnet er sich selbst eine Dose, und proste mir zu. „Entschuldigung, ich habe mich noch gar nicht vorgestellt. Schimanski ist mein Name, so wie der ehemalige Tatortkommissar." Ich schaue mir Schimanski genauer an, wie Götz George sieht er wirklich nicht aus. Klein und rundlich ist er, hat ein

Vollmondgesicht mit einem lustigen Schnauz-
bart und trägt ein buntes Hawaii Hemd. „Über
eine halbe Stunde bin ich in dem verdammten
Schilf gelegen, bis Sie gekommen sind. Mein
Motor hat urplötzlich ausgesetzt und dann hat
es mich durch die Strömung in den Mist
reingetrieben. Vielleicht hätte ich mich ja mit
einem Bootshaken rausdrücken können, aber
den meinen hatte ich leider nicht dabei, wie es
halt so geht. Ohne den Ihren und natürlich
ohne Ihre Motorkraft wäre ich da wohl so
schnell nicht rausgekommen". – „Macht nichts,
Hauptsache ihr Boot ist wieder flott. Was ist
denn eigentlich mit Ihrem Motor?" wende ich
mich näher liegenden Dingen zu. „Keine
Ahnung, hat einfach ausgesetzt, der Mistbock.
Mal sehen, vielleicht geht die Krücke jetzt
wieder." Wenn man so von und mit seinem
Motor redet, muss der ja streiken, denke ich,
sage aber nur: „Befreien Sie erst mal die
Schraube vom Schilf."- „Genau, mach ich
sofort", erwidert Schimanski, beugt sich über
seinen Zet und entkrautet mühsam Schraube
und Antrieb. Dann senkt er den Zett ab und
startet ihn, allerdings ohne Erfolg. „Vielleicht
sollten Sie ihn mal streicheln", gebe ich zu
bedenken. Als ich allerdings sein verständnis-
loses Gesicht sehe, beeile ich mich, das Ganze
als Scherz darzustellen. Es hat halt nicht jeder
ein inniges Verhältnis zu Motor und Schiff. „Das
hat keinen Zweck", meint er schließlich,
„können Sie mich in den Yachthafen
schleppen?" Natürlich kann ich, da wollte ich ja
sowieso hin. Randi wird mit zwei zusätzlichen
Tampen seitwärts an den Daycruiser gefesselt
und dann streben die beiden Schiffe eng

umschlungen dem Hafen zu. Der kleine John ackert tapfer für zwei und bekommt von mir in Gedanken ein dickes Bussi.

Nach 20 Minuten passieren wir die Hafeneinfahrt und legen am Steg an. Randi wird von Schimanskis Boot befreit und vor dieses rangiert. Dann lädt mich der Skipper noch mal zu einem Bier ein und diesmal lehne ich nicht ab. Mann gönnt sich ja sonst nichts. Schimanski erzählt, dass er sein Boot vor einem halben Jahr gebraucht gekauft habe. „War wirklich ein Schnäppchen, übrigens inklusive Liegeplatz und Bodenseezulassung. Ist auch gut gelaufen, die Kiste. Nie was dran gewesen. Und nun streikt auf einmal der blöde Motor. Kennen Sie sich mit Motoren aus?" – „Mit Außenbordern schon, mit Innenbordern weniger". Da er mich aber so lieb und erwartungsvoll anschaute, verspreche ich, mal zu schauen, ob ich einen Fehler entdecken kann. „Find ich toll. Kommen Sie, vorher trinken wir aber noch ein Bier". Ich wehre ab, zumal es erst -oder schon?- drei Uhr ist und mir langsam der Magen knurrt. „Dann gehen wir zuerst was essen. Kommen Sie, ich lade Sie ein, dass ist das mindeste, was ich für meinen Retter tun kann. Ganz in der Nähe gibt es ein recht gutes Lokal."

Das Essen ist wirklich gut und das Lokal überdies auch noch sehr gemütlich, eine Mischung, die heutzutage immer seltener wird. Schimanski bietet mir nach dem Essen und einer weiteren Flasche Bier an, ihn doch Schimi zu nennen oder besser gleich Horst, er heiße mit Vornamen wirklich so. Da Schimi ein unterhaltsamer und amüsanter Gesprächspartner ist, wird es vier, ehe wir uns endlich den Motor vornehmen. Dieser ist ein acht Jahre alter Volvo-Penta, der ein bisschen gammelig wirkt. Zündkerzen, Vergaser, Benzinpumpe, Luftfilter und Keilriemen sind okay, wie ich nach kurzer Zeit feststelle. „Tja, eigentlich müsste der Motor laufen", fasse ich schließlich meine bisherigen Bemühungen zusammen. Der Volvo ist allerdings anderer Meinung und weigert sich beharrlich, seine Arbeit aufzunehmen. Hatte sich Schimi bisher auf eine eher passive Zuschauerrolle beschränkt, wird er nun aktiv. „Wir machen das jetzt mal anders, ich habe vor zwei Wochen ein Werkstatthandbuch erstanden, war echt günstig, da ist hinten 'ne Fehlersuchtabelle drin". Schimi scheint ein Faible für gebrauchte Billigangebote zu haben. Aus dem Schapp unterm Bug zerrt er ein ausgefleddertes und mit etlichen Ölflecken verziertes Nachschlagewerk hervor. „Aha, hier haben wir's ja schon: Motor geht während der Fahrt aus. Genau unser Problem, nicht? So, wollen mal sehen..... Schrauben sie als erstes die Zündkerzen heraus, prüfen sie den Elektrodenabstand und kontrollieren sie mit einer Fühlerlehre, dass dieser zwischen 0,4 und ...." Er stutzt. „Zu blöd, da hat einer mit seinen Fettpfoten draufgepatscht. Kannst du das erkennen?" Ich kann es ebenso wenig wie Schimi erkennen, gebe aber zu bedenken, dass ich die Zündkerzen schon geprüft habe. „Nee, lass uns mal lieber systematisch vorgehen, Punkt für Punkt abhaken, genau so, wie es hier beschrieben wird", widerspricht er und macht sich sogleich an die Arbeit. Schimi stellt fest, dass der Elektrodenabstand 0,4 mm beträgt, und somit -Fettfleck hin oder her- auf alle Fälle noch im Normbereich liegt. „Gut, das war`s wohl nicht. Also zu Punkt 2: Halten sie die Zündkerzen an den Zylinderkopf, starten Sie und kontrollieren Sie, ob es Funkenbildung gibt." – „Gibt es Horst, hab ich auch gecheckt." – „Ja, ja, ist schon richtig, aber lass mal sehen, vielleicht tut sich ja jetzt was." Es fällt mir zwar schwer einzusehen, was sich in den letzten 10 Minuten an den Kerzen verändert haben sollte, aber wenn Horst meint... Schimi schraubt also die Zündkerzen heraus, hält sie an den Zylinderkopf und bittet mich, den Motor zu starten. Prompt kriegt er einen gewischt. Dieses Argument seines Volvo überzeugt sogar Horst. „Also können wir das auch abhaken. Weiter zu Schritt 3: Prüfen sie, ob die Sprit-zufuhr eventuell unterbrochen ist. Dazu klemmt man den Benzinschlauch von der Benzin-pumpe." Er starrt in den Motorraum: „Wo ist denn das blöde Ding?" Stumm zeige ich auf den Benzinförderer. „Ach ja, genau. Also weiter: ...und halte ihn in ein Gefäß, hm, kann ich wohl auch den Reservekanister nehmen..., kommt Benzin, ist die Pumpe in Ordnung." Systematisch setzt Schimi diesen Schritt dann in die Tat um, und stellt fest: Auch das Benzin fließt immer noch. „Gut, das ist auch o.k., also zum nächsten Schritt: Luftfilter prüfen. Man löse die Klammern über dem Vergaser..." Aber ich höre schon lange nicht mehr hin, auch bei den nächsten im Handbuch angeführten Schritten nicht, und gebe auch nicht mehr zu bedenken, dass ich das dort Beschriebene schon längst gecheckt habe.

Erst als von Land eine forsche Stimme

erschallt, erwache ich aus meiner Lethargie: „Na, Schimi, Ärger mit der Mistkrücke?" Scheint in diesem Breitengrad der gängige Ausdruck für Motoren zu sein, denke ich, und schaue dann nach oben. Auf dem Kai steht ein etwa fünfzigjähriger groß gewachsener, breit-schultriger Mann, dunkelblaue Hose, weißer Rollkragenpullover mit Vereinswappen auf der Brust, weiße Seglermütze. „Mensch Karl, ein Segen, dass du kommst. Der Bock hat mitten im See schlappgemacht. Der Kollege hier war so nett mich abzuschleppen. Du bist doch der Fachmann für Volvo, kannst du nicht mal gucken, was das sein könnte?" – „Was habt ihr denn schon alles gemacht?", will Karl wissen und Schimi zitiert strahlend Schritt eins bis sechs aus dem Handbuch. Karl verzieht leicht gequält das Gesicht, steigt an Bord, schnappt sich den Kerzenschlüssel und... schraubt die Zündkerzen heraus. Aha, auch ein Syste-matiker, aber einer ohne Handbuch. Schimi neben mir scheint inzwischen gelernt zu haben, denn er meint: „Haben wir schon zweimal gemacht, Karl. Die sind o.k." – „Was heißt hier o.k.? Sieh dir mal das Kerzenbild an, na?" Schimi und ich starren auf die Kerzen, dann fragend auf Karl. „Das Kerzenbild ist eindeutig zu dunkel, mit der Lichtmaschine stimmt was nicht".

Als wir Karl nach dieser salomonischen Antwort, (was könnte er mit „zu dunkel" wohl gemeint haben?) begriffsstutzig anschauen, fügt er erklärend hinzu, er sei 15 Jahre bei Bosch Verkaufsleiter gewesen, da kenne man sich mit Elektrik wirklich aus. Inwieweit aus der Position des Verkaufsleiters zwingend folgt, dass sich jemand mit der Elektrik von Bootsmotoren auskennt, bleibt mir zwar etwas uneinsichtig, und auch Karls Schlussfolgerung, dass mit Schimis Lichtmaschine etwas nicht stimmt, vermag ich wenig nachzuvollziehen, aber vielleicht ist er ja kein Systematiker, sondern einer von den intuitiven Typen und die Sache mit der Lichtmaschine hat ihm sein Unterbewusstes geflüstert. Jedenfalls schleppt Karl sogleich eine stattliche Anzahl von Messgeräten herbei und meint, gleich könne er sagen, was dem Mistbock fehle. Wenn ich den kleinen John so betiteln würde, hätte der mir wahrscheinlich schon gegen das Schienbein getreten oder die Messinstrumente ins Wasser geschmissen. Innenborder scheinen aber von anderem Naturell, denn zumindest dieses Exemplar lässt sich brav durchmessen. Karl stellt „Abweichungen von Sollwerten" fest und diagnostiziert, die Lichtmaschine müsse ausgebaut werden, was allerdings kein Problem sei, denn nach 15 Jahren Bosch sei das für ihn reine Routine.

Schimi schaut voller Sorge auf Karl und blättert dann in seinem Werkstatthandbuch, wo er aber den Punkt Lichtmaschinenausbau in der systematischen Fehlersuche nicht findet. „Du Karl, hier steht aber nichts von Lichtmaschinenausbau". − „Ist doch auch alles graue Theorie, dein Buch da", wird er von Karl abgekanzelt. „Ich hol nur eben mein Spezialwerkzeug, dann kann ich dir gleich sagen, was mit der Lichtmaschine ist".

Nachdem Karl gegangen ist, sieht Schimanski mich zweifelnd an. Einerseits will er das Fachwissen seines Vereinskollegen nicht in Frage stellen, andererseits aber auch nicht von der Systematik seines Handbuchs lassen. Jedenfalls nimmt er sich Punkt sieben vor und schraubt den Verteilerdeckel ab. Nun wird es spannend, denke ich, denn da Außenborder so was nicht haben, hatte ich den vorhin nicht geprüft. Am Verteilerfinger sehen wir einen kleinen Riss. „Mensch Schimi, das könnte es sein. Wenn der Zündfunke nicht kräftig genug ist, können wir lange starten, dann kann dein Volvo sein Benzin nicht zünden". – „Aber bisher ist die Mistkrücke doch gelaufen?" gibt Schimi zu bedenken. „Irgendwann ist der Ofen eben aus. Dann reicht der Funke halt nicht mehr. Lass uns den Verteilerfinger mal austauschen, wir sehen ja dann, ob das was bringt".

Als wir Karl, der jetzt angetan mit strahlend blauem Bosch Kittel und einer original Bosch Werkzeugtasche, auf Schimis Boot steigt, von unserer Entdeckung berichten, winkt er überlegen lächelnd ab: So kleine Risse würden nichts machen, sonst hätte er das auf seinem Messgerät sofort gesehen. Schimi geht aber nun offen in Opposition zu Karls Fachwissen, zumal sein Werkstatthandbuch rät, auch bei kleinsten Rissen den Verteilerfinger vorsorglich auszuwechseln, denn er verkündet, er führe nach Rorschach in die Volvo Werkstatt, um ein entsprechendes Ersatzteil zu kaufen. Karl allerdings ficht das nicht an: „Fahrt mal, wenn ihr wiederkommt, habe ich die Lichtmaschine zerlegt, dann kann ich dir genau sagen woran es liegt".

Wir fahren also mit Schimis Auto nach Rorschach. Die dortige Volvo-Werkstatt ist gut bestückt und Schimi ersteht einen neuen Verteilerfinger, allerdings nicht ohne vorher zu fragen, ob nicht eventuell ein neuwertiger, gebrauchter am Lager sei...

Zurück am Steg finden wir Karl im Cockpit sitzend, um sich herum die Teile der Lichtmaschine verteilt, über das ganze Gesicht strahlend. Er begrüßt uns euphorisch: „Ich hab`s, die Schraube hier war verstellt. Da muss der Bock ja ausgehen, wenn er kaum noch Saft kriegt". Voller Stolz deutet er auf eine Schraube außen am Gehäuse der Lichtmaschine. Warum er dafür die *ganze* Lichtmaschine zerlegen musste, bleibt mir allerdings ein Rätsel. Schimi ist nicht weniger stolz und reckt Karl seinen Verteilerfinger entgegen, was bei seinem Vereinskameraden jedoch nur ein müdes Schulterzucken hervorruft.

Karl baut nun die Lichtmaschine wieder zusammen und Schimi seinen Verteilerfinger ein. Kurz vor halb sieben ist der Motor wieder komplett. Jetzt kommt der große Augenblick. „Starten Sie mal", sagt Karl. Ich gehe zum Gashebel, drehe den Zündschlüssel um und sage in Gedanken zum Motor: „Ich weiß, du bist keine Mistkrücke, sondern ein braves Arbeitspferd. Sei bitte so lieb und springe an." Nach dieser Ansprache an einen Motor drehe ich den Zündschlüssel bis zum Druckpunkt: Brrr..., brrr, brrr,....dadadadadad! Hurra, er läuft. „Klasse, lieber Motor, ganz toll", lobe ich ihn, werde mir aber dann bewusst, dass ich nicht alleine bin. Die beiden haben mich aber offensichtlich nicht gehört, denn Karl meint gerade: „Na siehste, war die Lichtmaschine. Habe ich dir doch gleich gesagt". – „Und der Verteilerfinger", fügt Schimi

71

hinzu. Aber Sie, lieber Leser/in, ahnen sicher die Wahrheit: Man muss Motoren nur gut zureden und sie respektieren, dann laufen sie auch. „Darauf heben wir einen", meint Karl, und Schimi sagt: „Gute Idee, ich lade Euch ein. Was haltet ihr von der Ollen Lotte?" Karl stimmt zu, ich auch, denn der Name des Lokals klingt nach gemütlicher Eckkneipe. Ich schicke Tina schnell eine SMS, dass es mit meinem Anruf heute wahrscheinlich später werden könnte.

Die Olle Lotte ist wirklich eine urige Kneipe, ich komme mir vor, als wäre die Zeit vor 30 Jahren stehen geblieben. Auch der Wirt passt in dieses Bild: Rund, rosig und mit allen Gut Freund. Schimi und Karl berichten ihm von unserer erfolgreichen Motorreparatur und meiner Rettungsaktion. Der Wirt erzählt, dass er mal auf einer Sandbank mit seinem Segler aufgebrummt sei. Aber niemand sei vorbei gekommen, er habe die ganze Nacht dort verbringen müssen, erst am nächsten Morgen habe in eine Motoryacht freigeschleppt. Karl kontert mit weiteren Reparaturstorys, bei denen die Fehler merkwürdigerweise immer an der Lichtmaschine liegen. Als alle schon ein paar Bier und Korn intus haben, fordert man mich auf, mal ein paar Geschichten von der Weser beizusteuern. Da auch ich nicht mehr ganz nüchtern bin, wähle ich die Geschichte aus, als John mitten in stärkster Strömung seinen Geist aufgab und nur durch Streicheln über seine Motorhaube dazu zu bewegen war, wieder anzuspringen, kurz vor einer Untiefe, auf die Randi zutrieb. Ich ernte für diese Story großen Beifall, und Karl will sich ob des „tollen

Seemannsgarns" vor Lachen schier aus-
schütten. Nach einigen weiteren Bierchen
nimmt mich Schimi auf einmal zur Seite und
fragt: „Sag mal, stimmt das wirklich? Ich meine,
mit dem Motor zu reden? Bringt das wirklich
was?" – „Davon bin ich überzeugt, Schimi.
Vorhin, als ich deinen Motor angelassen habe,
da hab ich ihn erst mal in Gedanken gelobt". –
„Meinst du nicht, dass es doch eher der
Verteilerfinger war?" –„Kann schon sein, aber
ohne Zureden tut`s kein Motor, glaub mir.
Wichtig ist natürlich, dass du deinem Motor
einen Namen gibst, der zu ihm passt. Denn wie
willst du ihn sonst ansprechen?" Schimi schaut
mich zwar etwas ungläubig an, aber dann
meint er: „Wie wäre es denn mit Paula? So
hieß mal ne Freundin von mir, die war auch so
launisch wie meine Mistkrücke". –„Na siehste,
da hast du doch schon einen Namen. Und noch
was: Nenn deinen Volvo nie wieder Mistkrücke.
Motoren merken sich so was und irgendwann
zahlen sie`s dir heim." – „Hm, Paula... klingt
nicht schlecht." Schimis Gesicht erhellt ein
verklärter Ausdruck, offensichtlich war seine
Paula nicht nur launisch.
Kurz vor zwölf bin ich das, was man gemeinhin
mit „breit" bezeichnet. Ich verabschiede mich
von der fröhlichen Runde und wanke gen
Randi. Als ich vom Ufer auf ihr GFK treten will,
bekommt mein dösiger Kopf das wohl nicht
mehr schnell genug geregelt, denn mein Fuß
trifft ihr Deck nur zur Hälfte. Wild mit den
Armen rudernd wäre ich mit Sicherheit ins
Wasser geplumpst, hätte Randi nicht just in
diesem Moment einen Schwapp zum Ufer hin
vollführt, sodass ich von ihrer Gangbord aufge-

fangen werde. „Danke, mein Schiff, wenigstens du passt noch auf. Hast es wirklich nicht leicht mit deinem Skipper, zumal wenn er besoffen ist". Ich streichle ihr übers GFK. Dann streichle ich vorsorglich auch gleich den kleinen John, sozusagen auf Vorrat, damit er sich nicht zurückgesetzt fühlt.

Die Koje findet alsbald einen bierschweren, aber mit sich, Randi und John zufriedenen Skipper vor, der noch eine kurze SMS an Tina absetzt, ehe er bald friedlich schnarchend entschlummert. Im Traum erscheint mir eine wunderschöne Paula, die sich, gerade als ich sie küssen will, in einen öligen Motorblock verwandelt. Vielleicht sollte man Motoren doch keine Frauennamen geben, das kann zu Alpträumen führen.

5. Tag

Recht spät an diesem Morgen sieht Randi einen verschlafenen, etwas zerknautscht wirkenden Skipper ihr Verdeck öffnen und in die schon hoch am Himmel stehende Sonne blinzeln. Auch scheint er die Koordination seiner Gliedmaßen noch nicht ganz zu beherrschen, denn sie hat alle Mühe bei seinen tapsigen Schritten ihm durch ausgleichendes Schwabbeln das Gleichgewicht zu ermög-lichen. Der intensive Geruch nach Alkohol, den er immer noch verströmt, findet auch nicht ihre Billigung, und so beschließt sie, ihm einen kleinen Denkzettel zu verpassen, indem sie mit dem Heck schwabbelnd ihm den Steuerstuhl liebevoll in den Rücken rammt. Danach ist sie zufrieden: Ein Schrei entringt sich Skippers Brust, ein untrügliches Zeichen für Wachheit. Der so Gepeinigte findet das zwar nicht nett, traut sich aber angesichts seiner Kopfschmerzen nicht, mit ihr zu schimpfen, da er dann weitere Attacken fürchtet, die er in seinem momentanen Zustand wahrlich nicht gebrauchen kann.

Ich bewege mich also vorsichtig Richtung Waschbecken und versuche mit einer kalten Abreibung die Alkoholgeister zu vertreiben. Nach einem starken Kaffee sieht die Welt dann schon etwas rosiger aus. Randi scheint mit ihrem Skipper auch wieder zufrieden, denn ein freundliches Blub ertönt. Nachdem so die Harmonie wieder hergestellt ist, mache ich einen Gang durch den Hafen, denn bei der ganzen Reparaturhektik gestern hatte ich ihn bewusst nicht wahrgenommen. Recht wenige Schiffe liegen an den Stegen. Vorn an der Kaimauern dümpeln zwei große Motorsegler in der leichten Dünung. Gleich neben meinem Liegeplatz verläuft ein mit hohen Pappeln bestandener, sorgfältig geharkter Kiesweg, hinter diesem ist das Clubheim, in bayrischem Stil, reich an Ornamenten und Schnitzereien. Kurz vor der niedrigen Hafenmole entdecke ich eine Chris Craft, an deren Mastspitze ein Bosch-Wimpel weht. Das kann eigentlich nur Karls Boot sein... Ich bewundere noch das daneben liegende toll gepflegte Holz Boot, werfe einen Abschiedszettel in Schimis Schiff und gehe zurück zu Randi, wo ich Grüß Gott Müller anrufe, denn heute ist Freitag, mein Bodenseepatent müsste eigentlich fertig bearbeitet sein. Er erinnert sich sofort an mich, gratuliert mir zur bestandenen Prüfung und versichert, bis 15.00 Uhr sei er im Amt, mein Patent liege zur Abholung bereit. Gut, damit liegt meine Route für heute fest, einmal quer über den See zurück nach Lindau. Es wird 11.00 Uhr, ehe Randi und ich den Hafen verlassen.

Als ich mir nun nochmal die Stelle ansehen will, an der gestern Schimi gestrandet ist, und Randi nach Backbord steuere, ist von unserer gestrigen Abschleppaktion kaum noch was zu sehen, die Strömung hat alle Spuren beseitigt, nur der Schilfteppich ist noch vorhanden. Obwohl ich mich um genügend Abstand von ihm bemühe, treibt wohl auch Gras unter der Wasseroberfläche, denn John wird immer langsamer. Mist, da hat sich eindeutig was von dem Zeug um seinen Prop gewickelt. Leichte Panik kommt auf, so ähnlich muss es Schimi gestern auch gegangen sein. Ruhig bleiben, ermahne ich mich, fahr einfach noch ein Stückchen weiter, dann ist Randi aus der Strömung raus und du kannst John hochklappen. Als ich meine, weit genug vom Grasteppich entfernt zu sein, stelle ich den Motor aus, vergewissere mich, dass Randi genug Platz zum Dümpeln hat und gehe dann nach hinten. Hier klettere ich auf die Badeplattform, löse Johns Arretierungssperre und klappe ihn hoch. Jede Menge Grünzeug hat sich um seine Schraube gewickelt, mühsam muss ein Büschel nach dem anderen abgedreht werden. Zwischendurch recke ich mich auf und stelle mit einem Rundumblick fest, dass meinem zurzeit manövrierunfähigen Schiff keine Gefahr durch andere Boote bzw. die Ufer drohen. Nachdem der letzte Grashalm entfernt ist, wird John wieder in die Senkrechte gelassen und anschließend dankt er mir meine Mühen, indem er wieder „volle Kraft voraus" geht.

70 Grad liegen an, in gut einer Stunde müsste ich in Lindau sein. Allerdings habe ich die Rechnung ohne den Bodenseewind gemacht. Je mehr ich den geschützten Uferbereich verlasse, desto heftiger bläst er mir entgegen, und baut kleine, aber recht kurze Wellenkämme auf, mit denen Schiff und Skipper so ihre Mühen haben. Ich muss voll konzentriert Randi auf möglichst geradem Kurs halten, denn wenn sie die Wellen nicht genau von vorn anschneiden kann, bekommt sie jedes Mal seitwärts einen kräftigen Schubs, den sie dann gleich an ihren Skipper weiterreicht. So stimmt natürlich die anvisierte Richtung nicht mehr und ich muss am Lenkrad kurbeln, ehe Randi wieder für einen geraden Strich zu erwärmen ist. Ein wenig schneller beginnt mein Herz zu schlagen, ringsum mit „sooo viel Wasser" und dem Ufer in flimmerndem Sonnendunst scheinbar weit weg. Wenigstens bin ich nicht alleine auf dem See, denn die „steife Brise" hat etliche Segler aus den Häfen gelockt, die mit knatternden Segeln und für einen Motorbootfahrer beängstigender Schräglage häufig meinen Kurs kreuzen. Ausweichmanöver sind dann angesagt, denn Segelboote haben grundsätzlich Vorfahrt, sind sie ohne Motorkraft unterwegs. Das bedeutet für mich natürlich jedes Mal wieder Wellen von der Seite, entsprechendes Geschwabbel und Kurbelei am Steuer, um wieder Buganschnitt zu erreichen.

Allmählich gewöhne ich mich aber daran und mein Ausweichen wird routinierter. So rackern wir an gegen Wind und Wellen. Skippers Kreuz bekommt den einen oder anderen unsanften Stoß, für den ich allerdings im Gegensatz zu heute Morgen meine Randi nicht verantwortlich machen kann.

Allmählich schälen sich die Konturen von Lindau aus dem Dunst. Nach 20 Minuten ist die Hafeneinfahrt mit bloßem Auge zu erkennen. Der Wind hat an Stärke noch etwas zugelegt und so bin ich erleichtert, Randi gleich hinter die schützende Hafenmole legen zu können. Als ich mich der Hafeneinfahrt auf etwa 50 Meter genähert habe, passiert es: John sprotzt zweimal kurz und stellt abrupt seine Arbeit ein. Nach einer lähmenden Schrecksekunde wandert mein Blick automatisch zur Tankanzeige, der Zeiger steht weit unter null! Ich hatte zwar heute Morgen routinemäßig die Tankuhr abgelesen und registriert, dass nicht mehr allzu viel Saft vorhanden war, doch bei meinem noch alkoholisierten Kopf einfach vergessen, Sprit nachzufüllen. Die Bolzerei über den See hat natürlich Johns Durst erheblich gesteigert und da ich mich ausschließlich auf den Kompass konzentrierte, hatte ich die Tankuhr völlig aus dem Blick verloren. Dass es der kleine John überhaupt bis hierher geschafft hat, erscheint mir wie ein Wunder.

Ohne Motorkraft wird Randi augenblicklich zum unkontrollierbaren Spielball der Wellen. Hoch und runter schwabbelt mein Schiff, wobei das Bodenseewasser jedes Mal über ihren Bug spritzt, was ihr zumindest ein sauberes GFK beschert. Zu allem Überfluss kommt aus der

Hafeneinfahrt eine dicke Motoryacht, deren Schwell Randi seitwärts trifft. Neben dem hoch und runter Geschwabbel gibt es somit auch noch eines von links nach rechts. Warum ihr dabei nicht schlecht wird, bleibt ein Rätsel. Mir jedenfalls wird es flau im Magen. Und in diesem hoch und runter und von rechts nach links Geschwabbel, soll ich den Reservekanister aus der Backskiste hieven, den Trichter auf den Tankstutzen setzen und dann auch noch versuchen, Benzin in den Tank zu schütten? Irgendwie muss das aber bewerkstelligt werden, und zwar möglichst schnell, denn der Wind drückt mich immer weiter von der Hafeneinfahrt weg in Richtung See hinaus. Als ich die Backskiste öffne, um an den Kanister zu kommen, schlägt mir das nächste Wellental erstmal den Deckel der Kiste voll auf die rechte Hand. Das kann ja heiter werden, denke ich, vor Schmerzen laut aufstöhnend. Ich umklammere den Griff des Kanisters und zerre ihn Zentimeter um Zentimeter unter dem Deckel hervor. 20 Liter sind verdammt schwer, wenn man die mit einer Hand stemmen muss, denn die andere muss ja den Deckel oben halten. Wieso, frage ich mich, habe ich eigentlich im Winterlager nicht, wie geplant, eine Arretierung angebracht, damit der blöde Deckel oben bleibt? Endlich steht der Kanister in der Pflicht. Schweißüberströmt setze ich die Ausgusstülle auf und drücke ihn mit meinem rechten Bein an die Backskiste, damit er nicht umfallen kann. Nun muss der Tankdeckel aufgeschraubt werden, der sich bei meinem Schiff hinten neben der Steuerbord Klampe befindet. Aus dem Schapp neben der Rücksitzbank fingere ich den zum Öffnen geeigneten Schraubendreher. Dann versuche ich in halbgekrümmter Haltung mich über die Bordwand lehnend an den Tankdeckel zu gelangen. Dabei darf mir einerseits der Schraubendreher nicht entgleiten, denn die Ablagefläche außenbords bei Booten ist ja bekanntermaßen unbegrenzt, andererseits aber auch nicht der Kanister umfallen, den ich mit meinem Fuß daher versuche abzustützen. Von außen betrachtet muss die so entstandene Körperhaltung ausgesehen haben, als wenn der Skipper -mit Verlaub gesagt- total seekrank über Bord „reihert". Mühsam gelingt es, den Tankdeckel aufzuschrauben, der, da er an einem kleinen Kettchen hängt, wenigstens nicht über Bord gehen kann. Mit schmerzendem Rücken richte ich mich wieder auf. Als nächstes wird der Einfülltrichter auf dem Tankstutzen platziert, was wenig Mühen macht. Doch nun kommt der eigentliche Akt, nämlich den schweren Kanister über das Freibord zu wuchten und seinen Inhalt, möglichst vollständig, in den Tank zu entleeren. Wie strategisch am besten vorgehen? Nach kurzem Nachdenken entscheide ich mich für einen unkonventionellen Weg: Ich hieve den Kanister auf die Rückbank und schiebe ihn mit beiden Händen soweit am Freibord hoch, dass er halb über dieses hinausragt. Nun peile ich die Richtung zum Einfülltrichter an, warte bis Randi einen etwas ruhigeren Schwabbelmoment hat, und werfe mich dann einfach mit meinem Oberkörper über den Kanister, so dass dieser mit mir zusammen und unter mir begraben nach vorne kippt. Mit beiden Armen stütze ich mich dabei

blitzartig auf der Gangbord ab. Glücklicher-
weise trifft der Kanister dabei -oh Wunder- mit
seiner Ausgusstülle genau den Einfülltrichter.
Gluckernd ergießt sich der Sprit in Randis
Tank. Wie ein nasser Sack hänge ich
währenddessen über dem Kanister, mit den
Beinen mühsam versuchend, bei der
Schwabbelei das Gleichgewicht nicht gänzlich
zu verlieren und womöglich noch samt Kanister
kopfüber in den See zu fallen. Endlich ist es
geschafft. Der nunmehr leere und somit leichte
Kanister wird wieder über das Freibord gehievt
und in der Backskiste verstaut, der Trichter aus
dem Tankstutzen entfernt und der Tankdeckel
festgeschraubt. Sofort eile ich zum Cockpit.
Nach der vierten Zündschlüsselumdrehung
springt John an. Ich gebe sogleich Gas und
Randis Torkeln weicht einem kontrollierten
Vorwärtsdrive.
Bei der Tankaktion sind wir recht weit von der
Hafeneinfahrt abgetrieben. So muss ich mich
nun erst mal wieder orientieren, wo der Hafen
abgeblieben ist. Der Lindauer Löwe, sein Wahr-
zeichen, wird aber schnell geortet und Randi
zielstrebig auf diesen zubewegt. Kurz darauf
biegen Skipper und Schiff in das ruhige
Fahrwasser des Hafenbeckens ein. Gleich
voraus sehe ich freie Liegeplätze.
Nachdem Randi belegt ist, raucht der Skipper
erst mal eine Entspannungszigarette. Dann
marschiere ich zum Hafenmeisterbüro. Zum
Glück ist der Hafenmeister heute wesentlich
freundlicher als am zweiten Urlaubstag, aber
vielleicht liegt`s auch einfach am Fehlen eines
streitbaren Clubmitglieds und entscheidet,
Randi könne an ihrem Platz verbleiben.

Grüß-Gott-Müller, den ich anschließend auf-
suche, überreicht mir mein Patent, beglück-
wünscht mich noch einmal zur bestandenen
Prüfung und fragt nach meinen bisherigen
Eindrücken vom Bodensee. Da diese aus-
nahmslos positiv sind, die Sache mit dem
Nachtanken verschweige ich vorsichtshalber,
und Grüß-Gott-Müller offensichtlich Zeit hat,
klönen wir fast eine halbe Stunde miteinander.

Auf dem Rückweg zum Hafen entdecke ich ein
gemütliches Café, in dem ich mir zwei riesige
Tortenstücke schmecken lasse. Erst gegen vier
bin ich wieder bei meinem Schiff.

Da mein Auto ganz in der Nähe steht, nutze ich
die Gelegenheit und entleere dessen Reserve-
kanister in Randis Tank. Bequem vom
schwabbelfreien Steg aus ist das in Null
Komma Nichts erledigt. Dann fahre ich mit
Nora und den beiden Kanistern zu einer
Tankstelle und fülle sie auf. Wieder beim Schiff,
werden sie in Randis Tank entleert, bis
schließlich die Nadel der Tankuhr wieder un-
verrückbar bei „Voll" verharrt. Ein weiteres Mal
geht's mit Nora zur Tankstelle, denn leere
Reservekanister nützen als Reserve be-
kanntlich nichts.

Zwei Plastiktüten mit überflüssigen Reise-
utensilien (was hatte mich z.B. bewogen, drei
Zahnbürsten mitzunehmen?) werden dann
noch im Kofferraum meines Autos verstaut, ehe
ich es zurück auf seinen Parkplatz bei der
Segelschule fahre, dann entrichte ich beim
Hafenmeister meine Liegegebühr.

Wieder auf Randi wird eine Dose Ravioli aus
dem Schapp geangelt, deren Inhalt in einem
Topf auf dem Kocher erwärmt wird. Die Ravioli

schmecken gut. Per Handy wird nun Tina über die heutigen Ereignisse informiert, ich erfahre, dass der Opa „brav" war.

Nach dem feucht fröhlichen Abend von gestern steht mir der Sinn nach Ruhe. Ich mache es mir in der Pflicht gemütlich und verbringe den Abend mit einem Buch. Es ist übrigens eines von der Sorte, das seinen Leser von Seite zu Seite mehr in den Bann zieht. Ob es am Buch liegt oder einfach am fehlenden Alkohol (nur Orangensaft wird getrunken, die „Erzieh-ungsmaßnahme" meines Schiffes von heute Morgen hat den Skipper wohl nachhaltig beeindruckt), jedenfalls ist es weit nach Mitter-nacht, ehe in Randis Kajüte die Lichter verlöschen.

6. Tag

Ein irgendwie ungewohntes Geräusch dringt in mein Unterbewusstsein und lässt mich schließlich wach werden. Regen trommelt auf Randis Kajütdach. Doch dieses Geräusch kann mich nicht geweckt haben, das kennt mein Unterbewusstsein zur Genüge. Als ich schlaf-trunken die vordere Gardine zur Seite schiebe, wird mir augenblicklich klar, welches Geräusch mich wach werden ließ: Dicke Tropfen perlen kontinuierlich vom Rahmen der Frontscheibe und fallen mit einem fröhlichen Platsch auf meinen Schlafsack, der entsprechend nass ist. Schiet, denke ich, da ist mal wieder irgendwo draußen die Dichtung porös, das hatten wir lange nicht mehr. Ich pelle mich aus dem

Schlafsack und stelle fest, dass dieser inzwischen so durchgeweicht ist, dass sogar mein Schlaf-Shirt feucht geworden ist. Die Morgenwäsche fällt heute aus, mein undichtes Schiff hat Priorität. Der Schlafsack wird erstmal zum Trocknen über die Bank in der Pflicht gelegt, dann inspiziere ich den Wassereinbruch näher. Das Fatale bei solchen Undichtigkeiten ist meist, dass das Wasser nicht dort, wo es herunterläuft, auch ins Schiff eindringt, sondern an einer ganz anderen Stelle. Ich angele die Taschenlampe aus dem Schapp und leuchte systematisch an der Scheibe entlang. Wie befürchtet, hat sich deren Dichtung fast auf ganzer Länge mit Wasser vollgesaugt, was bedeutet, die undichte Stelle kann sonst wo sein. Toll, aber wo? Ich drücke mit dem Daumen auf die Dichtung, aber das war keine gute Idee, nun tropft das Wasser nicht nur an einer, sondern gleich an mehreren Stellen auf Randis Matratze. Also wird die Suche nach der Undichtigkeit vorerst eingestellt. Als Notlösung stelle ich meinen Mini-Pütz, der eigentlich für kleinere Putzarbeiten gedacht ist, unter die tropfende Stelle. Das schont zwar mein Bett, auf dem sich in der Zwischenzeit, der Schlafsack liegt ja nicht mehr dort, ein ziemlich großer Wasserfleck gebildet hat, doch eine Dauerlösung ist das natürlich nicht. Der Pütz ist auch im Nu voll und muss ausgeleert werden. Ich angele mir eine Schüssel aus dem Schapp, die hat eine wesentlich größere Auffangfläche. Mehr kann ich zurzeit nicht tun, denn da es unvermindert weiter schüttet, ist an ein Suchen der Eintrittsstelle draußen oder gar an ein Abdichten nicht zu denken. Ich lege zur Sicherheit noch ein Handtuch unter die Schüssel und absolviere dann erstmal die Morgenroutine. Beim Frühstück vermeldet das Radio anhaltende Schauertätigkeit für den Bodensee, was meine Laune nicht unbedingt hebt. Woher, verflixt noch mal, könnte das blöde Wasser bloß kommen? Die Dichtung der vorderen Scheibe habe ich erst letzte Saison erneuern lassen, die kann doch nicht schon wieder porös sein. Wie auch immer, solange der Regen nicht aufhört, bleiben alle diesbezüglichen Überlegungen reine Spekulation.

Mich in das Unvermeidliche schickend, nehme ich mir mein Buch, schenke mir noch einen Kaffee ein, mümmele mich in die Ecke auf der Bank in der Pflicht und beginne zu lesen. Nach einiger Zeit fällt auf mein Buch ein dicker Tropfen. Das darf doch nicht wahr sein, ist das Verdeck nun auch noch undicht? Ein Blick gen Dachhimmel aber beruhigt mich. Es gibt keine neuen undichten Stellen, nur Schwitzwasser hängt dort. Ich öffne vorsichtig ein Seitenteil des Verdecks, um Luftausgleich zu schaffen. Nun sprüht es zwar ein wenig auf den Beifahrersitz, aber der ist aus Kunstleder und somit leicht abwaschbar. Mit einem Lappen wird der Verdeck Himmel trocken gerieben.

Mein Buch ist auch heute noch interessant und spannend und gebe es die Undichtigkeit an der Scheibe nicht, könnte ich fast den Regen genießen, denn unter dem Verdeck fühle ich mich wohlig geborgen. Mein Schiff scheint der Regen übrigens auch nicht zu stören, ab und zu lässt Randi nämlich ein fröhliches Blubidiblub hören, ein sicheres Zeichen für Wohlbefinden. Um elf hat das Schütten immer noch nicht aufgehört. Ich entleere die fast volle Schüssel in die Spüle und frage mich erneut, wo das Wasser herkommen könnte.

Um zwölf regnet es immer noch, allerdings bilde ich mir ein, dass die Intensität der vom Himmel pladdernden Wassermassen nachgelassen hat.

Gegen eins revidiere ich dieses Gefühl, im Gegenteil, der Regen scheint an Heftigkeit noch zugenommen zu haben. Erneut wird die Schüssel geleert.

Um zwei werfe ich den Kocher an, Linseneintopf aus der Dose gibt es heute zu Mittag. Unter geschlossenem Verdeck möffelt der Kocher dabei erbärmlich nach Spiritus, aber was soll`s, als Nebeneffekt vertreibt die so entstehende Wärme zumindest das Schwitzwasser am Verdeck.

Mein Buch ist noch spannender geworden und so bekomme ich erst nach einiger Zeit mit, dass der Regen aufgehört hat. Verwundert stecke ich mein Gesicht nach draußen: Grau in Grau hängen dicke Wolken am Himmel, doch pladdern tut es nicht mehr. Ich gehe das erste Mal an diesem Tag nach draußen auf den Steg. Wirklich, das Schütten hat aufgehört. Okay, also schauen wir mal, wo der Wassereintritt herkommen könnte. Ich schnappe mir ein Handtuch und steige vorn auf den Bug. Dort wische ich sorgfältig das Scheibengummi ab. Dann drücke ich es Zentimeter um Zentimeter ab, doch eine Stelle, an der Wasser eintreten könnte, gibt es nicht. Damit scheidet die Dichtung als Übeltäter wohl aus. Doch das bringt mich keinen Schritt weiter. Wo, verflixt noch mal, läuft das blöde Wasser ins Schiff?

Ich lasse meinen Blick über die gesamte Fläche neben der Scheibe schweifen: Reines GFK, nirgendwo auch nur ein Kratzer, geschweige denn eine Undichtigkeit. Das gibt's doch nicht, irgendwo muss das Wasser doch herkommen. Während ich weiter auf Randis GFK starre, beginnt es erneut zu tröpfeln. Frustriert verziehe ich mich wieder in die Pflicht. Der Regen nimmt an Intensität zu, meine Stimmung an Wohlfühleinheiten ab. Einzig mein Buch tröstet mich über das schlechte Wetter hinweg.

Um vier hört das Pladdern erneut auf. Ich traue dem Frieden aber nicht und lese weiter. Erst als sich eine halbe Stunde später das Grau des Himmels beginnt, in ein leichtes Blau zu verfärben, gehe ich nach draußen und beginne zum zweiten Mal, nach der undichten Stelle zu suchen. Kurz bevor ich aufgeben will, kommt der entscheidende Gedankenblitz: Auf dem Dach der Kajüte, etwa zwanzig Zentimeter über der vorderen Scheibe, ist der Mast meines Schiffes, welcher das Top Licht trägt, platziert. Am ersten Tag hatte ich ihn ja abgeschraubt, um mit Randi in die Tiefgarage des Hotels zu kommen. Vor dem Einslippen wurde er natürlich wieder angebaut, doch beim Ein-drehen der vier Schrauben hatte ich nicht darauf geachtet, ob die Dichtmasse, mit der sie im GFK versenkt werden, noch in Ordnung ist. Es wäre durchaus möglich, dass bei dem heftigen und andauernden Regen Wasser neben den Schrauben durchs Dach und von da aus unter der Verspannung des Dachhimmels weiter bis zur Scheibendichtung läuft, zumal der vordere Teil des Kajütdachs leicht abge-

schrägt ist. Ich befühle die Dichtmasse der Schrauben. Sie erscheint mir zwar nicht porös, doch das will nicht viel besagen. Schon häufig machte ich die Erfahrung, dass Dichtungen, auch wenn sie scheinbar intakt sind, die Ursache von Wassereinbrüchen waren. Da mir nichts Besseres einfällt, beschließe ich, die Schrauben herauszudrehen und mit neuem Silikon einzupassen. Als ich allerdings die Kartusche aus der Werkzeugtasche krame, stelle ich fest, dass die Dichtmasse im Winterlager eingetrocknet ist. Na toll, woher bekomme ich jetzt neues Silikon? Glücklicherweise erinnere ich mich, auf meinem gestrigen Rückweg vom Landratsamt in einer Seitenstraße ein Sanitärfachgeschäft gesehen zu haben. Da müsste man eigentlich eine Kartusche erhalten. Ich werfe mich in mein Ölzeug, dem Wetter traue ich absolut nicht mehr über den Weg, und marschiere in die Stadt. Nach einigem Suchen finde ich das Geschäft. Blaues Silikon, das der Farbe des Daches entspricht, gibt es zwar nicht, aber mit weißem kann ich auch leben. Die Kartusche ist um einiges billiger, als bei meinem Bootshändler, sodass endlich einmal die Meinung meines Kollegen, die Preise am Bodensee seien noch in Ordnung, Bestätigung findet. Auf dem Rückweg erstehe ich in einer Bäckerei noch ein lecker aussehendes Stück Kuchen, genau das richtige für einen Regentag.
Wieder bei meinem Schiff angelangt verzehre ich dieses erst mal genüsslich. Dann drehe ich die Schrauben des Mastes heraus und kratze die alte Dichtmasse mit einem scharfen Messer aus. Dabei entdecke ich eher zufällig neben

einem der Schraubenlöcher, von der Mast Auf-
lage bisher verdeckt, ein ca. 3 mm breites
Loch, keine Ahnung, wie das da hingekommen
ist. Das könnte die Ursache des Wassereintritts
sein. Ich spanne die Kartusche in die Pistole
und quetsche eine gehörige Portion neues
Silikon in die freiliegenden Öffnungen und vor
allem das Loch. Anschließend werden die
Schrauben wieder eingedreht, wobei ich sorg-
fältig darauf achte, dass sie einerseits satt im
Silikon ruhen, andererseits aber nicht zu viel
Dichtmasse überquillt. Zum Schluss wische ich
mit einem Putzlappen die überschüssige Dicht-
masse ab und streiche auch noch die Ränder
glatt. Als ich den Lappen gleich in die am Steg
stehende Mülltonne entsorgen will, denn Dicht-
masse verklebt den eigenen Mülleimer richtig
eklig, stelle ich fest, der Putzlappen war meine
einzig mitgeführte Badehose. So ein Mist, wie
konnte denn das passieren? Als Erklärung fällt
mir nur ein, dass die Badehose wohl bei der
großen Packaktion nach dem Einslippen
versehentlich im Putzlappenbeutel gelandet
sein muss. Dieser fristet in der hintersten Ecke
in Randis „Keller" sein Dasein, da Putzlappen
gemeinhin selten benötigt werden. So ziehe ich
den Beutel auch nie heraus, sondern greife
blind in ihn hinein. Ein weiteres Beispiel dafür,
welche Negativ Seiten Bordroutine auch haben
kann. Ich werfe meiner Badehose noch einen
traurigen Blick hinterher, ehe ich den Deckel
der Mülltonne schließe.
Inzwischen ist es fünf Uhr geworden. Ob meine
Abdichtaktion von Erfolg gekrönt ist, kann nur
ein erneuter Regenschauer zeigen. Als hätte
Petrus meine Worte gehört, beginnt es prompt

wieder zu tröpfeln. Ich verziehe mich ins Schiff und schnappe mir mein Buch. Der Regen wird allmählich heftiger. Nach einer halben Stunde schaue ich nach, ob wieder Wasser von der Scheibendichtung tropft. Das ist nicht der Fall, auch die vorsorglich an ihrem Platz belassene Schüssel blieb leer. Offensichtlich war also das Loch neben dem Mast das Übel der Tropferei. Es ist kaum zu glauben, welch abenteuerliche Wege Wasser doch nehmen kann. Befriedigt stelle ich die Schüssel wieder ins Schapp und entferne das Handtuch von der Matratze.

Der Regen hat nun aufgehört. Ich gehe noch mal nach draußen und kontrolliere die Dichtmasse. Sie sitzt stramm in allen Löchern. Gut, so wäre auch hier alles in Ordnung. Beim Hafenmeister bezahle ich für eine weitere Nacht.

Ich schmiere mir drei Stullen zum Abendbrot und lese weiter in meinem Buch. Die Seitenteile des Verdecks bleiben halb geöffnet, so bildet sich weniger Schwitzwasser. Gegen sechs haben sich die Wolken endgültig verzogen und die Sonne startet einen zaghaften Versuch, sich endlich mal wieder blicken zu lassen. Ich verspüre auf einmal Bewegungsdrang und entschließe mich spontan, einen Spaziergang durch die Altstadt zu machen. Eigentlich habe ich von der bewusst noch nicht viel gesehen, denn bisher hatte ich ja immer nur mit dem Landratsamt und Grüß Gott Müller zu tun und war dann recht achtlos durch die Stadt gelaufen. Also schaut der Skipper nun genauer hin und entdeckt viele alte Patrizierhäuser mit teilweise sehr schönen Fachwerkfassaden, so auch auf der Maximilianstraße, der Einkaufsmeile von Lindau. Ein Geschäft bietet Maritim Mode an, in das schaue ich hinein. Einige Sachen gefallen mir, aber als ich dann auf die Preisschilder schaue, die bei 150 Euro beginnen, nehme ich von ev. Käufen sogleich Abstand. In den sich anschließenden schmalen, verwinkelten Gassen gibt es jede Menge Cafés und Esslokale. In lauschigen Hinterhöfen findet man Biergärten mit weiß-blauen Fahnen, denn wir sind ja in Bayern. Am Marktplatz bewundere ich noch einmal das Rathaus und seine reich verzierte Fassade. Vor diesem stehen jetzt Strandkörbe, einfach so da hingestellt, in denen sich die Touris sonnen, was ich eine sehr gute Idee finde. Jede Menge Urlauber sind unterwegs und dauernd blitzen die Kameras. Im Biergarten eines Lokals trinke ich dann einen guten Wein, dessen Trauben direkt vom Bodensee stammen. Der Biergarten ist ein lauschiger Innenhof, relativ schmal, umgeben von alten Häusern mit Erkern, kleinen Giebeln und Rundbogenfenstern. Es herrscht fröhlicher Trubel und lustiges Stimmengewirr, welches mir aber bald durch ziemlich extreme Lautstärke am Nebentisch etwas auf die Nerven geht. So verzichte ich auf ein zweites Glas des wirklich gut schmeckenden Weines und mache mich auf den Rückweg zu meinem Schiff.

Inzwischen ist es zehn Uhr geworden, Zeit ins Bett zu gehen. Ich rufe Tina an, aber da nimmt niemand ab, wahrscheinlich schläft sie schon, also schicke ich ihr eine SMS und wünsche eine gute Nacht. Der Schlafsack ist zwar außen noch feucht, aber zumindest innen wieder halbwegs trocken. Auch der Wasserfleck auf der Matratze ist verschwunden. Ich ziehe mich aus, hole mir zwei Flaschen Bier aus der Kellerbar und schlüpfe dann in mein Zudeck. Etwas klamm fühlt sich alles noch an, aber damit kann ich leben.

Mein Buch bleibt weiterhin sehr spannend. Um halb zwölf rauche ich eine letzte Zigarette und lasse dabei den heutigen Tag noch einmal Revue passieren. Mit Randi bin ich zwar keinen Meter gefahren, aber bei dem Dauerregen wäre das sicher auch kein Vergnügen geworden. Sieht man von den Undichtigkeiten ab, war es eigentlich ganz gemütlich an Bord. Auch Randi scheint der Ruhetag gefallen zu haben, mit einem zufriedenen Blubbern wünscht sie mir eine gute Nacht. Ich lösche das Licht und kuschele mich in den Schlafsack, der inzwischen durch meine Körperwärme wieder vollkommen trocken ist.

7. Tag

Als ich morgens erwache und die Gardinen zur Seite ziehe, scheint die Sonne mir ins Gesicht und ich sehe blauen Himmel. Okay, denke ich, nach dem gestrigen Dauerregen scheint der Bodensee heute Skipper und Schiff wieder mit Sonne beglücken zu wollen. Ich schnappe mir mein Waschzeug und gönne mir eine Dusche im Sanitärhaus. Als ich dann aber die Morgenroutine starte und Wasser in den Kessel laufen lassen will, sprotzt zweimal der Wasserhahn und dann kommt nichts mehr aus der Leitung. Da Randi leider nur einen relativ kleinen Wassertank in ihrer Bugspitze hat, war es schon häufiger so, dass gerade in den unpassendsten Momenten dieser sich als leer erwies. Eine Tankuhr, wie beim Benzintank, gibt es nicht, sodass wir uns angewöhnten, in regelmäßigen Abständen die Matratze unter Randis Bugspitze hochzuschieben, die darunter befindliche Bugklappe aufzumachen und zu schauen, wieviel Wasser noch im Tank schwappt. Tina ist diejenige, die daran immer denkt und so hatte ich das nicht auf meiner Rechnung. Ich nehme mir vor, im Winterlager endlich eine Tankanzeige einzubauen. Also wird heute notgedrungen ohne Kaffee gefrühstückt. Richtig munter werde ich so nicht, stelle ich fest, offensichtlich ist die morgend-liche Tasse Kaffee der entscheidende Wach-macher. Da das Zähneputzen mangels Wasser auch ausfallen muss, gehe ich nun zum Hafenmeisterbüro, um zu fragen, wo hier die Wasserzapfstelle ist. Auch der Hafenmeister scheint mir noch nicht ganz wach zu sein, denn er blinzelt mich erstmal aus kleinen Augen etwas verwundert an. Vor ihm steht übrigens ein dampfender Becher Kaffee, den ich mit neidvollen Augen betrachte. Nachdem er einen großen Schluck aus diesem getrunken hat, bequemt er sich zu der Antwort, dass der Wasserhahn am Hauptsteg sei, ungefähr zehn Meter vom Büro entfernt. Ich bedanke mich, gehe zurück zu Randi und fahre zum angegebenen Platz. Der Schlauch des Hahnes wird in den Einfüllstutzen auf Randis Bugspitze gesteckt und alsbald gluckern 60 Liter Wasser in ihren Tank. Wann dieser voll ist, sieht man daran, dass aus dem Überlaufventil Wasser austritt, was nach 8 Minuten der Fall ist. Ich rolle den Schlauch wieder zusammen, hänge ihn auf die dafür vorgesehen Halterung und fahre zurück zum Liegeplatz. Hier gönne ich mir nun gleich zwei Tassen Kaffee, wobei ich in aller Ruhe weiter mein Buch lese. Anschließend werden die Zähne geputzt und dann überlege ich, wie heute meine Tour aussehen soll. Nach Studium des Bodenseeführers beschließe ich, Richtung Friedrichshafen zu schippern, das dortige Zeppelin Museum soll recht interessant sein. Allerdings ist es inzwischen schon zwölf Uhr und ich kann schlecht abschätzen, wie lange ich dahin brauche und ob dann noch Zeit für einen Besuch des Museums verbleibt. Aber egal, „schaun mer mal", wie Franz Beckenbauer in solchen Situationen immer zu sagen pflegte. Ich wechsele das langärmelige, heute Morgen angezogene Hemd gegen ein kurzärmeliges T-Shirt, denn das Thermometer zeigt fast 25 Grad und mir ist recht warm. Randis Verdeck wir ganz geöffnet, zusammengerollt und hinten auf dem Heck mit Gummistrippen gegen Verrutschen gesichert, dann werden die Tampen gelöst und es geht auf den See, vorbei am Leuchtturm und dem bayrischen Löwen.

Zuerst halte ich auf Seemitte zu, korrigiere dann aber meinen Kurs in nordwestliche Richtung und gehe eher in Ufernähe, denn ich will mir ein bisschen die Silhouetten der Städtchen und Ufer ansehen, die bis Friedrichshafen mich begleiten werden, die sollen, laut meinem Führer, sehr schön anzuschauen sein. Natürlich achte ich dabei auf den vorgeschriebenen Abstand von 300 Metern zum

Ufer hin. Es sind etliche Boote unterwegs, vor allem Seglern muss Randi immer wieder ausweichen, die der Wind wohl Richtung Ufer zieht, und die dann kurz vor diesem die Segel umlegen und sie in die andere Richtung flattern lassen, sodass ich aufpassen muss, ihnen nicht zu nahe zu kommen, wenn sie dann wieder Richtung Seemitte ihre Bahnen ziehen. Ein bisschen nervig ist das manchmal, ansonsten aber geht's Skipper und Randi gut und der kleine John brabbelt fröhlich vor sich hin. Da ich mich nun relativ nahe des Ufers halte, bekomme ich erst jetzt so richtig mit, wie schön und abwechslungsreich die Landschaft ist. Üppig grüne Wiesen, teilweise mit bunter Blumenpracht, Sandstrände, dichte Wälder, Weinhänge und Uferpromenaden mit vielen Touristen, wenn mal wieder ein Ort auftaucht, ziehen mich in ihren Bann. Häufig nutze ich mein Fernglas, um mir Einzelheiten genauer anzusehen bzw. schlage im Bodensee Führer nach, was über einen Ort dort steht. Die nächsten beiden Yachthäfen auf meiner Route sind Nonnenhorn und Langenargen. Okay, die könnte ich mal kurz anlaufen, um für die Rückfahrt zu wissen, ob es dort gute Übernachtungsplätze gibt.

Nonnenhorn ist nach 50 Minuten erreicht. In den See hinein erstreckt sich eine Buhne, vorn auf dieser steht ein kleines Haus, wohl für den Hafenmeister. Der Hafen besteht eigentlich nur aus zwei parallel zum See liegenden Stegen, da liegt man bestimmt recht ungeschützt gegen Wellen, das ist nichts für die kleine Randi. Ein Schwimmbad sehe ich dann noch, frequentiert von vielen Badegästen. Ich manövriere mein

Boot wieder Richtung See. Nach einiger Zeit kreuzt ein kleiner Fischkutter meinen Weg. Ich nehme Fahrt zurück und schaue dem Fischer dabei zu, wie er sein Netz einholt. Es scheint sich gelohnt zu haben, viele Fische purzeln in die Wannen an Deck. Ob man vom Fischfang am Bodensee aber leben kann? Das Boot des Fischers ist recht klein und das Netz auch bald geleert. Vielleicht, wenn man nebenbei noch Ferienwohnungen vermietet.

Ich gebe nun wieder Gas und fahre Richtung Langenargen, das nach einer halben Stunde Fahrt gesichtet wird. Laut meiner Karte soll hier der Fluss Argen in den Bodensee fließen, an dem es zwei Yachthäfen gibt. Ein Seezeichen steht am Ufer. Randi wird also auf dieses hin manövriert. Zuerst kann ich die Häfen nicht ausmachen, dichter Baumbestand versperrt die Sicht. Als ich aber ein Stück weiter den Fluss entlang fahre, sehe ich die Hafeneinfahrten. Ich biege in den Hafen an Backbord ein. Er erscheint mir riesig. Steg um Steg, mit Seglern und auch vielen, recht großen Motorbooten belegt, empfängt die mir auf einmal sehr klein erscheinende Randi. Ich fahre weiter in das Hafenbecken hinein, kehre dann aber bald um, dieser Hafen ist mir einfach zu groß, den werde ich auf meiner Rückfahrt nicht anlaufen, entscheide ich. Den anderen Hafen schaue ich mir nur kurz an, auch der ist mir einfach zu groß. Wieder auf dem See halte ich mich dicht am Ufer und fahre an Langenargen vorbei. Ein weiterer Hafen tut sich auf, der lauschiger und kleiner zu sein scheint. Den merke ich mir zumindest vor, fahre aber nicht in ihn hinein. Nach fünf Minuten sehe ich ein kleines

Schloss, vor dem eine Bühne aufgebaut ist. Laut meinem Führer handelt es sich um Schloss Montfort, das auch besichtigt werden kann. Die Bühne gehört dem Jazz Club, der, so die Angaben, gerade in den Sommermonaten immer wieder gute Bands an den Bodensee bringt. Diesen Tipp merke ich mir, denn ich bin ein großer Freund von Oldtime Jazz, und werde demnächst mein Handy befragen, ob diese Woche da Bands spielen.

Weiter geht es Richtung Friedrichshafen. Hier gibt's nun weniger Bootsverkehr, ich bin zufrieden, lasse die Gedanken schweifen und drömmele so vor mich hin, wie Tina immer zu sagen pflegt. Auf einmal höre ich ein Plumpsen im Wasser, so als wenn jemand über Bord gefallen ist. Ich lasse meinen Blick schweifen, ob das Geräusch wirklich dieser Ursache zuzuschreiben war, und sehe an Backbord einen Kopf, der gerade aus dem Wasser auftaucht, prustet und dann mit einem Arm winkt. Da scheint wirklich jemand über Bord gegangen zu sein. Aber von welchem Boot kommt der? Ich sehe zwar ein paar Meter von ihm entfernt einen recht großen Segler, aber der macht keine Anstalten, auf den Schiffbrüchigen zuzuhalten. Da das Boot mit ziemlicher Schräglage unterwegs ist und das Segel die Sicht auf den Schwimmer bestimmt verdeckt, hat man wohl gar nicht mitbekommen, dass ein Crewmitglied über Bord gegangen ist. Manövrierunfähige Boote abzuschleppen (vgl. Schimanski) oder das Retten eines über Bord gegangenen Mannes (Frauen, die über Bord gehen, scheinen amtlicherseits übrigens nicht vorgesehen zu sein, denn bei der Führerscheinprüfung wird ausdrücklich nach dem Verhalten des Skippers bei „Mann über Bord" gefragt...), sind Lieblingsmanöver des Skippers, der nur leider viel zu selten Gelegenheit zu derartig spannendem Tun bekommt. Aber genau da voraus schwimmt eine solche Gelegenheit... Also wird sofort der Hebel auf den Tisch gelegt und ich halte schnurstracks Kurs auf den Schiffbrüchigen. Der wedelt zwar nicht mehr mit seinem Arm und scheint auch sonst weder panisch noch sonst wie beunruhigt zu sein, was ich schon ein bisschen merkwürdig finde, denkt man an seine Lage mitten auf dem See, aber da er eine Schwimmweste an hat, deren roter Kragen aus dem Wasser ragt, wie ich jetzt sehe, wo ich näher dran bin, besteht zumindest keine unmittelbare Gefahr, dass er absäuft. Trotzdem scheint mir seine Gelassenheit irgendwie befremdlich. Ich an seiner Stelle würde jedenfalls versuchen, mich meinem oder anderen Schiffen bemerkbar zu machen, indem ich permanent mit den Armen wedele, solange, bis mich jemand bemerkt. Als Randi ca. vier Meter von ihm entfernt ist, betätige ich den Schalter für die Außenflüstertüte und spreche ins Mikrofon: „Halten Sie durch, ich bin gleich bei Ihnen". Er zuckt instinktiv ob des lauten Tones zusammen, offensichtlich hat er mein Schiff bisher nicht gesehen bzw. der Segler hat ihm die Sicht auf die kleine Randi verwehrt. Aber anstatt nun freudig nach dem Motto: mein Retter naht, alles wird gut, mir zuzuwinken oder mir ein entsprechendes Zeichen zu geben, nimmt er einen Arm aus dem Wasser und macht mit der Hand eine Bewegung von sich weg, die man deuten könnte als „Bleib weg". Der hat wohl einen ziemlichen Schock bekommen beim über Bord Gehen und ist verwirrt, denke ich. Wie Mann es mal in der Führerscheinprüfung gelernt hat, gehe ich auf kleine Fahrt, als ich mich ihm etwa auf zwei Meter genährt habe, lenke mein Schiff nach Backbord, lasse es kurz treiben und dirigiere es dann ganz langsam auf ihn zu, sodass er schließlich an meiner Seite des Schiffes neben der Bordwand auftaucht. Da ich mich natürlich die ganze Zeit bei meinen Manövern nur auf ihn fixierte, sehe ich erst jetzt, dass noch ein weiteres Boot sich zu seiner Rettung von der anderen Seite her nähert, das ungefähr noch drei Meter entfernt ist. So schwimmt er nun quasi mittig zwischen den beiden Booten. „Wollen Sie über die Badeplattform auf mein Schiff klettern oder soll ich Ihnen einen Tampen zuwerfen", frage ich. Einen solchen hatte ich mir mit einem Palstek darin bereit gelegt, damit er sich diesen unter die Arme bzw. den Bauch schlaufen kann und ich ihn dann so auf mein Boot ziehe. „Fahren Sie weg", wird mir zu meiner Überraschung beschieden, „das ist ne Übung, das sehen Sie doch". Völlig verdutzt schaue ich ihn und dann das andere Boot an, das inzwischen ebenso nahe bei ihm ist wie Randi. Auf diesem ist ein Wimpel mit dem DLRG Wappen am Mast angebracht und gleich vier Leute stehen an der Bordwand, zwei haben sich einen Tampen mit Palstek um die Schulter gehängt, der dritte hat einen Rettungsring in der Hand. Der Skipper ruft zu mir rüber: „Wir üben das Mann über Bord

Manöver für die Neuen. Bitte machen Sie Platz, damit wir das Manöver einleiten können". Ich bin total verblüfft und auch etwas beschämt, denn da ich die ganze Zeit nur auf den zu Rettenden geschaut habe, bekam ich weder mit, dass es sich bei dem Boot auf der anderen Seite um eines der DLRG handelt, noch, was sich auf diesem tat. Ziemlich verlegen rufe ich dem Skipper zu: „Alles klar, Entschuldigung, ich hatte Sie nicht bemerkt", kuppele John ein, lenke mein Schiff nach Steuerbord, gebe dann Gas und mache mich davon. Dabei muss ich wohl ein bisschen viel Speed gegeben haben, denn als ich einen Blick über die Schulter werfe, sehe ich, dass der arme Schiffbrüchige gerade den Schwell vom Kleinen John abbekommt, in seiner Schwimmweste so auf und ab schaukelt und die Bemühungen der „Neuen" auf dem DLRG Boot im wahrsten Sinne des Wortes ins Leere laufen, denn die beiden Tampen treffen weit neben dem zu Rettenden aufs Wasser, der durch den Schwell inzwischen einen halben Meter versetzt wurde. Ich ernte ziemlich böse Blicke aller Beteiligten und hebe hilflos meine Hände, nach dem Motto, „Sorry, tut mir leid, war nicht so gemeint". Da will man mal was Gutes tun, wozu man auch noch verpflichtet ist (vgl. die Bodenseeschifffahrtsordnung), und schon bekommt man nicht Ruhm und Anerkennung für ein perfekt gefahrenes Manöver, wie eigentlich erwartet, sondern eine unbedachte Bewegung am Gashebel bewirkt genau das Gegenteil, nämlich gerade die Verhinderung einer Rettung. Ich bin ziemlich frustriert. Nach weiteren drei Metern drehe ich mich erneut um und sehe, dass der „Ertrinkende" zu den auf dem Wasser treibenden Tampen schwimmt und sich den einen über den Kopf schlauft. Als die „Neuen" ihn anschließend an der Bordwand hochziehen habe ich den Eindruck, alle behindern sich dabei gegenseitig. Das hätte ich alleine wesentlich besser hinbekommen, denke ich, aber man ließ mich ja nicht. Ein bisschen beschämt bin ich aber schon, nicht gesehen zu haben, dass es sich bei dem Boot um eines der DLRG handelte, das gesteht sich der Skipper dann doch ein, und so bekommt sein Selbstbewusstsein einen kleinen Knacks.

Auf einmal segelt ein ziemlich großer Vogel schätzungsweise nur einen Meter über Randi hinweg und landet dann ungefähr drei Meter vor ihr auf dem Wasser, klappt die Flügel ein und taucht den Kopf in den See. Ich nehme sofort Gas weg und lasse mein Boot dümpeln. Per Fernglas beobachte ich, wie der Kopf des Vogels wieder auftaucht, im Schnabel einen Fisch, den er sogleich zu verzehren beginnt, indem er ihn im Schnabel hin und her wälzt und zerbeißt. Als ihm Randi wohl zu nahe kommt, spreizt er seine Flügel, verschafft sich mit diesen schlagend Auftrieb, paddelt mit seinen Füßen, hebt schließlich vom Wasser ab und fliegt zum Ufer. Ich schaue in meinem Führer nach und denke, es war ein Kormoran, den ich eben beobachtete, zumindest ähnelt er der dortigen Abbildung. Da er wie ein überdimensionierter Rabe aussieht, nennt man die Vogelart auch Wasserraben. Seit einigen Jahren seien sie wieder häufiger am Bodensee zu sehen. Ich schaue, ob ich noch mehr Wasserraben entdecke, denn sie würden meist in kleinen Schwärmen ihre Fische jagen, aber weitere sind nicht zu sehen.

In der Ferne taucht nun die Schlosskirche von Friedrichshafen auf, davor der Hafen. Ich schaue auf die Bord Uhr, Viertel vor drei ist es, da habe ich doch länger gebraucht, als gedacht, aber ich hatte ja auch keine Eile und außerdem habe ich mir ja die Häfen angesehen und einen Schiffbrüchigen (fast) gerettet. Als ich auf den Molen Turm bei der Hafeneinfahrt zuhalte, kommt gerade eine Autofähre aus dieser, ein langer, tiefer, lauter Ton des Horns sie begleitend. Ich nehme Gas weg und warte, bis sie in gebührendem Abstand an Randis Bug vorbeigefahren ist. Als ich dann aber wieder Gas geben will, schiebt sich ein Fahrgastschiff aus dem Hafen, also heißt es erneut abwarten und dümpeln. Beide Schiffe fahren Kurs Romanshorn, offensichtlich der Linienverkehr zur Schweitzer Bodensee Seite. Ich warte noch kurz, ob weitere Schiffe auslaufen, dann biege ich vorsichtig in den Hafen ein. Im vorderen Bereich ist Anlegen verboten, der ist ausschließlich der Fahrgast Schifffahrt und den Autofähren vorbehalten. Ich lenke nach Steuerbord und tuckere an der Hafenmole entlang Richtung Yachthafen. Mein Blick streift dabei zur Linken den großen Bahnhof und die Uferpromenade, mit bunten Blumenanpflanzungen, schönen, hohen Bäumen, deren ausladende Kronen bis über den See ragen, dahinter sehe ich die Türme der Schlosskirche. Auch eine Art Mini Kastell, auf einer kleinen Landzunge erbaut, etwas in den See hinein ragend, entdecke ich. Ich freue mich, mir gleich alles näher anschauen zu können. Nur fehlt noch ein Liegeplatz für Randi. Drei Stege umfasst der Sportboot Hafen, sehe ich nun, alle sind voll belegt.

Ein bisschen enttäuscht, denn es ist ja noch relativ früh am Tag und viele Boote müssten eigentlich noch auf dem See sein, wende ich und fahre direkt auf die Hafenmauer vor dem Bahnhof zu, dort liegt kein Boot. Warum, sehe ich nun: Ein Schild weist darauf hin, dass hier Anlegen verboten ist. Tja, da wird das wohl nichts mit einem Besuch von Friedrichshafen und dem Zeppelinmuseums. Eine Chance habe ich allerdings noch, denn es gibt einen zweiten Hafen, so meine Karte, am anderen Ende der Uferpromenade. Als ich fast vor der Hafenausfahrt bin, ertönt wieder ein langer, tiefer, lauter Ton vom See her. Ich recke mich auf meinem Fahrersitz hoch, um über die Mole schauen zu können, und sehe eine weitere Fähre der Einfahrt zustreben. Also wird Randi ein wenig zurückrangiert, drückt sich quasi in die Steuerbord Ecke der Mole und lässt erstmal die Fähre einlaufen. Dann gibt der Skipper vorsichtig Gas, reckt sich noch mal hoch, und als er kein Schiff sichtet, läuft Randi aus. Zur Rechten ist die Uferpromenade mit vielen Cafés zu sehen, die meisten haben Tische direkt ans Ufer gestellt. Alle sind mit Touristen besetzt. Kinder winken zu mir herüber, ich winke zurück. Nun ist auch schon die Einfahrt zum zweiten Hafen auszumachen. Leider ist auch der bis auf den letzten Platz belegt, selbst vor dem Hafenmeister Büro liegen zwei Boote. Also wird das heute endgültig nichts mit Friedrichshafen. Aber wohin dann? Ich lasse Randi kurz im Hafenbecken dümpeln und ziehe die Karte zu

Rate. Der nächste Hafen wäre Immenstadt, Gastliegeplätze gebe es mindestens zehn. Okay, dann versuchen wir es da mal.

Ich laufe aus dem Hafen aus und richte meinen Kurs Nordwestlich direkt gen Immenstaad, nun mich nicht mehr nahe des Ufers haltend, denn da es inzwischen schon viertel nach drei ist und ich mir ca. eine Stunde Fahrtzeit ausrechnete, will ich möglichst früh dort sein, damit nicht wieder alle Plätze belegt sind. Allerdings sind etliche Segler mit ziemlichem Speed unterwegs, die die volle Aufmerksamkeit des Skippers fordern, um rechtzeitig ausweichen zu können. Einmal gerate ich zwischen zwei Segler, der eine von rechts, der andere von links auf mich zukommend, die die kleine Randi offensichtlich aufgrund der voll geblähten Segel gar nicht wahrnehmen. Es bleibt nichts anderes übrig, als den Rückwärtsgang einzuwerfen und abzuwarten, bis die beiden Boote vorbei gefahren sind. Als ich dann erneut einem Segler, der unter Vollzeug meinen Weg kreuzt, ausweichen muss und Gas wegnehmen will, reagiert John nicht, sondern hält weiter volle Fahrt. Erst nachdem ich mehrfach am Gasgriff ruckele, kann ich diesen nach hinten stellen. Nachdem der Segler passiert ist und ich wieder auf volle Fahrt gehen will, muss ich erneut mehrfach am Hebel ruckeln, ehe John meinen Wunsch erfüllt. Da wird wohl die Öse des Bowdenzuges am Gashebel sich mal wieder verbogen haben, denn das Phänomen hatte ich schon mal. Muss ich mir anschauen, denke ich, wenn wir heute in einem Hafen sind. Ich stelle den Hebel nach kurzer Zeit mehrmals vor und zurück, nun hakt er nicht mehr. Na gut John, dann hast du dich wohl selbst repariert, auch schön. In Gedanken lobe ich ihn, und Randi wippt einmal vor und zurück, wie zur Bekräftigung.

Viertel nach vier bin ich vor Immenstaad. Das Schloss Hersberg in den Weinbergen oberhalb des Ortes gelegen, vom Wasser aus schon weithin sichtbar, diente mir zum Schluss als Ansteuerungspunkt. Es gibt mal wieder zwei Häfen, so sagt es meine Karte, wovon der eine ein Privathafen ist. Als ich diesen am rechten Ufer ausmache, nehme ich Gas weg, lasse Randi kurz dümpeln und werfe per Fernglas einen Blick auf den Hafen. Soweit ich erkennen kann, ist der voll belegt, also werde ich ihn nicht anlaufen, sondern den anderen aufsuchen, der als Gemeindehafen ausgewiesen wird. Immenstaad erstreckt sich um eine langgetreckte Bucht, an deren westlichem Ende er liegen soll. Vorbei geht es am Schlösschen Helmsdorf, das in den Weinbergen etwas oberhalb des Ortes liegt, dann an einer Minigolfanlage und Tennisplätzen. Nach kurzer Fahrtzeit sehe ich die Außenbegrenzung des Hafens, einen recht hohen, aufgeschütteten runden Steinwall. Bei Sturm auf dem See soll man hier recht ruhig liegen, erklärt die Karte. Vor der Einfahrt zum Hafen erstreckt sich ein langer Steg auf Pfählen in den See hineingebaut, auf dem viele Touristen zu sehen sind. Ich wende meinen Kurs nach Steuerbord und nähere mich der Hafeneinfahrt. Dort gebe ich vorsichtshalber ein „Achtung" Signal mit dem Horn, sollte jemand gerade den Hafen verlassen wollen. Nachdem ich in den Hafen eingefahren bin, schaue ich mich erstmal um.

Drei recht lange Schwimmstege, von denen im 90 Grad Winkel kleinere abgehen, an denen jeweils zwei Boote liegen, ragen steuerbords in das Hafenbecken hinein. Auf einem steht ein Schild, „Gastlieger willkommen." Na, das ist doch mal ein freundlicher Empfang, denke ich. Aber wo sind die Gastliegeplätze? Ich tuckere weiter vor. Hier gibt es zwar jede Menge freie Plätze, aber auch ein weiteres Schild, das besagt, „Nur für Clubmitglieder". Okay, also orientiere ich mich nach Steuerbord und fahre den zweiten Steg entlang, aber kein Platz für Randi ist zu entdecken. Also wenden und den nächsten Steg abfahren, auch hier das gleiche Ergebnis. Erst als ich den letzten Steg abfahre, gibt es freie Plätze. Aber sind die auch für Gastlieger? Ich manövriere mein Boot vorsichtig an einen der vom Hauptsteg abgehenden 90 Grad Stege. Auf diesem ist eine recht kleine Tafel mit der Aufschrift „Gastlieger" angebracht. Gut, dann belege ich Randi also hier. Ich gebe kurz Gas, schiebe so meine Schiff noch ein wenig mehr nach vorn an den Hauptsteg, gebe kurz Rückwärts Gas, um sie abzubremsen, hole den Belegtampen aus dem Schapp und jumpe mit diesem, als Randi die Festmacherklampe des Schwimmstegs passiert, auf ihn. Der Stege taucht augenblicklich nach unten ab, mein Sprung war wohl etwas zu heftig für ihn. Ich gerate ins Trudeln, verliere das Gleichgewicht und wäre fast ins Wasser gefallen, kann mich aber im letzten Moment noch an Randis Bordwand abstützen, sodass alles glatt geht. Nur nasse Füße habe ich bekommen, als der Steg unter Wasser tauchte. Mein Schiff wird zuerst vorne am

Hauptsteg belegt, dann hinten am Schwimm-steg, zum Schluss bringe ich noch eine Spring aus, damit Randi gerade in ihrer Bucht liegt und nicht an den Steg gedrückt werden kann, sollte durch einlaufende Schiffe Schwell entstehen. Zwei Fender werden noch zusätzlich aus-gehängt, wobei der eine, von mir Birnie ge-nannt, da seine Form einer Birne gleicht, lustvoll knarzt, als er Berührung mit dem Steg bekommt. Betont werden muss, dass der Skipper sehr vorsichtig und langsam seine Schritte setzte, bewegte er sich auf dem Schwimmsteg.

Nachdem ich mir die Füße abgetrocknet habe, gehe ich von Bord. Eine Bucht neben Randi liegt eine Pedro, deren Skipper gerade sein Schiff mit Feudel und Wasser säubert. Ich grüße beim Vorbeigehen mit einem „Hallo" und bekomme ein „Grüß Gott" zurück. Komisch, denke ich, wir sind doch nun im Schwabenland, da ist der bayrische Gruß doch eigentlich nicht mehr angezeigt. Da ich das Hafenmeisterbüro in dem langgestreckten Gebäude links auf der Hafenseite vermute, das ich beim Einlaufen sah, gehe ich nun auf der Hafenmole dorthin. Der Weg führt an einem Gebäude vorbei, in dem sich Ferienwohnungen befinden. Von diesen aus muss man einen tollen Blick über den Hafen und den See haben, vor allem von den großen Balkonen aus. Ich biege dann links ab. Das vorhin gesehene Gebäude ist das Clubhaus des Yachthafens mit einer Werkstatt und Winterlagerplätzen für Boote. Ein kleines Café gibt es hier auch, Tische und Stühle stehen, geschützt durch ein Dach darüber, draußen vor diesem mit Blick über den Hafen.

Neben dem Eingang zum Café sehe ich einen zweiten, über dem „Hafenmeister" steht. Das Büro ist allerdings nicht besetzt, ein Schild hängt an der Tür, dass der Hafenmeister um sechs Uhr wieder zurück sei. Auch recht, dann gönne ich mir erstmal einen Kaffee. Ich setze mich an einen der Tische, bestelle einen Pott Kaffee und lasse meinen Blick über den mir nun recht groß erscheinenden Hafen schweifen. Ein weiteres Schiff läuft ein, ein Segler, der zielstrebig den letzten Steg anläuft und zwei Plätze hinter Randi belegt. Aha, da kennt sich jemand offensichtlich aus und weiß, wo in Immenstaad die Gastliegeplätze zu finden sind.

Nach einer viertel Stunde bezahle ich meine Rechnung und gehe zurück zu Randi. Ich verspüre wenig Lust, mir Immenstaad anzuschauen, mir steht der Sinn eher nach Faulenzen bzw. Lesen. Also schnappe ich mir mein Buch, gieße mir ein Glas Mineralwasser ein, mache es mir auf der Bank in er Pflicht bequem und genieße den Sonnenschein. Eine halbe Stunde widme ich mich meiner Lektüre, dann bekomme ich auf einmal Sehnsucht nach Tina. Wie schön wäre es, wenn sie jetzt hier wäre und ich jemanden hätte, mit dem ich meine Eindrücke teilen könnte (und auch noch ein paar andere Sachen machen…). Ich schicke ihr eine SMS. Als ich mir eine zweite Flasche Mineralwasser aus dem Schapp neben dem Beifahrersitz holen will, fällt mein Blick dabei auf den Gashebel. Dessen Gaszug sollte ich mir sicherheitshalber doch noch mal anschauen, geht mir durch den Kopf, denn eine solche Situation wie eben, als ich den Seglern ausweichen musste und John nicht reagierte, möchte ich nicht unbedingt nochmal erleben. Außerdem habe ich auch Lust auf Basteln, keine Ahnung wieso. Ich schnappe mir also einen Schraubendreher und einen Maulschlüssel aus der Werkzeugbox, schraube den Zug aus der Box heraus und sehe, dass vorn am Bowdenzug die Öse, die diesen in der Hülle hält, tatsächlich verbogen ist, wie ich es mir dachte. Eine neue habe ich bestimmt in einer meiner Ersatzteilkisten, denn da das Problem schon einmal aufgetreten war, hatte ich zur Sicherheit gleich zwei neue Ösen gekauft. Ich gehe in die Kajüte und schaue im Schapp nach den Kisten. Mein Akku Bohrer, einen eigentlich nie benutzten Tampen, zwei nagelneue Wischfeudel und zwei Karabinerhacken werden entfernt, ehe ich die Ersatzteilkiste herausziehe. „Hallo Randi, ist dein Skipper zu Hause?" ertönt auf einmal eine Stimme. Ich ziehe meinen Kopf aus dem Schapp und schaue zum Fenster: Zwei braungebrannte, äußerst wohlgeformte weibliche Beine stehen dort. Das Schiebefenster wird sogleich geöffnet, der Skipper ist natürlich neugierig, was dem Rest der Beine folgt. Die Beine gehen in weiße Shorts über, diese wiederum enden an einem bronzefarbenen, flachen Bauch, der nach zehn Zentimetern nackter Haut von einem cremefarbenen T-Shirt umhüllt wird, unter dem sich wohlgeformte Rundungen abzeichnen. Ein ebenmäßig geschnittenes Gesicht schaut zu mir herab, aus dem zwei blaue Augen mich leicht spöttisch mustern. Ein roter Mund fragt: „Sind Sie der Skipper?" – „Ja, der bin ich. Was gibt's denn?" - „Ich bin die Hafenmeisterin." Dabei tippt sie sich, wohl als Legitimation, an ihre Mütze, die auf ihren blonden Haaren sitzt, und auf dessen Stirnband in Goldbuchstaben „Hafenmeister" steht. „Pro Meter kostet bei uns die Übernachtung zwei Euro. 6 Meter Länge hat Ihr Boot, schätze ich?" – „6,50 m, um genau zu sein" – „Halbe Meter berechnen wir nicht. Eine Nacht, oder wollen Sie länger bleiben?" – „Nein, nur eine Nacht", wobei ich gestehe, bei einer so hübschen Hafenmeisterin durchaus auch an mehr als nur an eine Nacht zu denken... „Okay, macht 18 Euro." Sie nimmt eine Tasche von der Schulter, kramt daraus einen Quittungsblock und füllt diesen aus. Unterdessen ziehe ich schnell einen zwanzig Euro Schein aus dem Portemonnaie, so kann ich ihr noch ein wenig beim Schreiben zuschauen. Mit einem: „Stimmt so", tausche ich dann den Geldschein gegen die Quittung. „Vielen Dank, und einen angenehmen Abend noch." Sie schultert ihre Tasche und geht den Steg entlang, wohl zurück zu ihrem Büro. Normalerweise bin ich nicht der Typ Mann, der Frauen hinterherschaut, aber bei diesen Beinen und diesem Gang, noch „unterstützt" vom Wippen des Steges, muss Mann einfach schauen. Offensichtlich habe nicht nur ich derartiges Verlangen, denn als die schöne Hafenmeisterin am Nachbarschiff vorbei geht, hält der Skipper, der immer noch sein Schiff mit dem Feudel bearbeitet, augenblicklich in seinem Tun inne und starrt ebenso wie ich diesen Klasse Beinen hinterher. Kurz darauf ertönt allerdings aus der Kajüte seines Schiffes eine durchdringende Stimme: "Aber Kurt, was soll das denn?" Erschrocken lässt Männe seinen Feudel fallen, mit der treusorgenden

Gattin hatte er wohl nicht gerechnet. Da habe ich als Alleinfahrer natürlich den Vorteil, schönen Frauen problemlos hinterher schauen zu dürfen, das neidet mir niemand. Vergessen habe ich allerdings, dass zwar nicht Tina, jedoch ein anderes weibliches Wesen mein Tun beobachtet. In diesem Fall eines aus GFK. Und das ist nicht minder eifersüchtig, als die Ehefrau auf dem Nachbarschiff. Als nämlich die Hafenmeisterin um die Ecke verschwunden ist und ich mich wieder dem Suchen in der Ersatzteilkiste zuwenden will, schwabbelt Randi tückisch nach rechts, wodurch ich das Gleichgewicht verliere und lang aufs Bett fliege. Dabei haue ich mit meinem Kopf auf den Rand des Lucks, was mir eine schmerzhafte Beule einträgt. Etwas bedröppelt rappele ich mich hoch. „Mensch Randi, was soll das denn, lass doch deinem Skipper mal das Vergnügen, schönen Frauen hinterher zu schauen. Natürlich ist die Hafenmeisterin nicht mit dir zu vergleichen, deine Rundungen sind wesentlich schöner und vor allem auch ausladender, aber deshalb brauchst du doch nicht gleich deinem armen Skipper eine Beule aufs Haupt zu schlagen." Vorsichtig einen Fuß vor den anderen setzend taste ich mich dann in die Pflicht, denn man weiß nämlich nie, ob Randi nicht noch weitere Strafen für ihren Skipper auf Lager hat. Ich hole den Spiegel aus dem WC Raum und betrachte und befühle meine Beule. Ziemlich dick und vor allem schmerzhaft ist, was ich da sehe. Ich warte einen Moment, dann gehe ich zurück in die Kajüte. Auf das Herausnehmen der Ersatzteilkiste verzichte ich erst einmal, wenn Randi eifersüchtig ist, sollte man möglichst alle ungewöhnlichen Bewegungen vermeiden. Ich setze mich auf die Bank und rauche eine Zigarette. Es ertönt ein fragendes Blubidiblub, mein Schiff scheint ein schlechtes Gewissen zu haben, was sie ihrem Skipper da zugefügt hat. „Alles in Ordnung Randi, ist nicht weiter schlimm. Aber nächstes Mal sei bitte nicht ganz so heftig, wenn du mir was erklären willst, ja?" Ein erneutes Blub ertönt, Randi scheint mit ihrem Skipper wieder versöhnt.

Da ich nun Lust auf Bewegung verspüre, beschließe ich, einen Spaziergang durch Immenstaadt zu machen. Als ich am Büro des Hafenmeisters vorbei gehe, hängt ein neues Schild an der Tür, dass ab acht Uhr morgens der Hafenmeister wieder zu erreichen sei. Dann scheint es ja immer nur Kurzauftritte meiner schönen Hafenmeisterin zu geben, überlege ich, aber das ist wohl auch besser so, denn bei all den Blicken, die ihr die Männer hinterherwerfen, gebe es dann wohl ständig Krieg mit den Ehefrauen, was dem allgemeinen Bord- und Hafenklima bestimmt nicht gut täte. Ein Skipper hat sich inzwischen neben mich gestellt und schaut auch auf das Schild an der Bürotür. „So einen Job möchte ich auch mal haben", kommentiert er, „heute Morgen war er auch nur eine halbe Stunde da". -„Der Hafenmeister ist eine Sie", korrigiere ich ihn. „Eine Frau? Nee, das ist so ein alter Brumm- bär". – „Eben hat mich aber ein hübsches weibliches Wesen abkassiert"- „Ach so, ja, das ist seine Tochter, die macht manchmal seine Vertretung. Weiß der Himmel, wie der die zustande gebracht hat", erklärt der Skipper mit einem Achselzucken daraufhin.

Im Gegensatz zu Lindau, so mein Eindruck, hat Immenstad eher wenig Flair, Hotels und Ferien-wohnungen, fast alle im gleichen, einheitlichen Baustil säumen meinen Weg, die meisten mit Balkons zur Seeseite hin, dazwischen ein paar Wohnhäuser und ein Café. An der Uferseite sehe ich hinter den Häusern kleine Stege, offensichtlich Privatanleger, an denen Ruder-boote liegen. Auf der Straße ist wenig Verkehr, auch Fußgängern begegne ich selten. Nun ja, es ist ja auch schon sieben Uhr, da werden wohl die meisten beim Abendbrot sein. Als ich mich dann dem Stadtkern nähere, erblicke ich Fachwerkhäuser und das alte Rathaus, heute Haus des Gastes, ein schöner Anblick. Also ist Immenstaad, zumindest im Centrum, doch recht hübsch.

Wieder bei Randi stecke ich meinen Kopf nun noch einmal ins Schapp und finde auch bald die Öse. Die alte wird entfernt, die neue auf den Bowdenzug aufgeklemmt und dann dieser wieder an der Schaltbox angeschraubt. So John, nun müsstest du wieder meine Wünsche an dich (Befehle zu sagen, verkneife ich mir lieber) verstehen. Da es inzwischen schon halb neun ist, habe ich keine Lust, mir noch was zu kochen, sondern schmiere mir drei Brote. Tina wird angerufen und erhält einen Bericht von meinen gestrigen und heutigen Bodensee Er-lebnissen, die sie mit entsprechend witzigen Bemerkungen kommentiert. Bei Opas Alkohol-konsum zeichnen sich Fortschritte ab, erfahre ich dann, der alte Herr habe mit ihr aus-gehandelt, dass er nur noch ein Bier und einen Korn abends trinken werde, ansonsten aber auf alkoholische Getränke ganz verzichte. Dass es ihm damit wirklich ernst sei, bekräftigte er mit der Aufforderung an Tina, dass sie am nächsten Morgen jeweils nachzählen solle, wieviel Biere noch in der Kiste seien bzw. an der Flasche Korn Striche anbringen könne. Tina ist ziemlich stolz auf sich, dass der Opa sich nun endlich einsichtig zeigt, und so habe ihr Verzicht auf Urlaub doch was gebracht. Ich bin mir da nicht so sicher, denn so wie ich den alten Herrn kenne, wird der einfach abwarten, bis Tina wieder arbeitet und dann klamm-heimlich seine alten Trinkgewohnheiten wieder aufnehmen, sage ihr das aber nicht, denn ich will sie nicht entmutigen. Wir versichern uns zum Schluss beide, dass wir Sehnsucht nach-einander haben und es schön wäre, wäre Tina jetzt hier bei mir am Bodensee. Ich schaue nun im Handy nach Jazz Veranstaltungen in Schloss Montfort, aber für die nächsten zwei Wochen steht Oldtime Jazz nicht auf dem Programm. Dann nehme ich mir ein Kissen vom Bett, das ich mir unter den Nacken lege, so habe ich es bequemer auf meiner Bank. Mein Buch bleibt spannend, das Thermometer zeigt noch immer 23 Grad und so bin ich mit mir, dem Liegeplatz und meinem Schiff zu-frieden und glücklich. Leider erfolgt aber dann um zehn ein regelrechter Mücken Angriff auf den Skipper, etliche der Stecher umschwirren mich, sodass ich schleunigst Randis Verdeck schließe. Derartige Attacken kenne ich auch von der Weser her, auch hier ist dafür um zehn der Zeitpunkt. Da scheinen sich ja Fluss und See nicht voneinander zu unterscheiden, denke ich. Ich schaue im Spiegel nach, ob mich eine der Mücken gestochen hat, was aber nicht der

Fall zu sein scheint, und so verziehe ich mich in die Kajüte, wo ich im Bett weiterlese. Zwei Flaschen Bier verkonsumiert der Skipper im Laufe des Abends, womit er doppelt über dem versprochenen Limit des Opas liegt, geht mir durch den Kopf. Sehnsucht nach Tina überfällt mich bei diesem Gedanken erneut, es wäre wirklich schön, sie jetzt an meiner Seite zu haben, sich an sie zu kuscheln und gemeinsam einzuschlafen. Aber ich kann verstehen, dass sie ihren Ehrgeiz momentan daran setzt, den Opa halbwegs trocken zu bekommen, denn sie mag ihn wirklich sehr, was ich verstehen kann, ist er doch ein absolut lieber Kerl. Um zwölf hat der Skipper sein Buch ausgelesen, löscht das Licht und denkt vor dem Einschlafen noch einmal an Tina.

8. Tag

Schon früh am Morgen werde ich wach. Das Klickern, Klackern, Zirpen und Schlagen der Wanten und Stage auf den Segelbooten beendet meinen Schlummer. Wie die Segler diesen Lärm den ganzen Tag aushalten ist mir ein Rätsel. Ein vorsichtiger Blick durch die Vorhänge zeigt rege Aktivität im Hafen: Seesäcke und Koffer werden auf die Schiffe geschleppt, Segel aufgezogen, Benzinkanister in Tankstutzen geleert oder Reparaturen an nicht startend wollenden Motoren vorgenommen. Einige Bootsleute sitzen schon am gedeckten Frühstückstisch, andere laufen gerade aus. Es scheint, als habe es in irgendeinem Bundesland Ferien gegeben, denn alle Wochenendsegler müssten eigentlich heute brav wieder bei der Arbeit sein. Das Wetter jedenfalls gibt den Aktivitäten der Skipper recht: Sonnenschein, blauer Himmel, 20 Grad Wärme, so meint zumindest mein Thermometer, und eine leichte bis mittlere Brise sind ideale Bedingungen für einen Törn. Segler, was willst du mehr? Ich allerdings will mehr Ruhe, denn um acht Uhr ist bei mir noch Schlafen angesagt. Aber bei dem Lärm von Mensch und Boot kann ich mir das abschminken. Seufzend stehe ich schließlich auf und gehe zu den Sanitäranlagen duschen. Beim Frühstück stelle ich fest, dass die Vorräte in der Kühlbox zur Neige gehen. In Gedanken mache ich mir einen „Knoten" ins Hirn, heute Abend einzukaufen.

Gegen neun verlasse ich Immenstaad. Ein festes Ziel habe ich nicht, ich will nur raus aus der Hektik des Hafens und halte so einfach auf den See hinaus. Doch ruhig ist es hier auch nicht, im Gegenteil, wie gestern schon kurven Segelboote jeder Größe fröhlich durcheinander und nötigen mich, ihnen laufend auszuweichen. Fast wie ein Hase Hacken schlagend sucht sich Randi so häufig im Zickzackkurs ihren Weg. Erst nach fünf Kilometern wird es ein wenig ruhiger. Ich lasse Randi dümpeln, rauche eine Zigarette, und überlege, welchen Kurs ich einschlagen sollte, um dem Verkehrschaos zu entkommen. Per Fernglas peile ich die Lage. Richtung Meersburg bzw. Überlinger See scheint es „verkehrsberuhigter" zu sein, also bekommt Randi diesen Kurs vorgegeben. Eine richtige Entscheidung, wie ich bald feststelle, denn hier sind deutlich weniger Boote unterwegs und so kann mein Schiff meist „einen geraden Strich fahren", wie es so schön in Skipper Kreisen heißt. Bald erreiche ich Meersburg. Die langgestreckte Burg, die von oben quasi über den See blickt, die sich zu ihr hangaufwärts erstreckenden Weinreben und der Kirchturm im Hintergrund sind schon ein toller Anblick. Da mein Führer die Burg als sehr interessant beschreibt, beschließe ich, im Hafen anzulegen und sie mir anzuschauen. Nach Passieren der Hafeneinfahrt sehe ich allerdings, dass er sehr voll ist. Zwei über Laufstege zu erreichende Pontons sind den Fahrgastschiffen reserviert, worauf ein Schild hinweist. Einen freien Platz entdecke ich aber noch links vorn nahe der Seepromenade. An diesem wird Randi erstmal belegt. Ich gehe dann über die Promenade und schaue mich nach dem Hafenmeister Büro um, finde ein solches aber nicht. So frage ich in der Verkaufsstelle für die Fahrgastschifffahrt nach diesem. Eine der drei Damen erklärt, sie sei für Gastlieger zuständig, müsse mir aber leider eine Absage erteilen, alle Plätze seien belegt und ich müsste auch möglichst bald meinen Liegeplatz räumen, der sei ab Mittag vorbestellt. Dass man offensichtlich Plätze in Häfen vorbestellen kann, verwundert mich etwas, und so frage ich, ob auch ich einen Platz vorbestellen könne, was bejaht wird. Die nette Dame gibt mir ein Kärtchen mit ihrer Telefonnummer, schaut in einer Liste nach und meint, nächste Woche seien ab Dienstag noch zwei Plätze frei. Da ich nicht weiß, wie meine weitere Route aussehen wird und mich auch nicht jetzt schon festlegen möchte, bedanke ich mich und gehe zurück zu Randi. Dann wird das erstmal nichts mit der Besichtigung der Burg, schade, aber vielleicht klappt es auf der Rückfahrt. Ich schenke mir aus der Thermoskanne einen Kaffee ein, werfe die Leinen los und verlasse den Hafen.

Nach Passieren der Hafenmole nehme ich Kurs nach Steuerbord. Mit kleiner Fahrt zieht Randi an der Uferpromenade von Meersburg vorbei und ich schaue mir vom Boot aus das Gewusel der Touristen dort an. Die Cafés und Kneipen scheinen voll besetzt, da sprudeln bestimmt die Umsätze, denke ich an meine bisherigen Erfahrungen mit den Preisen am Bodensee. Vorbei geht es dann am Autofähranleger Terminal, der Verbindung einmal quer über den See nach Konstanz und der Schweiz. Randi bekommt nun wieder Kurs Richtung Seemitte. Zweimal muss ich Fahrgastschiffen ausweichen, die ja immer absolute Vorfahrt haben, ansonsten sind nicht allzu viele Sportboote bzw. Segler unterwegs. Der See wird bald schmaler, das gegenüberliegende Ufer ist nun auch ohne Fernglas gut zu sehen, der Überlinger See beginnt hier wohl. Nach dreißig Minuten Fahrzeit kommt an Backbord die Insel Mainau in Sicht. Ich verringere die Geschwindigkeit und schaue mir die Blumenpracht auf der Insel an. 1000 verschiedene Pflanzen und Bäume aus aller Herren Länder soll es auf der Insel geben, meint mein Führer. Inmitten der Pflanzenpracht erhebt sich ein Schloss. Hier residiert die Familie Bernadotte, klärt der Führer auf. Leider aber gibt es keinen Yachthafen auf der Insel, man kann sie nur mit der Fähre, Bussen oder dem eigenen PKW erreichen. Also muss auch eine Besichtigung von Mainau erstmal verschoben werden. Nachdem in kleiner Fahrt die Insel passiert wurde, gibt der Skipper wieder Gas. Nach kurzer Fahrzeit kommt ein Pulk gelb-blau lackierter Kleinsegler auf Randi zu und nimmt sie quasi von zwei Seiten in die Zange, offensichtlich eine Segelschule. Sie kurven um ein Motorboot gleicher Farbe herum, in dem sich der Segellehrer befindet, der per Megaphon seine Schüler zu Halsen, Aufschießern und Wenden auffordert. Als Folge dieser Aufforderungen ändern die Segelboote ständig ihren Kurs, wodurch ich gezwungen bin, den meinen mit zu ändern, um nur ja keinen der Segelschüler zu touchieren. So macht Bootfahren wirklich keinen Spaß, es kostet mich fast 20 Minuten, ehe ich die Segel-schule endlich los bin. Randi kann aber nur kurze Zeit wieder einen geraden Strich fahren, denn bald nimmt der Bootsverkehr zu und ich muss mit prall gefüllten Segeln in starker Schräglage auf mein Boot zukommenden Schiffen ausweichen, die ihr Vorfahrtsrecht wirklich sehr rigoros wahrnehmen. Vielleicht registrieren sie aber auch aus der Warte ihrer 12 bis 20 Meter Yachten mein kleines Schiff einfach nicht. Als ich nun auch noch an Steuer-bord einen Pulk Segelboote mit identischer Farbe auf mich zukommen sehe, vermutlich eine weitere Segelschule, habe ich die Nase endgültig voll und beschließe, in einen Hafen zu flüchten, zumal ich ja auch Vorräte ergänzen muss. Überlingen hat deren zwei, entnehme ich der Karte, einen für die Yachten und einen Gemeindehafen. Den werde ich anlaufen, da hoffe ich, auf keine Segler zu treffen. Zwei Häfen pro Ort scheinen am Bodensee Standard zu sein, aber ich habe keine Ahnung, wodurch sich der Gemeindehafen von dem anderen unterscheiden sollte.

Mit Speed halte ich auf das Ufer zu. Halblinks, das müsste der Steg für die Ausflugsdampfer sein, daneben, die weit in den See ragende Mole, könnte der Bundesbahnanleger sein, mal sehen, dann müsste -laut Karte- dahinter die Einfahrt zum Gemeindehafen liegen. Also Gas geben und auf diesen Fixpunkt zuhalten. Nach 10 Minuten Fahrt erreicht Randi die Hafeneinfahrt. Die Schiffe liegen mit der Spitze des Buges im 90 Grad Winkel zu den Stegen, hinten sind sie zwischen zwei im Wasser stehenden Dalben belegt. So spart man Liegeplatz Meter an den Stegen, die daher wesentlich mehr Boote aufnehmen können. Vor den Stegen befindet sich eine ca. drei Meter breite Fahrrinne, in die ich nun einschwenke. An ihrem Ende entdecke ich zwei freie Boxen. Ob das aber Gastliegeplätze sind? Egal, erst mal die Randi da festmachen, dann sehen wir weiter. Festmachen zwischen Dalben war noch nie mein Lieblingsmanöver. Mit steter Regelmäßigkeit fahre ich entweder einen zu engen Bogen und ratsche mit der Scheuerleiste an einem Dalben entlang, bumse mit dem Bug meines Schiffes an den Steg, bekomme die Tampen nicht um die Pfähle geschlauft oder lasse mein Schiff gar hinten quertreiben und sich dabei zwischen den Dalben verkeilen. Da ich mich als Alleinfahrer zusätzlich auch noch um die Tampen kümmern muss, was nicht unbedingt mein „Fachgebiet" ist, dafür ist i.d.R.

Tina zuständig, sind eigentlich optimale Voraussetzungen für ein verpatztes Anlege-manöver gegeben. Positiv denken, Skipper, ermahne ich mich, nicht immer diese Negativ-assoziationen. Also gut, gehen wir es an. Aus dem Schapp im Cockpit nehme ich jeweils einen Tampen für die Steuer- und einen für die Backbordseite, belege sie per Kopfschlag an den hinteren Klampen, schieße sie auf, mar-schiere mit einem dritten Tampen nach vorne und verfahre mit der Bugklampe ebenso. Vorsichtshalber werden achtern noch an jeder Seite zwei Fender ausgebracht.

Randi dümpelt unterdessen brav auf der Stelle, was ich als gutes Omen deute. Dann ratsche ich, kurz nachdem ich den rechten Dalben passiert habe, den Vorwärtsgang ein und lege das Ruder hart Steuerbord. Als der linke Pfahl neben meinem Steuersitz erscheint, flitze ich nach hinten, greife den aufgeschossenen Tampen und spiele Lasso Werfer. Der Wurf sitzt, der Tampen schlingt sich um den Pfahl. Verdutzt ob dieses unverhofften Erfolges, ich hatte mit mindestens drei Würfen gerechnet, eile ich zurück ans Ruder, um den Gashebel auf Leerlauf zu stellen. Geschwind turnt der Skipper nun auf der Gangbord nach vorn, greift sich den dort liegenden Tampen und springt mit diesem auf den Steg. Leider hat mein Schiff aber noch etwas zu viel Fahrt drauf, denn ziemlich unsanft bumst Randis Bugspitze gegen das Stegblech und holt sich in Form einer Schramme ein Andenken an den Boden-see. Fluchend drücke ich ihren Bug von der Stegkante ab und belege den Tampen an der dort angebrachten Öse mit leichtem Spiel. Ich eile zurück ins Cockpit, greife mir die Leine des linken Dalbens und ziehe mein Schiff an dieser so weit zurück, bis der Backbord Dalben in Wurfweite kommt. Mit dem rechts liegenden Tampen übe ich mich dann erneut im Lasso Werfen. Dieses Mal brauche ich zwei Versuche, ehe der Dalben eingefangen ist. Rechter und linker Tampen werden jetzt noch straff um die Klampen gewickelt, schon liegt Randi in der Box. Verwundert stelle ich fest, dass eigentlich alles bestens klappte. Scheint was dran zu sein an der Methode des Positivdenkens. Als mein Blick dann auch noch auf Touristen am Ufer fällt, die offensichtlich mein Anlegemanöver verfolgten, überzieht unverhohlener Stolz Skippers Antlitz.

Ich mache mich landfein, d.h. wechsele Jeans und Hemd, schließe Randis Verdeck, entere den Steg, und steuere dann die Uferpromenade an. Der Skipper gedenkt sich mit einem großen Stück Schwarzwälder Kirschtorte und einem Kaffee für dieses erfolgreiche Manöver zu belohnen. Eine geballte Ladung Touristen kommt mir entgegen. Man hat Mühen, niemanden umzulaufen, zumal die meisten auf den See hinaus und nicht nach vorne schauen. Palmen stehen an der Seepromenade, zwischen diesen ein buntes Blumenmeer, man kommt sich fast vor wie am Mittelmeer. Weiter geht es an einem alten Zeughaus vorbei, heute ein Waffenmuseum, so besagt es ein Schild vor diesem. Café reiht sich an Café, aber in deren Gärten sitzen Papi, Mami und die lieben Kleinen, ein freier Platz ist nirgends auszumachen. Ein Schild bremst schließlich meine Suche: „Wegen Hochwasser ist dieser Weg gesperrt". Die Uferpromenade ist total überspült, der Weg zu weiteren Cafés abgeschnitten. Es scheint, als hätte der Regen von vorgestern auch in Überlingen seine Spuren hinterlassen. Notgezwungen wende ich mich nach rechts und biege in eine schmale Seitenstraße ein. Fast augenblicklich stoße ich auf ein kleines, gemütliches Lokal, auf dessen Terrasse mich fünf freie Tische einladend anblicken. Na bitte, abseits der Touristenströme muss man suchen. Sogleich erscheint der Ober und begrüßt mich mit einem: „Grüß Gott, was darf`s denn sein?" – „Eine Schwarzwälder Kirschtorte hätte ich gerne und ein Kännchen Kaffee" – „Wir haben nur Sahnecremetorte, Bienenstich, Eierschecke, Erdbeertorte, Mohnkuchen oder Apfeltorte". Etwas enttäuscht entscheide ich mich nach kurzem Nachdenken für Sahnecremetorte. „Ist recht, kommt sofort." Das war allerdings ein bisschen gelogen, denn es dauert fast 10 Minuten, bis Torte und Kaffee vor mir stehen. Der Kuchen ist allerdings einsame Spitze und auch der Kaffee schmeckt sehr gut.

Der Skipper jedenfalls ist zufrieden, raucht eine Zigarette, träumt ein bisschen vor sich hin und beobachtet, wie langsam auch in diesem Lokal die Touristen die Tische besetzen. „Ist hier noch frei?" Ich schrecke hoch. Vor mir steht eine junge Frau mit langen, blonden zu einem Pferdeschwanz zusammengebundene Haaren, in einem blau-weiß geringelten Top mit Lacoste-Kroko und schneeweißen Hot-Pants. Ihre braunen Augen blicken mich fragend an, ein tiefbrauner Arm zeigt auf den Stuhl neben mir, der andere hält eine blaue Nappaleder-

tasche. „Ja, natürlich, bitte", entgegne ich. Sie nimmt Platz, schlägt lässig ihre langen, wohlgeformten Beine übereinander und zeigt mir, als sich beim Zurücklehnen ihr Top hoch schiebt, einen bronzefarbenen Bauch. Ihre Tasche stellt sie neben sich auf den Stuhl, entnimmt ihr ein Buch mit dem Titel „Theorie und Praxis des Segelns. Leitfaden zur Vorbereitung auf die A-Schein Prüfung" und beginnt zu lesen. Die ersten Seiten blättert sie rasch um, dann aber scheint es spannender zu werden: Mit einem Papiertaschentuch deckt sie bestimmte Textabschnitte zu, überlegt kurz, und kontrolliert dann durch Herunterschieben des Taschentuchs, ob ihre in Gedanken formulierte Antwort der Buchaussage entspricht. Manchmal scheint sie auf einzelne Begriffe nicht zu kommen, dann hebt sie den Kopf, wobei ihr Pferdeschwanz jedes Mal lustig wippt, schaut für einen Moment ins Leere, runzelt ärgerlich die Stirn und liest dann im Buch nach. Der Ober unterbricht schließlich ihr Lernen, und fragt, was er ihr bringen kann. „Einen Cappuccino und ein Mineralwasser." Ist ja eine heiße Kombination, Cappuccino und Mineralwasser, denke ich. Nach zwei Minuten erscheint der Kellner wieder, bei Frauen kommt er offensichtlich wirklich sofort, stellt das Verlangte vor sie auf den Tisch und wünscht: „Zum Wohle." Einen derartigen Wusch hatte er mir nicht zukommen lassen. Doch als ich ihm deswegen einen beleidigten Blick zuwerfe, verstehe ich sogleich warum: Ein so huldvolles Lächeln, wie es ihm meine Tischnachbarin schenkt, hätte ich nie zuwege gebracht.
Mindestens 20 Minuten sitzen wir so, sie

lernend, ich sie verstohlen beobachtend. Schließlich kratze ich meinen ganzen Mut zusammen, „Sie machen den Segelschein?" Eine noch dümmlichere Gesprächseröffnung war mir trotz intensivem Nachdenkens nicht eingefallen. Sie erschrickt etwas: „Ja, bei Rolands. Fürchterlich diese blöden Fachwörter." – „Ja, ich kenne das. Ich habe vor kurzem mein Bodenseepatent gemacht". – „Ich mache den A-Schein für Segelboote. Braucht man hier auf dem Bodensee bei Schiffen über 12 qm Segelfläche". Aha, da kennt sich jemand aus, denke ich. „Ist wohl nicht einfach, den ganzen Kram zu behalten, oder?" versuche ich einen zweiten, ebenso einfallslosen Konversationsversuch. Sie nickt, und zählt mir eine Reihe von Begriffen auf, die sie sich schon eingeprägt hat. Etliche davon sind auch mir von der Patentprüfung geläufig, und so kommen wir richtig ins Fachsimpeln. Zur Gesprächsauflockerung berichte ich dann, wie ich Grüß-Gott-Müller kennenlernte. Sie lacht, und bekommt dabei ein lustiges Grübchen am Kinn. Weil ich ihr Lachen so lieb und offen finde, setze ich meine Geschichte fort und erzähle, was passierte, als ich meinen Schein gleich mitnehmen wollte. Diesmal lacht sie richtig laut und neben dem Grübchen am Kinn erscheinen niedliche kleine Lachfalten um ihre Augen. „Menschenskind, da hast du ja was mitgemacht. Aber jetzt hast du dein Patent, oder?" Wie selbstverständlich sind wir zum Du übergegangen. „Willst du es mal sehen?" frage ich und krame mein Bodenseeschifferpatent aus der Geldbörse. Interessiert schaut sie sich die dort eingetragenen Daten an. „Du bist also der Holger aus Göttingen. So ein richtiger Norddeutscher, was?" – „Ja, ich habe es mir auch lange überlegt, ob Randi und ich den Weißwurschtäquator überqueren sollen." – „Ist Randi deine Frau?" Hallo, das war aber direkt. „Nee, das ist mein Schiff. Aber Skipper und Boot haben eine sehr innige Beziehung zueinander." – „Wie groß ist denn dein Schiff?" – „Die Randi ist 6,50 Meter lang und 2,50 Meter breit, also nicht allzu groß im Vergleich mit dem, was sich sonst so auf dem See tummelt. Aber dafür optimal ausgebaut und eingerichtet, mit allem Pütt und Pann". Diesen norddeutschen Ausdruck kennt mein Gegenüber nicht und so beschreibe ich ein wenig mein Schiff. „Meine Eltern haben eine Ketsch." Dieser Ausdruck sagt nun mir wiederum nichts und als ich sie fragend anschaue, folgt sogleich ein Vortrag über die Typologie von Segelbooten. Da ich mich dabei wohl etwas begriffsstutzig anstelle, zeigt sie auf entsprechende Abbildungen in ihrem Buch. Als ich mich interessiert neben sie setzte und über das Buch beuge, geraten unsere Köpfe recht dicht aneinander, wodurch eine vorwitzige blonde Haarsträhnen meine Wange kitzelt. Ein angenehmes Kribbeln läuft meinen Rücken hinunter. Weil das ein sehr schönes Gefühl ist, rücke ich noch ein bisschen näher. Die blonden Haare werden zwar augenblicklich aus meinem Kitzelbereich entfernt, aber dabei berührt ihre nackte Schulter meinen Arm, was erneutes Kribbeln zur Folge hat. Mir fällt auf, dass ich ihren Namen noch nicht weiß. „Ich bin die Marion aus Ulm. Also ein Schwabe, nicht so ein dröges Nordlicht wie du. "Ich kontere mit einem

Witz über die Schwaben und flugs frotzeln wir gegenseitig über „typische" Eigenschaften von Süd- und Norddeutschen. Plötzlich schaut sie auf ihre Uhr, springt abrupt auf, schnappt sich ihre Tasche, legt fünf Euro auf den Tisch und sagt: „Mensch, ich muss zur Segelschule, sonst gehen die ohne mich raus. Zahlst du für mich bitte mit? Hat Spaß gemacht mit dir zu plaudern, mach`s gut du, Ade." Ehe ich auch nur ein Wort herausbekomme, ist sie auch schon auf der Straße und ich kann sehen, dass sie nicht nur schöne Beine, sondern auch einen hübschen Po hat.

Leicht irritiert ob diesen schnellen Aufbruchs zünde ich mir erst mal eine Zigarette an. Dabei sehe ich, dass Marion ihr Prüfungsbuch auf dem Tisch liegen ließ. Ich schaue, ob ich sie noch entdecke, doch sie ist in der Menge verschwunden. Was nun? Ich schlage das Buch auf, vielleicht steht ja dort irgendwo die Adresse der Segelschule. Und richtig, gleich auf der ersten Seite findet sich ein entsprechender Stempelaufdruck. Glück gehabt, denke ich, so kann ich ihr das Buch zurückgeben und werde sie wiedersehen. Ich bezahle Kuchen, Kaffee, Cappuccino und Mineralwasser, klemme mir die Segeltheorie unter den Arm und marschiere zurück zu Randi.

Inzwischen hat sie Besuch bekommen. Neben ihr liegt ein Segler. Höflich frage ich, ob mein Schiff in der Box liegen bleiben kann. "Ja, machens mal. Der Kollege, wo dem seine Bucht sie drin sind, der ist wech. Hat sein Schiff anne Nordsee getrailert, wollte im Urlaub wohl mal `n größeres Meer sehen, verstehens? Vor zwei Wochen is der nich wieder daheim", gibt man mir in reinem Schwäbisch Bescheid. Ich bedanke mich für die Auskunft, wünsche dem Skipper Kollegen in Gedanken einen schönen Urlaub, klöne noch ein wenig mit dem Segler und verziehe mich dann in Randis Kajüte, um zu überlegen, was an Vorräten einzukaufen ist. Denn da mein Schiff jetzt einen Liegeplatz hat, von dem es nicht vertrieben werden kann, habe ich beschlossen, heute in Überlingen zu bleiben, und mich nicht noch einmal in das Verkehrsgetümmel auf dem See zu stürzen. Vor allem aber will ich hier liegen bleiben, weil das Segelbuch natürlich zurück zu seiner Besitzerin gebracht werden muss.

Bis 17.00 Uhr hat das allerdings noch Zeit, denn so lange übe man Wende, Halse und Segeln bei „raumem Wind", wie Marion erzählte. Im nahegelegenen Supermarkt ergänze ich die zur Neige gehenden Vorräte und lasse mir auf dem Rückweg bei der Tourist Information den Weg zur Segelschule Roland beschreiben. Als glücklich alle Dosen, Flaschen und sonstigen Einkäufe in den diversen Schapps verstaut sind, zeigt meine Uhr halb fünf. Ich mache mich auf die Socken und entrichte gleich auch noch die Liegegebühr beim Hafenmeister.

Die Segelschule liegt idyllisch an einem kiesbestreuten Weg, den hohe Pappeln säumen. Dieser endet an einer breiten Mole. Links von dieser liegt, fest verzurrt, ein gelb-blau gestrichenes Frachtschiff mit Namen Arche. Seine Laderäume sind zu Unterrichtsräumen umgebaut. Zur Rechten erstreckt sich der Segelschulhafen. Die ersten drei Stege sind mit

Jollen belegt, wie ich dank Marions Erklärungen sofort erkenne, acht weitere mit gelb-blauen Variantas, am letzten Steg ist ein gleichfarbiges Motorboot befestigt. Also bin ich heute Morgen offensichtlich in den Pulk der Segelschule Roland geraten. Kein Mensch ist zu sehen. Wahrscheinlich segelt alles noch. Um mir die Zeit zu vertreiben, schlendere ich runter zur Mole und betrachte die Segelboote ein wenig genauer. So merke ich erst recht spät, dass die ersten Segler ins Hafenbecken einlaufen. Vor der Hafenmole holen sie ihre Fock herunter. Da nun ihre Antriebsquelle fehlt, paddeln sie an den Liegeplatz. Sie paddeln, ein Alptraum für jeden Motorbootfahrer! Die Anlegemanöver der meisten Crews gestalten sich übrigens ziemlich chaotisch. Angesichts meines erfolgreichen Dalben Manövers von heute Mittag kann ich mir beim Zuschauen daher ein leicht überhebliches Grinsen nicht verkneifen. Bisher habe ich Marion noch nicht entdeckt. Als ich schon unruhig werde, sehe ich sie auf dem eben einlaufenden Boot. Die blonden Haare sind zwar unter einer roten Segelmütze verborgen, aber das weiß-blaue Top ist unverwechselbar. Ihre Crew führt ein perfektes Anlegemanöver aus. Etwas kleinlaut gestehe ich mir ein, dass es offensichtlich doch mehr als nur *einen* guten Skipper am Bodensee gibt. In Zweier- oder Dreiergruppen gehen die Segelschüler nun Richtung Arche. Auch ich mache mich dahin auf den Weg, das Buch quasi als Erkennungszeichen unter den Arm geklemmt. Ein wenig Herzklopfen stellt sich ein, als Marion mit einem etwa 16 jährigen Knaben auf mich zukommt. „Hallo, was machst du denn hier?" Es klingt nicht besonders freundlich oder gar freudig bewegt, wie ich es mir in Gedanken ausgemalt hatte. „Ich wollte dir nur dein Buch wiederbringen, du hast es auf dem Tisch im Café liegenlassen", sage ich, und strecke es ihr wie eine Trophäe entgegen. „Oh, danke, war mir noch gar nicht aufgefallen, dass ich es vergessen habe." Sie nimmt mir die Segeltheorie aus der Hand, dreht das Buch unschlüssig hin und her, und wendet sich schließlich an ihren Begleiter: „Geh schon mal vor, ich komme gleich nach". Ein unwirscher Blick streift mich, dann trollt sich der Jüngling Richtung Kiesweg. Verlegen stehen wir uns gegenüber. Um etwas zu sagen, frage ich sie, wie das Segeln war. „Ach, eigentlich blöd. Du siehst ja selbst, es ist kaum Wind, und dann bringt`s halt wenig Spaß. Wir mussten Manöver um das Motorboot fahren, aber bei der Flaute machen die Boote kaum Fahrt. Du hast ein Gefühl, als wenn dein Schiff steht". Dann lacht sie: „Solche Sorgen hast du mit deiner Randi ja nicht". Ich stimme ihr zu und freue mich, dass sie sich den Namen meines Schiffes merkte. Warum denn alle Crews an den Steg paddeln und nicht segeln, will ich wissen. „Ohne Wind geht das nicht, den hast du hinter der Mole nicht. Da bleibt dir nur das Paddeln", und als ich mal wieder etwas begriffsstutzig schaue, erklärt sie mir die Theorie des Aufschießers als Anlegemethode bei Segelbooten, sofern der Wind das zulässt. Eine Stimme vom Kiesweg unterbricht sie: „Eh kommst du noch, oder was?" – „Ja, ja, gleich", und zu mir gewandt: „Das ist mein Bruder, der will zurück zu unserer Ferienwohnung." Auf dem Weg zu Rolands hatte ich mir in Gedanken ausgemalt, dass Marion mich vor lauter Dankbarkeit über das wiederbeschaffte Buch für heute Abend zum Essen einlädt. Anscheinend ist es mit ihrer Dankbarkeit aber nicht so weit her, denn sie fragt nur: „Bleibst du noch in Überlingen?" – „Ja, heute auf alle Fälle, wir haben einen schönen Gastliegeplatz im Gemeindehafen erwischt. Mal sehen, kann sein, dass ich auch noch länger bleibe". – „Vielleicht sehen wir uns dann ja noch mal". Immer noch nichts mit einer Einladung zum Essen. Ich beschließe, von mir aus aktiv zu werden. „Was hältst du davon, wenn ich dich heute Abend zum Essen einlade? Du legst eine Lernpause ein und ich komme endlich mal von meiner Dosenkost runter". Zögernd sieht sie mich an. „Na ja, wann denn?" – „Du ich hab Zeit. Wann es dir passt". Sie überlegt erneut. „Vielleicht so gegen acht, ja?" – „Okay, wo treffen wir uns?" – „In der Weinstube Hecht würde ich vorschlagen. Die liegt nur eine Straße weiter hinter unserem Café, da findest du problemlos hin. Die haben richtige tolle Fischgerichte. Du magst doch Fisch?" Ich versichere ihr, mich die ganze Zeit nach nichts anderem gesehnt zu haben. Sie lacht und wir besiegeln unser Date mit einem Händedruck. Schnell dreht sie sich um, geht den Kiesweg hoch, spricht kurz mit ihrem Bruder, und beide entschwinden Richtung Parkplatz. Ich beschließe, nicht gleich zu Randi zurückzugehen, sondern mir den Stadtkern von Überlingen anzuschauen, denn ich bin nun richtig gut drauf und brauche ein bisschen Bewegung. An schönen Patrizierhäuser und einer alten Stadtwehr schlendere ich vorbei, dann bewundere ich im Zentrum das Münster, etwas unterhalb davor steht das alte Rathaus, erbaut im fünfzehnten Jahrhundert. Ich bin beeindruckt. Auf dem Rückweg spaziere ich noch durch den Kurgarten, an vielen mediterranen und exotischen Pflanzen vorbei, die toll anzusehen sind.

Wieder auf Randi koche ich einen Kaffee, lese und klöne erneut mit meinem netten Nachbarn, dann bezahle ich die Liegegebühr beim Hafenmeister. Tina schickt mir eine SMS, dass wir heute Abend nicht telefonieren können, sie ist mit ihrer Freundin Inge zum Essen und Klönen verabredet und das dauere ja bekanntermaßen immer länger. Ich simse zurück und wünsche ihr viel Spaß.

Um halb acht beginnt der Skipper sich für sein Date herauszuputzen. Die graue Cargo Hose wird aus der untersten Ecke des Stauraumes unter dem Bett gezerrt. Sie ist zwar leicht zerknittert, aber ich habe nur diese eine landfeine Hose. Das weiße Maritim Hemd ist neben den Beutel für die Schmutzwäsche gerutscht und riecht demgemäß ein wenig muffig, ist aber, da knitterfrei, noch schön anzuschauen, mein seeblauer Blouson mit dem Weser Yacht Club Emblem liegt unter dem Friesennerz. Ist schon merkwürdig, wo man Sachen, die nicht ständig gebraucht werden findet. Doch abgesehen davon zeigt ein Blick in den Spiegel, der Mann ist durchaus vorzeigefähig. Ein Rasierwasserspritzer unterm Kinn und Deo unter den Achseln liefern zum Schluss den männlich herben Duft, den Frauen, laut Werbung, so mögen. Dann strafft der Skipper die Schultern und marschiert lässigen Schrittes (Motto: jung und dynamisch) zum verabredeten Treffpunkt.

Die Weinstube Hecht entpuppt sich als Volltreffer: Geschmackvolle Einrichtung, gemütliche Sitznischen und ein ausgezeichneter Service, der mir sogleich einen freien Platz zuweist. Marion erscheint kurz nach acht. Auch sie hat sich landfein gemacht. Ihre blonden Haare sind zu einem kunstvollen Knoten hochgesteckt, Lippenstift und Make-Up betonen dezent die Bräune ihres Gesichts. Ihre weiße Seidenbluse, die hellblaue Jacke und die schwarze Pluderhose bilden dazu einen reizvollen Farbkontrast. Die Speisekarte enthält eine Fülle Fischgerichte, was die Auswahl nicht eben leicht macht. Zu Fisch nimmt man eigentlich einen Wein, doch Marion bestellt, wie heute Mittag auch, Cappuccino und Mineralwasser. Als ich deswegen eine scherzhafte Bemerkung mache, meint sie, es sei eine Erinnerung an ihren letzten Italienurlaub. Nur so hätte sie die Hitze ertragen können, ohne „davonzufließen". Da ich neben Frankreich auch Italien liebe, sind wir sogleich in einen anregenden Plausch über Urlaubserfahrungen in diesen beiden Ländern vertieft. Das Essen ist hervorragend, selten habe ich Fisch so gehaltvoll zubereitet gefunden. Nach dem Essen wird Marion nachdenklich und meint: „Jetzt haben wir schon zwei Stunden miteinander geredet, aber eigentlich weiß ich noch gar nichts von dir." – „Was willst du denn wissen?" – „Na, wie du eigentlich so lebst, im Alltag, meine ich." – „Frag mich doch einfach." Sie überlegt einen Moment: „Ich habe es heute Nachmittag in deinem Patent nicht richtig erkannt, wie alt bist du eigentlich?" - „Achtunddreißig, demnächst 39". - „Bist du verheiratet?" –„Nein." – „Und hast auch keine Kinder, oder?" – „Wiederum ein Nein". – „Hast du eine Freundin?" – „Ja". –„Wie lange kennt ihr euch schon?" – „Sieben Jahre sind es jetzt". – „Darf ich fragen, wie sie heißt?" – „Du darfst, Tina". – „Liebst du sie?" – „Da müssten wir erstmal klären, was du unter Liebe verstehst". – „Na, sich ganz doll gern haben, eben lieben." – „Ich habe mit diesem Wort immer ein wenig Schwierigkeiten. Man sagt das so leicht, ich liebe dich, aber eigentlich meint man etwas ganz anderes, z.B. ich will mit dir schlafen oder man sagt es ganz mechanisch, weil man es schon tausendmal gesagt hat. Der Adorno hat mal in einem seiner Bücher geschrieben: „Geliebt wirst du einzig, wo du schwach dich zeigen kannst, ohne Stärke zu provozieren". Wenn du es so verstehst, dann liebe ich Tina". Sie denkt lange nach und fragt dann, wer Adorno sei. Ich erkläre ihr ein wenig die Grundgedanken seiner Philosophie, über die ich seinerzeit meine Diplomarbeit schrieb, aber merke, dass ich dabei immer theoretischer werde in meinen Erläuterungen, so beschließe ich, das Thema zu wechseln. „Jetzt habe ich die ganze Zeit von mir erzählt, nun wird der Spieß umgedreht: Ich frage und du antwortest, okay?" So erfahre ich, dass sie demnächst ihr Abi macht, einen festen Freund namens Reiner hat, der zur Zeit ein Soziales Jahr absolviert, voller Begeisterung Ski läuft und in diesem Jahr sich sogar Chancen für die deutsche Jugendmeisterschaft ausrechnet, mit ihren Eltern, Papi hat eine Elektrogroßhandlung, häufig Knies wegen späten Nachhause Kommens hat und

134

froh ist, wenn sie nach dem Abi endlich von zu Hause fort kann, um in Stuttgart Sprachen zu studieren.

Als der Ober dann an unseren Tisch tritt und bittet, kassieren zu dürfen, das Lokal schließe um zwölf, sehen wir uns verdutzt an: So spät ist es schon? Draußen auf der Uferpromenade schaue ich Marion fragend an: „Hast du Lust, noch woanders hin zu gehen?" – „Lust schon, aber ich glaube, hier hat schon alles zu, ist halt eine Kleinstadt". – „Macht nichts, dann gehen wir eben auf die Randi und trinken da noch ein Bier. Die hat nämlich noch auf und ich denke, sie würde sich freuen, dich mal kennenzulernen." – „Ich glaube das wird mir zu spät, ich muss morgen früh raus zu Rolands." Sie lächelt mich verlegen an. „Außerdem habe ich meiner Mutter gesagt, dass ich so gegen zwölf wieder zu Hause bin." Aha, Tochter aus gutem, konservativem Hause, denke ich, sage aber nur: „Ach komm, du hast doch Ferien, lass uns noch ein bisschen klönen." Wir sind unterdessen die Uferpromenade entlang geschlendert und schon fast am Gemeindehafen. „Du, ich glaube lieber nicht. Ich weiß nicht, was der Reiner dazu sagen würde." Verwundert ob so viel konservativer Moral berühre ich leicht ihre Schulter: „Schade, ich fände es schön, einfach noch ein bisschen mit dir zu reden." Sie zögert einen Moment, dann fragt sie: „Wo liegt denn die Randi?" – „Kannst sie von hieraus schon sehen, dort das kleine blaue Boot, neben dem Segler". Sie erwidert nichts, geht aber zielstrebig auf den Steg und bleibt dann vor meinem Schiff stehen. „Hallo Randi, ich bin die Marion. Darf ich an Bord?" So mag es mein

Schiff, mit einem höflichen Blub wird Marion eingeladen. Während ich zwei Bier aus der Kellerbar hole und eine Kerze auf den Tisch stelle, mustert sie Randis Einrichtung. „Dein Schiff ist wirklich gemütlich, richtig kuschelig." Marion wirkt jetzt entspannt, Randis Geborgenheit scheint auf sie auszustrahlen. Mich beschäftigt allerdings noch ihr Zögern von vorhin, mit auf die Randi zu kommen, und so frage ich sie jetzt nach dem Grund. Sie lässt sich Zeit mit einer Antwort. „Ich weiß auch nicht. Vielleicht deshalb, weil ich dich erst so kurz kenne. Ich habe so was noch nie gemacht, gleich am ersten Abend mit einem fremden Mann auf sein Schiff zu gehen." – „Das verstehe ich nicht. Was befürchtest du denn? Meinst du, ich will dich vergewaltigen?" frage ich leicht ironisch. Sie versteht meine Ironie nicht, sondern bleibt ernst. „Nein, das eigentlich nicht. Ich glaube, dazu bist du viel zu nett." Wieder ein langes Schweigen. „Weißt du, der Reiner ist mein erster, richtiger Freund und ich weiß nicht, ob der das gut finden würde." – „Du meinst, er könnte eifersüchtig werden?"- „Ja, genau. Er hat schon gemeckert, dass ich alleine den Segelschein mache und nicht warte, bis er Urlaub bekommt. Er mag es auch nicht, wenn ich länger mit anderen Jungs rede oder ohne ihn weggehe. Und er möchte auch immer wissen, mit wem ich mich treffe und was ich dann so mache." – „Das klingt, als hätte er dich am liebsten dauernd unter seiner Kontrolle", erwidere ich. „Hm, ja, könnte man so sagen. Das nervt mich ziemlich an ihm." Wir schweigen beide und schauen ins Licht der Kerze, das bizarre Schatten auf Marions

Gesicht malt. „Wie ist denn das mit Tina und dir, bist du nicht eifersüchtig?" fragt sie nun. „Eigentlich nicht, auch wenn Tina manchmal mit anderen flirtet. Da ist zwischen uns so was wie Vertrauen und natürlich auch ein Gefühl von „Wir gehören zusammen", aber wir sind ja auch schon über neun Jahre ein Paar. Außerdem reden wir offen miteinander, sollte es eventuell mal mehr werden als ein Flirt. Sie hatte mal auf einer Weiterbildung jemanden kennen gelernt, den sie toll fand und bei dem es richtig kribbelte." – „Und das hat dir gar nichts ausgemacht?" – „Doch, schon, aber wir haben darüber gesprochen und heute haben die beiden sowas wie eine gute Freundschaft. Ich finde ihn übrigens auch nett und wir treffen uns ab und zu auch zu Dritt. Ich habe mich letztes Jahr ein bisschen in eine neue Kollegin verguckt, aber letztlich war es dann so, dass ich dadurch wieder merkte, was ich an Tina habe." – „Ich glaube, ich könnte so was nicht", meint Marion, „aber mit Reiners Eifersucht geht das auf Dauer auch nicht gut." Und nach einer Pause fügt sie hinzu: „Sag mal, wie ich mich verhalten soll." – „Da gibt's, glaube ich, kein Patentrezept. Das kann dir letztlich nur dein Bauch sagen." – „Wieso mein Bauch? Was hat das mit dem zu tun?" Ich muss grinsen: „Das ist, glaube ich norddeutsch. Bauch heißt bei uns so viel wie Gefühl, Herz, Intuition oder wie immer du es nennen willst." Nun lächelt Marion endlich mal wieder ein bisschen. „Wie war das denn bei dir, also du so in meinem Alter warst und deine erste Freundin hattest", will sie nach einer Pause wissen, in der wieder die zwei Grübchen auf ihrer Stirn erschienen, das

Zeichen für intensives Nachdenken. Also erzähle ich von meiner ersten Liebe, mit der ich drei Jahre zusammen war, und dass sie sich von mir trennte, weil ich mal mit einer anderen pennte. Da Marion fragt, was dann kam, erzähle ich von meiner sich anschließenden „wilden Zeit", wo ich in WGs wohnte und dauernd wechselnde Beziehungen hatte, denn Eifersucht, so meine damalige Überzeugung, sei eine Norm, die abgeschafft gehöre. Dass das nicht so einfach ging, zeigte meine nächste Beziehung, aber die brachte mich dann auch wieder in „ruhigeres Fahrwasser". Marion hört interessiert zu, fragt immer wieder nach und ich merke, wie sie meine Ausführungen beschäftigen und zum Nachdenken bringen. Nachdem ich so meine Erfahrungen mit dem Thema Eifersucht schilderte, schweigen wir beide lange und schauen in die Kerze, die fast niedergebrannt ist. „So wie mit dir hab ich noch mit keinem geredet, so direkt, meine ich." Und nach einer Pause fügt sie hinzu: „Früher habe ich mir immer einen großen Bruder gewünscht, nicht so einen kleinen wie den Peter, den du vorhin bei Rolands gesehen hast. Einen Bruder, den ich einfach mal um Rat fragen kann, wenn ich nicht weiter weiß. Kommt mir irgendwie so vor, als wenn du dieser große Bruder bist."- „Weißt du, im Gegensatz zu dir bin ich ein Einzelkind. Aber ich hab mir immer Geschwister gewünscht. Einerseits die große Schwester, mit der ich reden wollte. So habe ich immer nach einer Frau gesucht, die für mich eine solche Funktion einnehmen könnte. Aber es hat nie hingehauen. Andererseits habe ich mir auch eine kleine Schwester gewünscht,

aber erst, als ich so um die 30 war. Bisher habe ich da noch niemanden gefunden. Die Stelle ist noch frei. Magst du sie haben?" – „Als deine kleine Schwester?" – „Genau, als meine kleine Schwester." Sie zögert einen Moment, hebt dann ihre Bierdose und erklärt ironisch-feierlich: „Abgemacht, großer Bruder, ich nehme an, du hast jetzt eine kleine Schwester." Auch ich greife zu meiner Bierdose. Wir klicken die Dosen aneinander, schauen uns a la Humphrey Bogart ganz tief in die Augen und lachen dann lauthals los. „Mensch Holger, wir wecken den ganzen Steg auf. Oder schläft dein Nachbar auch noch nicht?" Wie auf ein Stichwort ertönen aus der geöffneten Luke des Seglers nebenan laute Schnarch Geräusche und wir lachen gleich noch einmal. „Du, wie spät ist es eigentlich?" fragt sie dann. Ich schaue auf meine Uhr: „Viertel vor eins" – „Und ich wollte um zwölf zu Hause sein." Obwohl ich einen ähnlich sprunghaften Aufbruch wie heute Nachmittag erwarte und schon mal vorsichts-halber mein Bier festhalte, bleibt Marion sitzen. „Eigentlich willst du gar nicht nach Hause, kleine Schwester, richtig?" – „Na ja, ich muss ja. Sonst macht sich meine Mutter Sorgen." Ich schaue auf Randis Kajüttür. Doch mein Ver-stand schaltet sich ein und ich mache ihr nicht den Vorschlag, einfach hier zu schlafen. „Okay, dann solltest du gehen. Wenn du willst, bringe ich dich noch bis zum Auto." Sie denkt kurz nach und wirft auch einen Blick auf Randis Kajüttür, dann sagt sie: „Komm, großer Bruder, bring deine kleine Schwester zum Auto."
Als wir auf der Uferpromenade sind, lege ich meinen Arm um ihre Schulter. Sie zuckt ein

bisschen zusammen und ich merke, wie sie sich versteift, aber sie schiebt meine Hand nicht weg. Schweigend gehen wir durch die Nacht. Die Straßenlaternen sind längst gelöscht, nur das Spiegeln des Mondes im See gibt etwas Licht. Langsam entspannen sich ihre Muskeln, und Marion beginnt, unsere körperliche Nähe zu genießen. Beim Auto angelangt, entwindet sie sich sanft meiner Umarmung, bleibt aber ganz dicht vor mir stehen: „Es war schön mit dir großer Bruder. Ade." Doch sie steigt nicht in ihr Auto. „Soll ich dich morgen Mittag von der Segelschule abholen?" – „Bleibst du denn noch hier?" – „Ja, ich glaube schon." – „Gut, um zwölf, passt dir das?" – „Okay, also dann bis morgen oder genauer bis heute." Noch immer macht sie keine Anstalten ins Auto zu steigen. Ganz vorsichtig nehme ich ihr Gesicht in meine Hände und lege ihren Kopf an meine Schulter. Zärtlich streichle ich ihre Haare. Dann küsse ich sanft ihren Mund, schmecke ihren Lippenstift und sage: „Ab nach Hause, kleine Schwester, es ist schon furchtbar spät!" Marion löst sich aus meinen Armen, schaut mich einen Moment mit ihren großen Augen an und macht dann schnell die Autotür auf. Als sie losfährt, winke ich ihr zu, doch ich kann nicht erkennen, ob sie es gesehen hat.

Nachdenklich und gleichzeitig irgendwie traurig schlendere ich zurück zu Randi. Zum Abschluss des Abends spendiere ich mir aus der Kellerbar einen Dimple Whisky, der dort für besondere Anlässe reserviert liegt. Meine Gefühlswelt ist ein wenig durcheinander. Doch als ich versuche, sie nachdenkenderweise wieder auf Reihe zu bringen, schützt mich der

140

Whisky vor solch kopflastigem Tun, ich werde schlagartig müde. Rasch ziehe ich mich aus und krabbele in die Koje. Randi umgibt mich mit Wärme und Geborgenheit. Fast augenblicklich schlafe ich ein.

9. Tag

Ein merkwürdiges Summen und Murmeln beendet auch heute meinen Schlummer recht früh. Ein Blick nach draußen zeigt einen Strom von Touristen, der sich die Uferpromenade entlang wälzt. Ihre Gesprächsfetzen dringen durch Randis offene Luke, was mich offensichtlich aufwachen ließ. Ich drehe mich zwar noch einmal zur Seite, aber einschlafen kann ich nicht mehr. Zu viele Gedanken jagen durch meinen Kopf. Seufzend stehe ich auf, gehe zum Duschhaus und bin anschließend nicht nur sauber, sondern auch wach.
Was nachts der Whiskey verhinderte, wird nun beim Frühstück nachgeholt. Ich versuche mir über meine Gefühle zu Marion klar zu werden: Unverhofft fand ich jemanden, mit dem ich nette und interessante Gespräche führen und vor allem mich über das gemeinsame Interesse am Bootfahren austausche kann. Gleichzeitig bekam ich auch eine kleine Schwester, die ich mir seit Jahren wünschte und bei allem ist auch noch ein bisschen erotisches Kribbel-Krabbel mit dabei. Und das alles in geballter Form an einem Tag, das kann auch den erfahrensten Skipper schon mal ein bisschen „aus dem Fahrwasser bringen". Aber vielleicht ist es

einfach auch nur – Urlaub! Diese Denkakrobatik strengt an, Müdigkeit umfängt mich. Ob ich es doch noch mal mit einem Nickerchen versuche, zumal inzwischen dunkle Wolken aufgezogen sind und erste Regentropfen auf Randis Dach fallen, was die Touristen sicherlich in die Cafés treibt? Ich mummele mich in den Schlafsack. Der Regen wird heftiger, meine kleine Koje immer gemütlicher und sanft entschlummere ich schließlich.

Leicht schweißgebadet wache ich um zwanzig vor zwölf auf. Verflixt, um zwölf soll ich Marion von Rolands abholen. Ich springe aus dem Bett, soweit man das in einer so kleinen Kajüte so nennen kann, schlüpfe in Hemd und Hose, fahre mir mit der Hand durchs Haar und turne eilig auf den Steg. Nieselregen empfängt mich. Also noch einmal zurück, die Öljacke geholt.

Zehn Minuten nach zwölf keuche ich den Kiesweg zur Arche hinauf. Mein Friesennerz ist außen und innen klatschnass, außen vom Regen und innen vom Schweiß, den mich der Dauerlauf durch die halbe Stadt gekostet hat. Alle Segelboote liegen fest vertäut an den Stegen, von ihren Besatzungen fehlt jede Spur. Ein Blick durch das Fenster des Schulschiffes zeigt mir ihren Verbleib: In Reih und Glied sitzen dort die Schüler und blicken aufmerksam nach vorn, wo ein groß gewachsener, braungebrannter Lehrer in weißem Segeldress mit Modelschiffchen Wende und Halse erklärt, zumindest stehen beide Worte an der Tafel. Marion entdecke ich ganz hinten im Eck, mühsam ein Gähnen unterdrückend. Per Gestik versuche ich ihre Aufmerksamkeit zu gewinnen. Endlich schaut sie zum Fenster, nickt, zeigt auf ihre Uhr und deutet mit dem Kopf zum Ausgang. Ich habe verstanden und setze mich in den hinteren Aufenthaltsraum der Arche. Alsbald geht die Tür zum Schulungsraum auf und meine kleine Schwester schiebt sich hindurch. „Hallo, wir haben gerade Theorie, kann aber nicht mehr lange dauern. Wenn du magst, treffen wir uns im Bahnhofslokal, gleich über die Straße, ich komme dann dorthin". – „Gut, bis gleich", und schon ist sie wieder im Unterrichtsraum verschwunden.

Im übrigens sehr gemütlich eingerichteten Bahnhofsrestaurant schäle ich mich erst mal aus dem Ölzeug und hänge es zum Trocknen über einen Stuhl. Ich bestelle einen Kaffee und blättere in den Bodensee-Nachrichten. Nach zehn Minuten erscheint Marion. „Tut mir leid, dass du warten musstest, aber wegen des Regens sind wir nur eine Stunde mit den Booten draußen gewesen, dann hat Herr Roland Theorie gemacht und die dauert bei ihm immer etwas länger." Sie setzt sich neben mich, schlägt ihre langen Beine übereinander, beugt sich ein wenig vor, mustert mich, zieht in gespielter Ironie ihre Augenbrauen hoch und meint: „Siehst ja ganz schön verkatert aus. Ist wohl spät geworden letzte Nacht?" Aus ihren Augen blitzt der Schalk und ihre Hand berührt wie zufällig meine Schulter. „Tja, Randi und ich hatten Damenbesuch. Übrigens einen sehr lieben. Vielleicht kennst du sie sogar, ich glaube sie hieß Marion oder irre ich mich jetzt?" Offensichtlich nicht, denn meine kleine Schwester drückt mir spontan einen Kuss auf die Wange. Ein angenehmes Prickeln ist die Folge, doch Marion scheint über ihre Spontaneität ein wenig erschrocken, denn sogleich rückt sie wieder von mir ab, sodass ich keine Chance bekomme, ihr das Prickelgefühl zurück zu geben. Für einen Moment sind wir beide verlegen. Dann erzählt Marion, dass sie heute Morgen Ärger mit ihrer Mutter wegen des gestrigen Zuspätkommens bekam (Mami hatte das Klappen der Haustür gehört), ihr Bruder anzügliche Bemerkungen vom Stapel ließ, ob sie einen neuen Freund habe, und zu allem Überfluss ihr Auto nicht gleich ansprang, sodass sie zu spät bei Rolands eintrafen. Ich berichte, dass mein Vormittag sehr ruhig verlaufen ist und ich fast das Date mit ihr verschlafen hätte. So klönen wir munter drauf los. Marion rückt wieder näher und häufig berühren sich unsere Hände, was kaum Zufall sein kann. Eine Stunde vergeht wie im Flug. „Mensch, schon zwei. Ich muss gleich wieder zurück. Schade, eigentlich würde ich mit dir viel lieber noch weiter klönen", sagt sie dann nach einem Blick auf ihre Uhr. „Kannst du haben. Wie wäre es mit heute Abend?" – „Heute Abend geht es nicht, mein Onkel kommt, da fahren wir immer Essen." – „Kannst du dich da nicht abseilen?" – „Nee, das gibt Ärger, gerade auch wegen gestern." Ich verkneife mir eine Bemerkung über Töchter „aus gutem Hause" und schlage ein Treffen morgen Abend vor. „Da ist meine Mutter bei ihrer Bekannten zu Besuch und ich muss auf meinen Bruder aufpassen" – „Ich denke der ist schon 16?" – „Ja, aber Mutti will halt, dass jemand zu Hause ist." Enttäuschung, Frust und Ärger breiten sich in mir aus. „Tja, wenn du nicht magst, lassen wir es halt, muss ja auch nicht sein." Sie schaut mich betroffen an, ich aber ignoriere sie und rufe den Kellner. Sobald die Rechnung beglichen ist stehe ich auf. Ohne auf sie zu warten schnappe ich mir mein Ölzeug und stampfe aus dem Lokal.

Bei Rolands angekommen ist meine Wut etwas verraucht. Ich bleibe stehen und drehe mich um. Marion läuft aus dem Lokal direkt auf mich zu, schaut nicht rechts noch links beim Überqueren der Straße, und ich bete, dass kein Auto sich nähert.

„Du, so hab ich es nicht gemeint. Das ist nicht so einfach mit meiner Mutter und der Familie. Ich bin doch die älteste Tochter und irgendwie hat man mich darauf trainiert, immer Rücksicht zu nehmen. Verstehst du?" Und als ich weder nicke noch etwas sage, fügt sie nach einer kurzen Pause hinzu: „Ich will dich schon wiedersehen." Noch immer schweige ich. „Bist du Freitag noch hier? Da könnte ich versuchen, übers Wochenende von zu Hause wegzukommen. Vielleicht könnte ich sogar mitfahren, mit der Randi, meine ich." – „Von mir aus gerne. Aber das liegt bei dir." – „Ich hätte schon Lust", sagt sie, fügt dann aber etwas kleinlaut hinzu: „Wenn ich es schaffe mich loszueisen." – „Na gut, also Freitag. Wo soll ich dich abholen?" – „Bleibst du hier?" – „Nee, ich fahre noch ein bisschen in den Untersee, aber Freitag könnte ich zurück sein." – „Kennst du den Uhldinger Hafen?" – „Bin gestern dran vorbeigefahren." – „Gut, gleich hinter der Hafenmole befindet sich links das Hafenmeisterbüro. Da treffen wir uns, so zwischen 19 und 20 Uhr, je nachdem, wann ich wegkomme. Aber ehrlich, ob es klappt weiß ich nicht. Bist du trotzdem da, am Freitag?" – „Ja, ich bin da, es sei denn, wir sind inzwischen abgesoffen, die Randi und ich." Sie lächelt, streckt mir ihre Hand entgegen, die ich ergreife, und sagt: „Ade, großer Bruder, vielleicht bis Freitag." Für einen Moment treffen sich unsere Blicke: In ihren Augen steht Wärme, Vertrautheit, aber auch etwas Traurigkeit. Schnell dreht sie sich um und geht den Kiesweg hinunter zur Arche.

Auch ich mache mich auf den Rückweg, wobei ich überlege, was eigentlich mit mir los ist. Urlaub war angesagt, zweieinhalb Wochen mit Randi den Bodensee erforschen, ausspannen, die Tage genießen und neue Eindrücke mitnehmen. Dass mir zufällig eine kleine Schwester über den Weg läuft, die mein Gefühlsleben irgendwie durcheinander wirbelt, war nicht vorgesehen. Möglicherweise wäre es besser, Freitag nicht in den Uhldinger Hafen zu fahren, das erspart wahrscheinlich neue Gefühlsverwirrungen. Doch andererseits merke ich, wie ich mich auf ein Wiedersehen mit Marion freue. Gut, probieren wir es aus und schauen, wie großer Bruder und kleine Schwester miteinander auf Randi auskommen.

Der Regen ist inzwischen Sonnenschein gewichen. Ich knöpfe meinen Friesennerz auf und schaue auf den See hinaus. Über den Alpen hängen zwar noch ein paar dunkle Wolken, aber von Westen her tanzen schon wieder die Sonnenstrahlen glitzernd auf dem Wasser. Auch die Touristen treten aus den Cafés, ihre Schirme allerdings noch griffbereit in der Hand.

Bei Randi angelangt koche ich mir einen Kaffee und setze mich dann mit einer Zigarette in die Pflicht, das wieder erwachte Leben auf der

146

Uferpromenade beobachtend.

Eigentlich wollte ich ja heute noch bis Konstanz fahren, aber inzwischen ist es fast vier Uhr. Ehe ich in Konstanz bin ist es sechs und ob Randi und ich dort einen so schönen Liegeplatz wie hier finden, ist fraglich. Also laufen wir nicht mehr aus, sondern machen uns einen gemütlichen Nachmittag am Steg. Randi scheint damit einverstanden, denn ein zufriedenes Blubb ertönt. Ich gieße mir Kaffee nach und denke noch mal an Marion. Toll wäre es schon, wenn wir zusammen ein Wochenende auf Randi verbringen könnten. Doch was ist, wenn sie am Freitag nicht kommt, bin ich dann enttäuscht, so wie vorhin? Auch fällt mir nun ein, dass ich vergaß, sie nach ihrer Handy Nummer zu fragen und so keinerlei Möglichkeiten habe, kommt sie nicht, mit ihr Kontakt aufzunehmen. Du bist mit Randi hier, um dich am Bodensee zu erfreuen, ermahne ich mich, nicht um darauf zu warten, dass irgendwelche kleinen Schwestern am Freitag am Uhldinger Hafen stehen. Wenn sie da ist, ist das schön, wenn nicht, geht die Welt auch nicht unter, oder?

So wieder mit mir halbwegs im Reinen beschließe ich, den Rest des Nachmittages in der Pflicht zu lesen. Aus dem Schapp krame ich Lothar Buchheims „Das Boot" und bin bald von einem ganz anderen Schiff als dem meinen fasziniert.

Gegen sieben erst schaue ich wieder aus Randis Fenster. Die Uferpromenade ist fast leer, das Abendbrot in den Pensionen und Restaurants erwartet die Urlauber. Auch ich verspüre Hunger. Mein Vorratskeller bietet leider wenig Abwechslung für Skippers Gaumen, neben Eintöpfen in allen Variationen findet sich nur noch ein Gulasch a la Aldi. Besser als wieder Dose, überlege ich. Das Produkt der Gebrüder Albrecht schmeckt übrigens gar nicht so schlecht und ist vor allem, für mich als Anti-Koch ein wichtiges Kriterium, problemlos und schnell zubereitet, und so nehme ich mir vor, beim nächsten Einkauf nach weiteren Fertiggerichten bei Aldi Ausschau zu halten. Der Hafenmeister erscheint und ich bezahle eine weitere Nacht Liegegebühr.

Auf einmal bekomme ich Sehnsucht nach Tina und rufe sie gleich an. Sie berichtet von ihrem Treffen mit Inge gestern. Man war lecker Essen und habe dann noch bis nach zwölf gequatscht. Der Opa habe gestern sogar freiwillig auf den ihm eigentlich zustehenden Schnaps verzichtet, was sie als Zeichen nimmt, dass er nun auch von sich aus wirklich bereit sei, seinen Alkoholkonsum zu begrenzen. Sie habe mit ihm auch nette Gespräche geführte, u.a. über ihre Kindheit, von der er ihr ein paar lustige Anekdoten erzählte. Ich berichte vom gestrigen Tag und erzähle auch, eine kleine Schwester kennengelernt zu haben, verschweige aber, wie wir uns zum Schluss verabschiedeten und dass Marion möglicherweise am Wochenende mit auf Randi sein wird, denn ich bin mir nicht sicher, ob Tina das verstehen kann, wenn ich es ihr nur am Telefon und nicht persönlich sage. Zum Schluss versichern wir uns noch einmal gegenseitig, wie schön es wäre, würden wir jetzt zusammen auf Randi sein.

Die Laternen der Uferpromenade sind inzwischen angegangen. Ihr gelbes Licht bricht sich im Wasser des Bodensees. Der Wind hat aufgefrischt, es beginnt leicht zu nieseln. Eigentlich wollte ich noch einen Verdauungsspaziergang machen, doch der Gedanke, dabei wieder nass zu werden, ist alles andere als verlockend. So beschließt der Skipper, „zu Hause" zu bleiben, holt sich ein Bier aus der Kellerbar und macht es sich mit seinem Buch in der Pflicht bequem. Im Laufe des Abends wird ein weiteres Bier geöffnet und Mann gönnt sich auch noch zwei Glas Cognac, mit der Begründung, bei Regen sei das genau das Richtige.

Gegen 23.00 Uhr hört der Regen auf. Zur Reduzierung der Luftfeuchtigkeit, ab und zu fielen Schwitzwassertropfen vom Verdeck auf „Das Boot", klappe ich nun die Seitenteile auf, erhebe mich ein bisschen schwerfällig von meiner Leseecke (das waren wohl die beiden Gläser Cognac) und lasse meinen Blick über den nächtlichen Hafen schweifen. Ich entdecke eine Boesch, die wohl heute Abend eingelaufen ist: Im Regen glänzendes rötliches Mahagoni, ein weißes Lederverdeck und goldfarben schimmernde Beschläge sind ein Anblick, der das Herz jeden Skippers erfreut. Die Lampe am Steg scheint genau ins Cockpit, wo sich die Nostalgie fortsetzt, mit den verspielten Armaturen, dem Steuerrad mit Chromzierring, den in der Farbe exakt zum Verdeck passenden Ledersitzen und dem Nirosta Gasgriff im Stil einer Stockhandbremse. Obwohl mir bewusst ist, wie unpraktisch eine Boesch innen aufgeteilt ist und wieviel Pflege ein Holz Boot erfordert, kommt ein Leuchten in meine Augen. Das hat wohl

149

auch Randi bemerkt, denn als ich schließlich einen Schritt zurückgehe haut sie mir die Kante der Spüle in den Steiß. „Ist ja gut, meine Kleine, ich würde dich doch nie gegen eine Boesch eintauschen, ich bitte dich", versuche ich mein Boot zu besänftigen. Vorsichtshalber bleibe ich aber mit dem Rücken zur Kabine gewandt stehen und rühre mich nicht vom Fleck, denn ich weiß, wie eifersüchtig Randi in solchen Situationen reagiert. Mir Gegenstände ihrer Einrichtung irgendwohin zu rammen, ist meist nur die Vorstufe. Klappdeckel auf meine Hand fallen zu lassen, Türen gegen meinen Kopf zu hauen oder Teppiche zu verrutschen, sodass ich lang hinschlage, können bei derartiger Gemütslage meines Schiffes durchaus folgen.

Allerdings kann ein Skipper schlecht die halbe Nacht auf seinem Boot unbeweglich stehen bleiben. Vorsichtig einen Fuß vor den anderen setzend taste ich mich schließlich zurück auf die Bank in der Pflicht. „Komm Randi, stell dich nicht an wie ein eifersüchtige Eheweib", versuche ich einen Versöhnungsscherz und streichle ihr zur Bekräftigung übers GFK. Meist antwortet mein Schiff mir dann, indem es ein zufriedenes Blub von sich gibt. Angestrengt lausche ich, aber nichts ist zu vernehmen. Sie ist also noch nicht versöhnt. „Hör auf zu schmollen, Randi, dein Skipper mag wirklich nur dich. Ja, ja, hast ja Recht, die Tina mag ich auch und ein bisschen die Marion, aber bei dir ist das doch was ganz anderes." Offensichtlich wollte sie genau das hören, denn nun ertönt augenblicklich das erwartete Blub. Haben sie es auch gehört, lieber Leser/in? Kam von vorn, vom Bug. Gut, ich gebe zu, manchmal ist Randi etwas undeutlich in ihren Äußerungen, aber mit ihrem Skipper grollt sie nicht mehr, soviel steht fest.

Ich angele mir wieder mein Buch, lese noch zwei Seiten, und gehe dann in die Koje. Zufrieden mit mir und Randi schlafe ich sogleich ein. Im Traum bin ich mit Tina zusammen, die neben mir an meiner Seite liegt.

10. Tag

Erst gegen halb zehn wache ich auf, schiebe, die Gardine zur Seite und begreife, warum ich heute Morgen ausschlafen konnte: Es regnet mal wieder und so sind die Touristenströme und ihr Lärm in den Hotels und Ferienwohnungen geblieben. Regen ist andererseits natürlich keine gute Voraussetzung, den Untersee kennenzulernen. Missmutig krabbele ich aus meinen Schlafsack und mache Morgentoilette.

Das Kaffeewasser braucht fast 20 Minuten, bis es brodelt, wodurch natürlich die Morgenroutine durcheinander gerät. Der Tank des Kochers benötigt wohl neuen Spiritus, denke ich, aber irgendwie bin ich heute Morgen dazu zu träge und faul. Nach dem Frühstück überlegt der Skipper, ob er trotz Regen auslaufen oder lieber abwarten und gammeln soll. Während ich so vor mich hin sinniere, hört das Plätschern auf. Ein Blick in den Himmel zeigt, die dunklen Wolken ziehen Richtung Alpen, im Westen klart es etwas auf. Im Radio höre ich, dass ab Mittag wieder Sonnenschein angesagt ist. So entschließe ich mich, erstmal bis Konstanz zu fahren, das müsste ich nach meinen Berechnungen in zwei Stunden schaffen. Je nach Wetterlage könnte ich dann weiter in den Untersee. Also Schiff und Skipper zum Auslaufen vorbereiten, d.h. Frühstücksutensilien verstauen, Geschirr abspülen, in der Kajüte etwas aufräumen und vorsorglich einen Pulli anziehen. Da die Benzinuhr einen nur noch halbvollen Tank vermeldet, kippe ich 20 Liter nach, wegen Spritmangel bleibt Randi nicht noch einmal liegen.

John lässt sich Zeit mit dem Anspringen (hat Randi ihm gestern in ihrer Eifersucht doch noch etwas zugeflüstert?) und bequemt sich erst nach weiteren Schlüsselumdrehungen zur Arbeitsaufnahme. Das Verdeck bleibt angesichts vereinzelt fallender Regentropfen noch zu. Dadurch etwas sichtbehindert habe ich ein wenig Mühen, Randi aus dem Hafen zu rangieren.

Nachdem ich die Hafenmole hinter mir gelassen habe, lege ich das Ruder leicht nach Steuerbord und fahre im vorschriftsmäßigen Abstand von 300 Meter erst mal eine Zeit am Ufer entlang, ehe ich auf 150 Grad gehe und auf die Mitte des Sees zuhalte. Obwohl der Himmel noch immer voller grauer Wolken hängt, knüpfe ich die Seitenteile des Verdecks halb auf, denn so hat der Skipper wesentliche bessere Sicht seitwärts und kann anderen Schiffen, die sich auf „Kollisionskurs" nähern sollten, rechtzeitig ausweichen. Allerdings gibt es heute davon kaum eines, überraschend wenige Boote finden sich auf dem See. Mir nur recht, denke ich, endlich kann man mal einen geraden Strich fahren. Und so werden zügig die ersten acht Seemeilen auf dem Weg nach Konstanz zurückgelegt.

Dann allerdings wird mir allmählich klar, warum sich so wenig Boote auf dem See tummeln: Ein heftiger Wind kommt auf, schätzungsweise vier bis fünf Beaufort, der kurze, kräftige Wellen mit kleinen Schaumkronen vor sich her treibt und Randi immer stärker beutelt. Im Hafen hatte ich davon nichts bemerkt, doch da uns nun keine Mole oder Uferböschung schützt, kann der Wind seine volle Kraft entfaltenden. Zu allem Übel bläst er auch noch aus Nord-West, d.h. die Wellen treffen mein Schiff an der Steuerbordseite. Gegen sie ankreuzen kann ich nicht, denn mein Kurs liegt bei 150 Grad. Die arme Randi schwabbelt ganz schön. Da es ihr der Kompass nachtut fällt es schwer, den Kurs halbwegs einzuhalten. Vielleicht sollte ich mir doch irgendwann einen Kreiselkompass zulegen, die sind angeblich wesentlich ruhiger und zeigen genauer an. Der kleine John kämpft tapfer gegen die Wellen an, aber es reicht gerade eben für 6 Knoten. Das kann ja heiter werden, denke ich, ob ich lieber umkehre? Aber das hätte zur Folge, noch einen Tag im Hafen zu verbringen, was mich wirklich nicht reizt.

Doch mit jeder zurückgelegten Meile werden die Wellen kräftiger. Immer häufiger spritzen sie über Randis Bug und Schanzkleid. Der Scheibenwischer hat dann Mühe, mir wieder zu einigermaßen freier Sicht zu verhelfen. Der Wind fegt unangenehm kalt durchs Cockpit, aber ich mag die Seitenteile des Verdeckes nicht auch noch zuknöpfen, denn so kann ich besser den See beobachten, und den härtesten „Brechern" ausweichen. Randi stampft und schlingert und legt sich jedes Mal recht hart nach Backbord über, wenn die Wellen dicht aufeinander folgen. Der kleine John ackert in den höchsten Tönen gegen die oder besser den See an, so als wolle er bald seinen Geist aufgeben. Wahrscheinlich klingt er aber nur so überarbeitet, da das fast geschlossene Verdeck die Pflicht in einen entsprechenden Resonanzkörper verwandelt. Überhaupt irritieren mich die ungewohnten Geräusche: Es gurgelt und zischt, klatscht und kratscht und das nicht richtig gestaute Geschirr meldet sich auch noch klappernd zu Wort.

Inzwischen bin ich ein wenig schweißgebadet, starre angestrengt durch die Windschutzscheibe oder auf den Kompass und kurbele ständig am Lenkrad, um Randi auf Kurs zu halten. Kaum ein Boot ist zu sehen. Randi, John und der Skipper wären froh, hätten sie endlich Konstanz erreicht. Aber daran ist noch nicht zu denken. Wir haben gerade erst die Insel Mainau passiert und allein für diese Strecke schon eine dreiviertel Stunde benötigt. Ich überlege kurz, ob ich die Insel anlaufen soll, aber erinnere dann, dass es ja dort keine Anlegestelle für Sportboote gibt, also behalten wir unseren Kurs bei.

Das Sumlog vermeldet, dass immerhin schon acht Seemeilen geschafft wurden. In einer halben Stunde müssten wir so Konstanz erreichen. Auch hoffe ich, dass die Konstanzer-Bucht sich windgeschützter zeigt.

Nach 25 Minuten passieren wir die Landzunge

Hinteres Eichhorn. Ich ändere den Kurs mit einer langgezogenen Steuerbordwende und halte uns möglichst dicht unter Land, denn da sind die Wellen weniger heftig.

Zum Schluss hatte ich im Stehen gesteuert, um durch den Kontakt zum Schiffsboden die Wellen „erfühlen" und ihnen so instinktiv besser ausweichen zu können. Jetzt, nach der Kursänderung, treffen die Wellen Randi eher von vorn, sodass sie diese anschneiden und quasi zerteilen kann. Das führt zwar zu einer stärkeren Auf und Ab Bewegung meines Schiffes, aber das unangenehme Pendeln um die Seitwärtsachse hört auf. Als ich mich nun wieder hinsetze, merke ich erst richtig, wie total verspannt mein ganzer Körper ist.

Ein wenig weicht das Anspannungsempfinden, als ich auf die Uhr schaue: Es dürften nur noch 10 Minuten bis zum Konstanzer Hafen sein, bald ist es geschafft. Aber ich habe zu früh aufgeatmet. Jede Menge Treibholz ist in die gleiche Richtung wie wir unterwegs, ganze Äste mit z.T. verwelkter Laubkrone treiben auf dem Wasser. Mist, das hat mir gerade noch gefehlt. Ich vermindere die Fahrt und nehme bewusst das stärker werdende Schlingern meines Bootes in Kauf. Angestrengt spähe ich durch die Windschutzscheibe, um dem Treibholz im Zick-Zack-Kurs auszuweichen. Einige Stücke treffen allerdings doch Randis Bordwand, begleitet von einem dumpfen Rumpeln. Mir tut es fast ebenso weh wie meinem Schiff, wenn das passiert, und ich ärgere mich jedes Mal, das Treibholz nicht rechtzeitig gesehen zu haben, wobei das bei der Masse dessen, was alles hier rumschwimmt, natürlich unmöglich ist. Auf einmal jault John laut auf, beruhigt sich dann aber Gott sei Dank gleich wieder. Wahrscheinlich hat sein Prop einen Ast zu Kleinholz gehäckselt. Der Angstschweiß läuft mir den Rücken herunter. Meine Augen brennen und meine Hände umklammern regelrecht das Steuer.

Endlich erspähe ich die Konstanzer Brücke, steuerbords davor muss die Hafeneinfahrt sein. Vor dieser liegen zwei Schuten quer im Wasser. Zwischen ihnen, mit rot-weiß-roten Bojen gekennzeichnet, scheint eine Art Stahlnetz gespannt zu sein, an der sich das Treibholz sammelt. Mit langen Stangen bemühen sich Männer in Ölzeug, das Treibgut aus dem Wasser zu fischen und auf die Schuten zu packen. Eine der Schuten ist schon randvoll mit Ästen. Es sieht fast so aus, als wüchsen Bäume mitten auf dem Wasser.

Ich wende über Backbord. Bei diesem Manöver erwischt ein großer Ast Randi vorn an der Seite. Das Blätterwerk wirkt glücklicherweise als Puffer, sodass mein Schiff mit ein paar Schrammen davon gekommen sein müsste. Allerdings verfängt sich das Geäst vorne an der Reling. Bei dem Wellengang traue ich mich aber nicht, auf den Bug zu turnen, und das Gemüse zu entfernen. Also schleifen wir den Ast als Galionsfigur mit. Es kratzt bei jeder Welle schrecklich laut an Randis Bordwand, aber langsam ist mir alles egal, ich will nur noch so schnell es irgend geht in den Hafen.

Nach fünf Minuten passiert mein Schiff die Hafeneinfahrt, aber die Zeit kam mir durch das Kratzen und Schlagen wie eine Ewigkeit vor.

Arme Randi, du machst heute ganz schön was mit.

Auch hier stehen Männer mit langen Haken, die das Treibholz aus der Einfahrt an die Mole zerren. Ich schreie einem der Arbeiter zu, ob der Hafen frei wäre und sie Gastliegeplätze hätten. Er schreit etwas zurück, doch durch den Wind und die Wassergeräusche verstehe ich keines seiner Worte. Gestenreich fuchtele ich mit den Armen, um ihm klarzumachen, ich habe nicht verstanden. Das versteht er, denn er macht mit seiner langen Stange die Bewegung des Einfahrens. Als ich genau am Hafenlicht bin, brüllt er von oben: „Liegeplatz links im Eck." Und ich brülle zurück: „Danke!"

Sofort hinter der Hafenmole hört das Schlingern und Schwabbeln schlagartig auf, ebenso die Kratz- und Gurgellaute. Ruhe umgibt mich, welch eine Wohltat. Dicht an dicht liegen Segler und Motoryachten im Hafenbecken, z.T. sogar im Päckchen. Und da soll es noch Gastliegeplätze geben? Ich fahre wie bezeichnet links ab und entdecke bald einen freien Steg. Aha, da hatte der gute Mann wohl doch Recht. Nachdem Randi belegt ist, turne ich auf ihren Bug, zerre den Ast aus der Reling und schleppe ihn an Land. Die Bordwand hat, soweit ich sehen kann, überraschenderweise nur einen kleinen Kratzer abbekommen. Der letzten Winter aufgetragene Lack ist wirklich Spitze.

Dann stecke ich mir nach zweistündiger Abstinenz die erste Zigarette an. Die ganze Zeit über war ich so in Action, dass ich überhaupt nicht an Rauchen dachte. Falls du dir es mal abgewöhnen willst, frotzele ich mit mir selbst, einfach mehrfach den Bodensee bei Windstärke sechs überqueren.

Genüsslich den Rauch ausstoßend, schaue ich mich um. Masten soweit das Auge reicht. Scheint ziemlich groß zu sein, der Konstanzer Yachthafen. Zu meiner Rechten entdecke ich ein stattliches Clubhaus mit Vereins Stander auf dem Dach. Sieht nach Geld aus, wollen mal sehen, was die an Liegegebühren verlangen. Ich trabe den Steg herunter. Das Büro des Hafenmeisters befindet sich in einem kleinen Anbau, allerdings ist die Tür verschlossen. Vielleicht hilft er den Leuten auf der Mole. Gut, sehen wir uns da mal um.

Die Männer sind immer noch damit beschäftigt, das Treibholz von der Hafeneinfahrt fernzuhalten. Auf der Mole liegen Berge von Ästen und Zweigen. Ich frage meinen „Zuschreier" von eben, ob ich an dem Steg liegen bleiben darf. Er scheint froh, eine Pause einlegen zu können, stellt seine Harke mit dem überdimensioniert langen Stil beiseite und meint, bis fünf Uhr sei das kein Problem, dann aber müsste ich den Platz wieder verlassen, denn es sei kein Gastplatz, sondern gehöre einem Vereinskameraden. Leider seien auch alle übrigen Gastliegeplätze nicht mehr frei und die Brückendurchfahrt in den Seerhein sei auch wegen des Treibholzes gesperrt worden, aber in etwa einer Stunde werde sie wieder freigegeben und in der Nähe von Gottlieben, etwa zwei Kilometer hinter der Brücke, gebe es bestimmt noch freie Liegeplätze, da könne ich dann einfach am Ufer belegen, das sei dafür gut geeignet. Ich bedanke mich für den Tipp und frage dann, wo das Treibholz eigentlich

158

herkäme. „Man weiß es nicht genau, aber vermutet, dass es durch den Starkwind vom Ufer, wo es nach Baumfäll Arbeiten gelagert war, damit es dann in Schuten verladen werden kann, hierhergetrieben wurde. Seit heute Morgen acht Uhr sind wir am Rausfischen und die Jungs vom THW mit ihren Schuten haben sogar schon um sieben angefangen. Soviel Mist im See hab ich seit Jahren nicht mehr gesehen." Ich erzähle dem Konstanzer von unseren Erfahrungen mit Treibholz und Hochwasser auf der Weser und er fragt mich nach meiner bisherigen Reiseroute. So klönen wir munter drauflos, bis ihn seine Mitstreiter daran erinnern, dass er eigentlich zum Arbeiten und nicht zum Quatschen auf der Mole steht. Er verspricht mir Bescheid zu geben, sobald die mittlere Brückendurchfahrt freigegeben ist.

Auf der Randi koche ich mir dann einen Tee, dem ein kräftiger Schuss Rum beigefügt wird, das beruhigt hoffentlich endgültig die Nerven. Zur Sicherheit klappe ich anschließend noch John hoch und schaue nach, ob sein Prop, als der vorhin den Ast erwischte, was abbekommen hat. An einem Flügel des Propellers fehlt ein kleines Stück, ansonsten hat er die Kollision unbeschadet überstanden. Ich habe zwar noch einen Ersatz Prop mit, aber bei so kleinen Schäden werde ich den nicht aufziehen. Alles in allem habe ich ziemlich Schwein gehabt, dass Randi mit so wenigen Blessuren davongekommen ist.

Inzwischen zeigt sich der Himmel zwar noch bewölkt, aber im Süden startet die Sonne einen ersten Versuch, die Wolken zu durchbrechen. Ich klappe das Verdeck herunter, in der Hoffnung, dass sie es auch hier bald schafft. Aus der Kajüte hole ich ein Kissen und fläze mich gemütlich in die Pflicht. Kurz darauf bin ich wieder, wenn auch nur in der Phantasie, auf einem anderen Boot, dem, das Buchheim beschreibt.

Nach eineinhalb Stunden erscheint mein Gesprächspartner von vorhin und vermeldet, die Brücke sei jetzt frei. Wir reden noch ein wenig miteinander, dann wünscht er mir gute Fahrt und noch schöne Ferien am Bodensee.

Ein bisschen Angst habe ich schon, wieder aus dem geschützten Hafen auszulaufen und mich Wind und Wellen auszusetzen, aber es muss wohl sein. Also Leinen los und rein ins Getümmel.

Es schwimmt zwar immer noch einiges an Treibholz im See, aber es scheint insgesamt weniger geworden zu sein. Der Wind hat nachgelassen, nur noch kleine Wellen kräuseln die Wasseroberfläche. Das Verdeck bleibt offen, so habe ich einen erheblich besseren Rundumblick und kann dem Geröll rechtzeitig ausweichen. Der mittlere Brückenbogen ist in der Tat wieder freigegeben, die Schuten liegen nur noch vor den beiden anderen Durchfahrten. Als ich unter der Brücke hindurch fahre, grüßt einer der immer noch das Geäst fischenden Männer freundlich. Ich grüße mit Randis Horn zurück, zucke aber sogleich vor Schreck zusammen, denn unter dem Brückenbogen schallt meine Hupe gar schauerlich.

Die Wasseroberfläche des hinter der Brücke beginnenden Seerhein ist bis auf eine kleine Kräuselung fast glatt, meine Befürchtungen von eben sind damit gegenstandslos. Die linke

Uferpromenade zeigt schöne alte Patrizier-
häuser, rechts befindet sich ein kleiner Hafen,
der als Privathafen einer Werft ausgewiesen
wird. An beiden Ufern liegen Segler, Motor-
boote und große Yachten. Keine Lücke in
dieser Bootsphalanx ist zu entdecken. Also
weiter. Bald darauf verengt sich der Seerhein.
Ob mein Konstanzer gemeint hat, ich solle hier
festmachen, zumal sich hier eine Art Kai be-
findet? Ich lenke Randi näher ans Ufer, schalte
das Echolot ein und lese eine Wassertiefe von
1,10 m ab. Völlig ausreichend für mein Schiff.
Merkwürdig, warum liegen hier keine Boote?
Irgendwie gefällt mir das alles nicht. Ich lasse
Randi dümpeln und beobachte das Wasser.
Eine braune Brühe wälzt sich träge dahin. Als
ich schon wieder auf Vorwärts-Drive schalten
will, um anzulegen, entdecke ich zufällig etwas
Rundes, Tiefbraunes kurz unter der Wasser-
oberfläche und gleich dahinter ein ähnliches
Gebilde. Hier stehen alte Pfähle im Wasser,
schießt es mir durch den Kopf, deswegen hat
hier keiner festgemacht. Das hätte gerade noch
gefehlt, wenn Randi auf diese Pfähle beim
Anlegen draufgebrummt wäre. Schnell nehme
ich Abstand zu den Unterwasserhindernissen
und halte mich genau in der Mitte des Fahr-
wassers. Den Angaben des Echos nicht zu
trauen und lieber, wenn man so ein kribbliges
Gefühl im Hintern hat, noch mal einen Blick ins
Wasser zu werfen, das habe ich nach fünf
Jahren Weser und zwei üblen Aufsetzern auf
ihrem trügerischen Grund wirklich verinnerlicht.
Kurz hinter Konstanz, gegenüber dem Wasser-
turm, geht der Rhein in den Gnadensee über.
Backbords verbreitert er sich kurzfristig zu einer

größeren Ausbuchtung. Dort wird das Fahrwasser durch Bojen markiert. Allerdings kann ich aus der Karte nicht entnehmen, welcher Bojen Kurs für mich als Talfahrer gilt, denn hier gibt es quasi zwei Einbahnstraßen mit einer Verkehrsinsel in der Mitte.

Als mir ein Segler unter Motorkraft entgegenkommt, warte ich vorsichtshalber ab, welchen Bojen Kurs er nimmt, der andere müsste dann logischerweise der meine sein. Der Segler scheint allerdings auf die gleiche Idee gekommen zu sein, denn auch er wartet, offensichtlich auf mich. So warten also jetzt zwei Boote dümpelnder Weise aufeinander. Als der Segler nach 5 Minuten immer noch keine Anstalten macht loszufahren, gebe ich kurzentschlossen ein Schallsignal: Zweimal kurz, d.h. ich nehme meinen Kurs über Backbord. Als Antwort schallt sogleich ein volltönendes Nebelhorn: Zweimal kurz. Was soll denn das? Da will ich doch lang, pennt der? Na gut, dann nehme ich meinen Kurs eben über Steuerbord. Also erneutes Tröten, diesmal einen kurzen Ton. Die Antwort erfolgt prompt: Ein kurzer Ton! Ja ist der denn total plemplem? Gerade als ich beschließe, egal was der da drüben rumhupt, loszufahren, naht ein Motorboot, dessen Skipper etwas verwundert zur dümpelnden Randi rüber schaut. Dann überholt er mein Schiff backbords und läuft in die linke Passage ein. Gleichzeitig startet von drüben der Segler, ebenfalls links. Na gut, wenn die es so wollen, sei`s drum. Randi hängt sich hinter das Motorboot, mal sehen, was passiert. Gar nichts passiert. Denn der Abstand zwischen den Bojen ist so breit, dass zwei Schiffe bequem aneinander vorbeikommen. Das sehe ich aber erst, als wir im Fahrwasser sind, vorher erschien es mir unmöglich, sich in der Fahrrinne zu begegnen. Als der Segler an mir vorbeizieht, hupt er fröhlich und winkt mir zu. Wenn es offensichtlich egal ist, ob man die linke oder rechte Passage nimmt, warum hat der Segler dann gewartet, frage ich mich, er hätte doch einfach losfahren können? Ich schaue noch einmal genauer auf die Karte. Dort entdecke ich jetzt ein kleines Sternchen, welches auf die Legende verweist. Und hier steht, dass beide Bojen Kurse in beliebiger Richtung befahren werden können, aber bei über vier Meter breiten Fahrzeugen durch Schallsignale vor Einfahrt gegenseitig zu bestätigen ist, an welcher Seite die Begegnung gewünscht wird. Der Segler hatte also meine Schallsignale nur bestätigt, nach dem Motto, deine angegebene Seite ist okay, nicht aber die rechte oder linke Passage ausgewählt. Wie heißt es doch so schön? Wer lesen kann, ist in jedem Fall im Vorteil. Ein Rätsel bleibt mir allerdings, warum er die Randi breiter als 4 Meter schätzte, denn sonst hätte er ja ohne abzuwarten gleich in den Bojen Kurs einlaufen können. Von vorn scheint mein Schiff einen wirklich imposanten Anblick zu bieten.

Nach diesem etwas verzögerten Passieren der Verkehrsinsel wird der Rhein schmaler. Steuerbords gibt es jede Menge Schilf und Sumpf. Vögel und Enten tummeln sich dort, ihr Gezwitscher und Geschnatter übertönt fast den Kleinen John. Dann erweitert sich der Rhein in den Untersee und ein neuer Spieren Kurs beginnt. Auch hier gibt es wieder für Berg- und

Talfahrer unterschiedliche Fahrwasser, aber ich folge brav dem vor mir fahrenden Motorboot, dessen Skipper sich offensichtlich auskennt. Als der Spieren Kurs fast zu Ende ist, schwenkt er in Richtung Stad ab.

Der Gnadensee empfängt uns mit einer spiegelglatten Wasserfläche. Kein Treibholz, keine Wellen - nichts! Es ist fast so, als wäre ich in einem völlig neuen Revier. Die Sonne hat inzwischen auch das letzte Wölkchen vertrieben. Angenehmen warm ist es geworden, aber sehr dunstig. Nebelschwaden treiben über das Wasser. Die Sonne zaubert ein eigenartig diffuses Licht auf den See. Gedämpfte Stille umgibt mich, nur das entfernte Tuckern des Diesels meines Vorausfahrers begleitet mich noch ein kleines Stück. Nach dem Lärm und dem Tosen auf dem Obersee ist diese Stille fast unwirklich. Kein Boot begegnet uns. Fast scheint es, als gäbe es außer Randi und dem Skipper hier niemanden mehr.

Eineinhalb Stunden ziehen wir so dahin ohne ein bestimmtes Ziel. Die Gedanken gehen auf eine weite Reise, Ruhe und Zufriedenheit erfüllen mich. Erst als in der Ferne ein Segel auftaucht, finde ich wieder zurück in die Realität.

Wo sind wir eigentlich mittlerweile? Auch ein Blick auf die Karte hilft nicht weiter, die letzte halbe Stunde habe ich einfach verträumt und keine einzige Landmarke wahrgenommen. Voraus entdecke ich eine bewaldete Bucht. Spontan wird beschlossen, dort heute zu ankern und der Zivilisation in Form von Yachthäfen ade zu sagen. John bekommt etwas mehr Gas und bringt Randi schnell in die wunderschöne Bucht. Das Ufer steigt flach an, Sand und Kies sind zu sehen. Wenn ich noch ein wenig mehr unter Land gehe, müsste das ein idealer Platz für Randi sein.

Zunächst einmal muss aber der Anker hervorgekramt und mit der Ankerleine belegt werden. Ich stelle John auf Leerlauf, belege die Ankertrosse an der hinteren Klampe, und lasse meinen Schirmanker ins Wasser plumpsen. Randi treibt derweilen langsam weiter. Jetzt müsste es gleich einen Ruck tun und die Ankertrosse steif kommen. Es ruckt aber nicht. Mein Boot macht zwar kaum noch Fahrt, aber gefasst hat der Anker mit Sicherheit nicht. Ich ziehe zur Kontrolle an der Ankerkette. Sie lässt sich problemlos einholen. Also das Ganze noch einmal. Randi fährt eine Wende und ich nehme einen erneuten Anlauf. Wieder klatscht der Anker ins Wasser und wieder schleift er über Grund. Na schön, aller guten Dinge sind drei. Denkste, auch beim dritten Mal ziehe ich eine schlaffe Ankertrosse an Bord.

Da ich mich voll und ganz auf den Anker konzentrierte, achtete ich nicht darauf, wie weit Randi noch vom Ufer entfernt ist. Als ich jetzt hoch schaue, bekomme ich einen ziemlichen Schreck: Nur noch zwei Meter bis zur Uferböschung und unter der Wasseroberfläche sehe ich jede Menge Steine. Wie der Blitz bin ich im Cockpit und schmeiße knirschend den Rückwärtsgang ein. John reagiert prompt und zieht Randi aus der Gefahrenzone. Menschenskind, da hast du aber noch mal Glück gehabt, Skipper!

Also können wir das Ankern hier abhaken, zumindest mit meinem Schirmanker. Was bleibt, ist das Zurück in die Zivilisation. In der Ferne entdecke ich jetzt im Dunst die Silhouette einer größeren Stadt. Könnte Radolfzell sein. Egal, jedenfalls wird es dort wohl einen Hafen geben. Ich verabschiede mich von der netten Bucht, fahre eine Steuerbord-Wende und halte auf die Stadt zu.

Nach zwanzigminütiger Fahrt relativ dicht am Ufer entlang sehe ich dort auf einmal ein recht großes Schild, auf dem „Privathafen Gastlieger" steht. Ein solcher ist zwar nicht in meiner Karte verzeichnet, aber versuchen kann man es ja mal mit diesem, also fahre ich auf das Schild zu. Hier gibt es einen schmalen Kanal, in den ich einbiege, welcher mich sogleich zu einem kleinen, ausgebaggerten See führt. Wenige Boote liegen dort, jeweils an Schwimmbojen belegt. Einen Steg gibt es nicht, vermutlich ist der Grund zu flach, um so anzulegen. Ein kleines Häuschen steht am Ufer, wahrscheinlich das des Hafenmeisters. Ein ruhiges und gemütliches Plätzchen, hier bleiben wir zur Nacht. Okay, Randi, dann suchen wir uns eine freie Boje, an der wir dich festmachen können. Ich kurve um eine größere Motoryacht herum und schlängele mich zwischen drei Seglern hindurch, ehe ich eine nicht belegte Boje entdecke. Auf der steht allerdings eine Nummer. Vermutlich hat sie einen Besitzer, der wohl zurzeit mit seinem Boot draußen ist. Egal, erstmal belegen, dann sehen wir weiter. Nun muss allerdings gesagt werden, dass das Anlegen an einer Boje seinerzeit in Schweden, wo wir auf dem Goeta Kanal ein Boot gechartert hatten, dem Skipper ein tiefes Trauma bescherte, das er bis heute nicht verarbeitet hat. Die Trauma Boje tauchte nämlich dauernd weg, so dass ich es nicht schaffte, unser Schiff festzumachen. Der absolute Tiefpunkt meiner Skipper Karriere war erreicht. Noch lange nach dem Schwedenurlaub bekam ich jedes Mal feuchte Hände, wenn ich eine Schwimmboje nur sah. Aber was soll`s, eine andere Möglichkeit zum Festmachen gibt es nicht. Ich atme tief durch, belege die hintere Klampe mit einem sorgfältig aufgeschossenen Tampen, löse den Bootshaken aus seiner Halterung und lehne ihn griffbereit neben den Steuerstuhl. Ganz langsam manövriere ich Randi an mein rotes Trauma heran. Noch drei Meter, noch zwei, noch einer, jetzt! Ich fasse nach links, um den Bootshaken zu greifen, und fasse daneben. Polternd rollt er auf den Boden. Ich bücke mich zwar sofort und hebe ihn wieder auf, aber als ich mich mit ihm schließlich über die Bordwand lehne, ist meine Boje schon unerreichbar achtern vorbeigetrieben. Wäre auch verwunderlich, wenn es gleich beim ersten Mal geklappt hätte. Also auf ein Neues. Ich fahre mit einer Spitzkehre in die Ausgangsposition zurück und laufe erneut die Boje an. Irgendwie habe ich das Gefühl, dass sie mich anstarrt, und nur darauf wartet wegzutauchen. Lass dich nicht von einer Boje verrückt machen, Skipper, soweit kommt das noch. Diesmal habe ich den Bootshaken zwischen Beifahrersitz und Polster eingeklemmt, so dass er nicht umfallen kann. Als die Boje bis auf zwei Meter heran ist, schalte ich auf Leerlauf und greife nach dem Bootshaken. Der will sich aber nicht greifen lassen. Er hat sich zwischen Sitzbank und Kajütschott verkeilt. Ich ziehe und zerre an ihm, bis ich ihn endlich in der Hand halte. Dass die Boje natürlich wieder außerhalb meines Aktionsradius ist, als ich mich mit meinem Bootshaken über die Bordwand beuge, braucht wohl nicht mehr erwähnt zu werden. In mir steigt Wut hoch. Ich lasse mich doch nicht von einer Boje verarschen, wer bin ich denn. Das wollen wir doch mal sehen, ob ich das blöde Ding nicht zu fassen kriege. Dass der Bootshaken der Übeltäter ist, und nicht die Boje, blende ich einfach aus. Derartige Reaktionen seien aber typisch für Traumen, sagte mir zumindest mein Stegkollege. Sie erinnern sich, lieber Leser/in: Der, der mit wissenschaftlicher Absicherung mit seinem Boot redet. Also auf zum dritten Anlauf. Dieses Mal behalte ich den Bootshaken gleich in der Hand. Es mag zwar merkwürdig aussehen, wenn der Skipper mit einer Hand steuert und mit der anderen einen Bootshaken wie eine Lanze außenbords hält, so als wolle er wie bei einem mittelalterlichen Turnier einen anderen Ritter vom Pferd respektive aus dem Boot stoßen (wobei in meinem Fall cher die Boje der Gegner ist), aber noch mal macht der Bootshaken keine gemeinsame Sache mit der Boje! Auch werde ich den Steuersitz nicht verlassen, sondern gleich von hier aus nach der Boje angeln. Drei Meter, zwei Meter, ein Meter, jetzt ist die Boje genau neben mir, der Bootshaken wird angewinkelt, die Öse der Boje anvisiert, dann ein beherzter Stoß und... der Haken fasst! Na also, geht doch, warum nicht gleich so? Beide Hände lege ich nun ganz fest um den Stiel des Bootshakens. Hand über Hand greifend ziehe ich mein Schiff Richtung Boje, bis diese an die Bordwand bumst. Eine Hand hält weiterhin Randi per Bootshakenstiel an der Boje, die andere greift nach dem aufge- schossenen Tampen. Dann beuge ich mich weit über die Bordwand und mühe mich, das Tau durch den Ring oben auf der Boje zu pfriemeln. Dabei darf mir um Gottes Willen der Bootshaken nicht aus diesem Ring rutschen, sonst taucht die Boje ab und das ganze Spiel beginnt von vorn. Ich muss also den Tampen neben dem Haken durch die Öse fummeln, wodurch diese quasi schmaler wird. Einmal rutscht der Tampen wieder heraus, dann ist er drin. Bootshaken loslassen, Tampen um Ran- dis Klampe wickeln, Motor abstellen. Geschafft! Ich zünde mir eine Zigarette an und betrachte wohlgefällig mein Werk. Wut im Bauch und ein wenig Glück, dann sind offensichtlich auch Festmachbojen zu besiegen.

Allerdings geht mir nun auf, dass zwar Randi an der Boje liegt, der Skipper aber keinen Steg hat, über den er das Ufer erreicht. Da aber die anderen Schiffe so wie das meine belegt sind, muss es irgendeine Möglichkeit geben, an Land zu kommen. Am Ufer entdecke ich Ruder- boote, auf Land gezogen, an dort einge- lassenen Ringen befestigt. Aha, per Muskel- kraft wird zur Yacht gerudert. Aber Moment mal, wo bleibt das Ruderboot, wenn die Yacht rausgeht? Ein Blick zur Nachbarboje gibt Aus- kunft: Dort schwabbelt ein Ruderboot an der Öse. Also muss hier jeder ein Beiboot haben, wenn er an Land will. Leider hilft mir diese kluge Erkenntnis wenig, denn ich habe kein Beiboot. Allerdings, muss ich denn überhaupt an Land? Was spricht dagegen, mit meinem

Buch den Abend auf der Randi zu verbringen? Eigentlich nichts, es sei denn der Besitzer der Boje will sein Schiff heute noch an dieser festmachen. Das könnte ich eventuell beim Hafenmeister, der wahrscheinlich heute Abend nach dem Rechten sehen wird erfragen. Aber wie sollte der zur Randi kommen? Egal, warten wir erst mal ab.

Da ich Hunger verspüre, beschließe ich zu Abend zu essen. Mein Dosenvorrat wird gesichtet. Ich entscheide mich für Rouladen mit Reis, zünde den Spirituskochen an und stelle zwei Töpfe auf die Flammen. Mit dem „Boot" setzte ich mich dann gemütlich in die Pflicht. Nach zehn Minuten brodelt es im Rouladen Topf, aber im Reis Topf tut sich nichts. Müsste wirklich mal neuen Spiritus nachkippen, denke ich, aber das bedeutet die Töpfe runternehmen, den Kocher aufklappen, dessen Tanks raus-nehmen und nachfüllen. Momentan sind mir solche Aktionen zu aufwendig, der Spiritus hat gefälligst zu reichen. Nach weiteren fünf Minuten sind die Rouladen fast gegrillt, der Reis Topf ist lauwarm. Also werden die Rou-laden auf kleine Flamme gedreht, um sie warm zu halten. Wieder vergehen fünf Minuten. Erste Rauchschwaden steigen aus dem Reis Topf. Aha, endlich tut sich was. Nach weiteren fünf Minuten kocht das Wasser und nach zehn Minuten scheint der Reis gar zu sein. Ich gieße das Wasser ab und lege Reis und Rouladen auf meinen Teller. Nachdem ich mir guten Appetit gewünscht habe, stelle ich fest, die Roulade ist kalt. Aber ich hatte sie doch auf kleine Flamme gestellt…, oder habe ich versehentlich in die falsche Richtung gedreht, also auf Aus? Na ja, wenigstens ist der Reis warm. Stimmt, aber er ist hart. 15 Minuten Kochzeit bei kaum Spiritus im Kocher waren offensichtlich nicht genug. Also noch mal kochen das Ganze? Das hieße aber Spiritus nachkippen, wozu ich nach wie vor nicht die geringste Lust verspüre. Also gibt es eben heute kalte Roulade mit warmem, hartem Reis. Ich muss gestehen, ich habe meinen Teller nur zur Hälfte geleert, der Rest wanderte in den Mülleimer. Allerdings gönne ich mir ein großes Stück Camembert zum Nachtisch.

Inzwischen zeigt die Uhr sieben. Kein weiteres Schiff ist in den Hafen eingelaufen. Hoffentlich kommt der Besitzer meiner Boje nicht nachts rein und schmeißt mich aus der Koje oder noch schlimmer, fährt die arme Randi über den Haufen. Ich schmökere weiter in meinem Buch. Es wird acht Uhr. Eigentlich fühle ich mich ganz wohl an meinem Bojen Liegeplatz und es besteht auch gar kein Grund, an Land zu wollen. Doch auf einmal erscheint mir das, was ich eigentlich gar nicht brauche, als das Begehrenswerteste schlechthin. Jedenfalls werde ich langsam immer unruhiger. Irgendein Schiff müsste doch kommen, dann könnte ich fragen, ob mich der Skipper in seinem Beiboot mit an Land nimmt. Und überhaupt: es wäre bestimmt gut, sich die Beine zu vertreten. Bisher habe ich zwar die meisten Abende auf meiner Randi verbracht, aber da hätte ich ja an Land gehen können... Meine Nervosität wächst, kaum noch kann ich mich aufs Lesen konzentrieren. Ständig schaue ich von meinem Buch auf, um nur ja kein Schiff zu verpassen. Um 20.14 Uhr, ich habe gerade wieder auf die Uhr

171

geschaut, werde ich endlich erlöst, ein Motor-
segler macht an einer weiter hinten liegenden
Boje fest. Ein Schlauchboot wird zu Wasser
gelassen und zwei Männer steigen hinein. Ich
rufe zu ihnen herüber, ob sie mich mit an Land
nehmen könnten. „Jo, min Jong, wird ge-
macht", schallt es zurück. Waschechte Ham-
burger, wie wohltuend, auf Nordlichter im
Schwabenland zu treffen. Ein Außenborder
erwacht zu knatterndem Leben und dann
gehen zwei echte Seebären bei Randi längs-
seits. Prinz-Heinrich-Mütze der eine, Süd-
westermütze der andere auf dem Kopf, Voll-
bärte im Gesicht, beide mit Troyer und blauen
Latzhosen bekleidet, beide so um die 40 Jahre.
Der eine groß und breitschultrig, der andere
eher gedrungen, mit einem schon recht an-
sehnlichen Bierbäuchlein gesegnet. Wir be-
grüßen uns. Die beiden, die sich als Jan und
Piet aus Hamburg vorstellen, sind hocherfreut,
einen „fast" Landsmann zu treffen, denn
Göttingen sei ja eigentlich nur ein Vorort von
Hamburg, legt Jan die geographischen Gege-
benheiten etwas großzügig aus. Sie wollen
auch zum Hafenmeister und fragen, ob sie die
Nacht über an ihrer Boje liegenbleiben können.
Ich klettere in ihr Schlauchboot und nach kurzer
Fahrt habe ich endlich Land unter den Füßen.
Jan und Piet ziehen ihr Boot aufs Ufer. Dann
stapfen wir drei zum Häuschen des Hafen-
meisters. Das ist verrammelt und verriegelt.
Allerdings hängt ein Zettel an der Tür, welcher
uns mitteilt, der Hafenmeister kassiere ab
21.00 Uhr die Liegegebühr. „Na, denn warten
wir halt auf dat Kerlchen", meint Jan. Wir
setzten uns auf den Rasen vor dem Haus. Piet

172

holt einen Flachmann aus der Tasche und hält ihn mir hin: „Magst nen Schluck? Echt gut, hat meine Olle selbst gemacht". Solche Selbstgebrannten sind mit äußerster Vorsicht zu genießen, daher nehme ich erstmal nur einen ganz kleinen Schluck. Aber selbst der hat es in sich, nur mit Mühen unterdrücke ich einen Hustenanfall. „Echt gut, was?", meint Jan, nachdem er fast die halbe Flasche in einem Zug niedergemacht hat. Ich krächze ein „Ja, aber haut ganz schön rein." Dann frage ich sie, wie lange sie schon unterwegs sind. Vor sechs Wochen sind sie in Hamburg gestartet, dann den Rhein runter, haben ihr Boot umsetzen lassen und sind so im Untersee angekommen. Hier wollen sie sich mal „ein büschen umkieken" – „Habt ihr denn so lange Urlaub?" frage ich verwundert. „Na, dascha nu man nich. Der Jan und ich, wir haben ne Firma, sowas wie nen Start-Up, wir schreiben Programme für die Vernetzung und Optimierung interner Vorgänge bei mittelständischen Firmen und unser letzter Kunde wollte was ganz Spezielles. Hat er auch gekriegt, aber hatter auch für dick Kohle ausspucken müssen. Na, und die Kohle verprassen wir jetzt." Dass diese beiden Seebären im Programmiergeschäft tätig sind, hätte ich wirklich nicht vermutet, was ich ihnen auch sage. Das überrascht Jan und Piet aber nicht. „Wissen wir, traut uns keiner zu. Aber weil wir so lieb aussehen und nicht so geschniegelt, vertrauen uns die Leute. Außerdem haben wir eine Marktlücke aufgetan. Und nun haben wir ein bisschen Narrenfreiheit", erklärt Piet. Das interessiert mich und bald diskutieren wir angeregt über Start-Ups, das

Internet, das Schreiben von Programmen und wie man mit diesen richtig Knete machen kann. Die erste Flasche wird dabei leer. Jan pult eine zweite aus dem Troyer. Obwohl ich nur ganz kleine Schlucke nehme und jede zweite Runde aussetze, bin ich schon fast betrunken. Um 22.00 Uhr fällt uns auf, dass der Hafenmeister immer noch nicht da ist. „Na, dat Kerlchen kommt wohl nich mehr. Hatter Pech gehabt, kriegt er keine Knete", kommentiert Jan lapidar. Wir beschließen zurückzufahren. Ich werde noch zu einem „kleinen Schluck Bier" auf ihr Schiff eingeladen. Da mir die beiden sehr sympathisch sind, nehme ich trotz schon genossener Promille an. Ich schicke Tina schnell eine SMS, dass ich zwei waschechte Seebären kennenlernte und mit denen noch einen Schluck trinken wolle. Ihr Motorsegler ist ein Traum. Ganz aus Holz, pikobello gepflegt, mit modernster Selbststeueranlage und natürlich auch Sattelitennavigation. Jan meint, diesen technischen Krempel hätten sie eigentlich noch nie gebraucht, aber Piet hätte eben auch auf Schiffen ne Computermacke. Der allerdings bestreitet das vehement, denn Piet hätte den ganzen Krempel haben wollen, er würde eigentlich lieber nach guter alter Sitte seinen Kurs durch „Sterne schießen" bestimmen. „Nu mach aber mal halblang", meint Jan, „beim letzten Törn nach Dänemark hast du während deiner Wache die ganze Zeit über gesoffen. Gefahren ist der Computer." Das sieht Piet natürlich völlig anders, und so geht die Frotzelei fröhlich weiter.

Gegenseitig erzählen wir uns nun Segler- und Motorbootgeschichten, wobei ich feststellen

kann, dass Jan und Piets Vorrat schier uner-
schöpfliche ist. Bei einem Bier bleibt es natür-
lich auch nicht, und so wird es ein Uhr, bis ich
die beiden bitte, mich zur Randi rüberzu-
bringen. Warum ich denn schon weg wolle, so
spät sei es doch noch gar nicht, will Piet
wissen. Wahrheitsgemäß antworte ich, dass ich
erstens total müde und zweitens total breit bin.
„Von dem büschen Bier?" ist Jan ganz er-
staunt und schaut bezeichnenderweise nicht
mich, sondern die stattliche Zahl leerer
Flaschen auf dem Tisch an. Wir einigen uns auf
einen „allerletzten Schluck", dann will Jan mich
rüberfahren, Piet traue er das nicht mehr zu,
denn schließlich hätte das Schlauchi ja keine
Selbststeueranlage. Da scheint was Wahres
dran zu sein, Piet widerspricht ausnahmsweise
mal nicht, nimmt man nicht einen Rülpser als
Antwort. „Eins der dreißig Bierchen war wohl
schlecht", witzelt Jan und meint dann, nun
könnten wir, er hätte sein Bier ausgetrunken.
Das waren zwar inzwischen zwei Biere, aber
Hauptsache ich komme bald in meine Koje.
Das Schlauchboot ist hinten am Motorsegler
festgemacht. Man muss also über die Reling
auf die Badeplattform steigen, auf dieser in die
Hocke gehen, und dann vorsichtig das
Gummischiff entern. Kein Problem für einen
echten Skipper, aber was sagen die Promille
dazu? Über die Reling schaffe ich es noch
relativ problemlos, als ich aber in die Knie
gehe, fängt auf einmal das Boot an, sich um
mich zu drehen. Ruhig bleiben, ermahne ich
mich, das vergeht gleich wieder. Erstmal die
Gummiente ran ziehen, so, dann schön eine
Hand an der Reling lassen, genau so, ein Bein

ausstrecken und platsch, liege ich ....nein, nicht im See, sondern alle viere von mir gestreckt, wie eine Schildkröte auf dem Rücken, mitten im Schlauchboot, das mich mit freundlichem Schwabbeln begrüßt. Mir wird ein wenig flau im Magen, als ich versuche mich wieder in die Senkrechte zu manövrieren. Jan hat meine Aktion von oben beobachtet und lacht schallend. „Komm du man erstmal an Bord", rufe ich ihm zu. „Gemach, gemach", tönt es zurück, aber er krabbelt schon über die Reling. Wie ich geht er dann in die Hocke, vergisst aber fatalerweise die Grundregel auf jedem Boot: Eine Hand für mich, die andere fürs Schiff. Jedenfalls fängt er plötzlich an mit beiden Armen zu rudern und fällt dann, im Gegensatz zu mir, kopfüber in sein Gummi-boot. Da dort aber schon einer ist -nämlich ich-, kommt mir die Rolle eines Fenders zu, denn Jan begräbt mich unter seinen Körpermassen. Mühsam entknoten wir uns, aber dann können wir uns vor Lachen kaum noch halten. Von oben ertönt ein: „Wasn los?" und Jan schreit: „Leg dich wieder hin, Alter, bin nur ins Schlauboot gefallen", was Piet allerdings keiner Antwort für nötig erachtet. „So, nu wolln wa mal den ollen Bock starten", meint Jan, turnt nach hinten und glotzt auf den Außenborder. Er fummelt an ihm herum, und fragt dann: „Scheiße, wo isn der Anlasser?" – „Habt ihr denn einen Elektrostarter?" – „Nee, wie kommstn darauf?" – „Von wegen Anlasser und so..." – „Och Schiet, haste wohl recht, das is ja der Jockel, nich der Diesel. Wart mal, muss mal sehen, Jokl hat son Seil, muss man dran ziehen." Wieder fummelt er am Motor rum.

„Schiet, gibts nich mehr, is wech", kommentiert er sein Bemühen. „Lass mich mal." Jan macht bereitwillig Platz, kommt dann aber so ins Wanken, dass ich befürchte, er geht gleich über Bord. Das tut er aber nicht, sondern er lässt sich einfach auf den Boden des Gummibootes fallen, wo er sich breitbeinig mir gegenüber hinsetzt, die Arme auf die beiden Schläuche gestützt. Ich taste nach dem Knauf für die Reißleine, die selbstverständlich noch da ist. „Wo ist denn der Choke?" frage ich Jan. „Da mach Sachen, is der auch wech?" Mit so präzisen Antworten soll man nun einen Motor starten. Also taste ich den Motor systematisch von oben nach unten ab. An der rechten Seite befindet sich eine Art Knopf, das könnte der Choke sein. Ich ziehe den Knopf heraus, drehe mich etwas zur Seite und reiße die Leine kräftig durch. Wohl zu kräftig, denn der Schwung ist so stark, das ich prompt auf Jan purzele. Der findet das wieder ganz lustig und grölt, „Komm in Papis Arme, min Jong". Als ich mich wieder aufgerappelt habe, wird mir bewusst, dass da ein fürchterliches Knattern die Stille zerreißt. Der Motor ist angesprungen. Muss ja ein doller Zug gewesen sein, denke ich, auf den ersten Hieb angesprungen, brav mein Jokel. Da Jan keine Anstalten macht, seine Position irgendwie zu verändern, übernehme ich das Steuern. Anfangs habe ich einige Schwierigkeiten, mich an die ungewohnte Pinne zu gewöhnen, aber dann klappt es ganz gut. Da die Uferbeleuchtung noch an ist, finde ich auch gleich mein Schiff. „So, Jan, wir sind da, du kannst zurückfahren". Jan rührt sich nicht, aber zufrieden grunzende Laute entringen sich seiner Brust. Der pennt. Ich rüttle ihn. „Jan, aufwachen, du musst wieder mit der Gummiente zu eurem Boot rüber." Ein weiteres Grunzen antwortet mir. Und nun? In dem Zustand kann der sowieso nicht mehr fahren, überlege ich, und beschließe, ihn wieder retour zu kutschieren. Anschließend werde ich allein zurückfahren. Morgen früh bringe ich den beiden dann ihr Boot zurück.

Fünf Minuten später sind wir wieder beim Motorsegler. Hier nun stellt sich das Problem, wie kriege ich Jan über die Reling? „Piet, hilf mir mal, der Jan ist eingepennt", schreie ich nach oben. Keine Antwort. Inzwischen bin ich fast wieder nüchtern und so gelingt es mir relativ problemlos, an Deck zu kommen. Piet liegt, den Kopf auf die Arme gebettet, auf dem Kajüttisch und pennt. Ich rüttele ihn, aber außer einem „Wasn los?" ist er zu nichts zu bewegen. Also klettere ich wieder ins Schlauchboot, schöpfe mit den Händen eine Lage echtes Unterseewasser und verteile es gleichmäßig auf Jans Gesicht. Das hat den gewünschten Erfolg, prustend wie ein Walross kommt er mit seinem Kopf hoch und glotzt mich aus kleinen Augen an. „Komm hoch, wir sind wieder an eurem Schiff. Ich bring euch morgen das Boot zurück." Aber ich hätte Jan auch erzählen können, im Himmel ist Jahrmarkt, er begreift heute wohl nichts mehr. „Los hoch, aufs Boot, in die Koje, pennen," fasse ich das Wesentliche noch einmal zusammen. Das Wort pennen scheint seinen umnebelten Verstand erreicht zu haben, denn Jan bettet seinen Kopf augenblicklich wieder auf seine Brust. „Eh, aufwachen, los, du musst auf euer Boot." Da er sich nicht rührt, unterstreiche ich meine Worte mit einer erneuten Dusche. Das wirkt, zumindest fragt er nun, wo er sei. Auch scheint er zu kapieren, dass er aufs Boot soll, denn er macht Anstalten aufzustehen. Schwankend zieht er sich am rechten Gummischlauch hoch. Ich fasse ihn unter die Arme, Jan hockt sich auf den Schlauch, ich zerre an seinen Schultern, Jan steht schwankend auf, ich schiebe ihn an den Hüften zur Bordwand seines Schiffes, Jan greift von unten um die Reling. Jetzt hängt er wie ein nasser Sack an der Bordwand, seine Füße noch im Schlauchboot. Ich turne an ihm vorbei, entere den Segler, beuge mich über die Bordwand, greife ihm unter die Arme und versuche, ihn so hoch zu zerren. Erst zeigt er sich wenig kooperativ, dann aber bequemt er sich, auch die eigenen Arme einzusetzen und so bekomme ich ihn endlich an Bord seines Schiffes. Die Anstrengung scheint ihn etwas ernüchtert zu haben, denn er geht zielstrebig auf Piet zu, rüttelt ihn, und meint: „Pennen, Alter, aber inne Koje." Sieht so aus, als kämen die beiden nun alleine klar, denke ich, und verabschiede mich mit einem: „Tschüss, bis Morgen, dann bringe ich euch die Gummiente wieder."

Als ich bei meiner Randi ankomme, ist es halb drei. Ich belege das Schlauchi an ihrer Backbordklampe und falle dann todmüde in die Koje. Kurz denke ich nochmal an Tina und wie sie die beiden Seebären wohl gefunden hätte, dann schlafe ich sofort ein.

11. Tag

Gegen 7.00 Uhr drückt mich die Blase so stark, dass das Gehirn den Befehl an die Beine gibt aufzusehen und das stille Örtchen aufzusuchen. Außerdem signalisiert mein Kopf an Zunge und Gaumen: Starker Durst, sofort Flüssigkeit zuführen. Meine Kellerbar hat für derartige Fälle immer Blubber Brause auf Lager und die zische ich jetzt in einem Zug herunter. Ein kräftiges Rülpsen erfolgt. Anschließend melden Gaumen, Zunge, Magen und Blase ans Gehirn: Relative Zufriedenheit erreicht. Überraschenderweise plagt mich weder Kopfschmerz noch dröhnt oder klopft es im Schädel. Da war wohl doch keines der gestrigen Bierchen schlecht.

Diese Serie von Aktivitäten am Morgen hat mich nun wach werden lassen. Ich setze Kaffeewasser auf und klatsche mir den Waschlappen ins Gesicht. Als ich schon längst meine Frühstücksbrote geschmiert habe, kocht das Wasser immer noch nicht. Kann ja auch nicht, fällt mir ein, du hast ja gestern keinen Spiritus mehr nachgekippt. Also Kessel vom Herd, Kocher aufklappen, die zwei Tanks rausnehmen und vorsichtig den Brennstoff rein träufeln. Meine Hand scheint allerdings noch etwas zittrig zu sein, denn ein gehöriger Schuss Spiritus geht daneben. Ich wische zwar sofort mit Wasser nach, aber der Geruch durchzieht blitzschnell das Schiff. Also Verdeck runter klappen und durchlüften. Die Sonne klettert gerade auf ihre Bahn, es verspricht, ein warmer Tag zu werden. Zum zweiten Mal wird der Kessel auf den Kocher gesetzt und nach fünf Minuten brodelt das Wasser. Das Frühstück und der Kaffee möbeln mich wieder auf. Ich beschließe das Schlauchboot bei Jan und Piet abzuliefern und dann gleich auszulaufen.

Damit ist nun Frühsport angesagt. Ich entere die Gummiente und reiße kräftig am Startseil des Außenborders. Nichts tut sich. Also noch mal das Ganze, wieder Fehlanzeige. Okay, auf ein Neues. Nichts! Das gibt`s doch nicht, was soll denn das? Wohl so um die 10 Mal betreibe ich meine Gymnastik, ehe mir auffällt, dass ich den Choke vergessen habe zu ziehen. Da kann man mal sehen: Mit besoffenem Kopf denke ich automatisch daran, bin ich nüchtern, penne ich vor mich hin. Verkehrte Welt. Als ich dem kleinen Motor seine Nahrung andicke, nimmt er nach einem weiteren Zug hustend und prustend die Arbeit auf. Brav, mein Kleiner, sehr brav. An die Pinnen Steuerung habe ich mich inzwischen so gewöhnt, dass ich aus lauter Lust und Freude erst mal eine große Schleife um den Motorsegler fahre, ehe ich längsseits gehe. In dessen Pflicht empfängt mich ein langgezogenes, durchdringendes Duett Geschnarche aus der Kajüte. Jan und Piet sägen keine Baumstämme, die holzen ganze Wälder ab. Aufgrund meiner Erfahrung von gestern oder genauer gesagt heute Morgen, versuche ich erst gar nicht, irgendjemanden wachzubekommen, sondern schreibe auf einen herumliegenden Bierdeckel einen Gruß an die beiden, mit der Bitte, sich ihre Gummiente an meiner Boje abzuholen, ich sei schon früh am Morgen ausgelaufen.

Ich kurve dann noch ein bisschen mit dem Schlauboot im Hafen herum, ehe ich es an meiner Boje festmache. Dabei wird gleichzeitig Randis Tampen gelöst. Eigentlich gibt es ja die eiserne Regel, den Motor immer erst zu starten und dann erst loszumachen, aber ich glaube mich auf den kleinen John verlassen zu können. Der sieht das offensichtlich auch so, denn gleich mit dem ersten Schlüsseldrehen springt er an. Mit einer langgezogenen Steuerbordwende, vorbei an Jan und Piets schönem Holzschiff, fährt Randi auf den See hinaus. Beim Vorbeifahren erweise ich dem Motorsegler meine Referenz, indem ich kurz die rechte Hand an die Stirn lege.

Dann gleitet Randi in den strahlend schönen Morgen. Ein festes Ziel habe ich uns für heute nicht ausgeguckt. Ein bisschen auf dem Untersee rumtuckern, vielleicht aber auch bis Stein am Rhein oder einfach irgendwo Anker werfen. Bei diesem Stichwort fällt mir ein, dass ich ja einen vernünftigen Anker kaufen wollte, einen der auch hält. Wo bekomme ich den her? Möglicherweise in Konstanz, da wird es bestimmt einen Bootsladen geben. Irgendwie fühle ich mich heute sauwohl. Die Sonne scheint, das Wasser ist spiegelglatt, der kleine John brummelt zufrieden vor sich hin, kaum ein weiteres Boot ist auf dem See, und Randi scheint auch glücklich, denn ab und zu lässt sie ein zufriedenes Blubblub hören. Ich ziehe mein T-Shirt aus, verdränge den Gedanken an Sonnenbrand, stelle einen Orangensaft in die Halterung neben dem Armaturenbrett, lehne mich auf dem Steuerstuhl bequem zurück und lasse das rechte Bein außenbords baumeln. Lässig korrigiere ich mit der linken Hand ab und zu den Kurs. Ansonsten schaue ich über den

See, genieße die Stille, träume ein bisschen und grinse in mich hinein, als ich den gestrigen Abend noch einmal Revue passieren lasse. Aus dem Radio klingen gute Oldis, die ich laut (und wahrscheinlich ziemlich falsch) mitsinge. Weil es mir heute so richtig gut geht, rauche ich keine Zigarette, sondern Villinger-Kiel.

Ich runde die Randolfzeller Bucht mit den am Ufer stehenden Bäume, deren Kronen weit über das Wasser hängen. Vor der Landestelle Iznang kommt mir eine Entenfamilie entgegen. John wird abgestellt, Randi dümpelt und Familie Ente bekommt eine halbe Scheibe trockenes Brot spendiert. Unersättlich schnatternd wollen sie mehr, aber ich brauche noch Abendbrot und darum „flüchte" ich schließlich Richtung „Offene See".

Die Halbinsel Mettnau soll sehr schön sein, fällt mir nun ein, also schauen wir uns doch die heute einfach mal an. Knapp drei Meilen sind es bis dahin.

John hat sie in 15 Minuten bewältigt. Ein Anleger aus Holz, auf Pfählen gebaut, ragt weit in den See hinein, daneben befindet sich ein Café mit großer Sonnenterasse. Der Anlegesteg erinnert mich aus irgendwelchen Gründen an die Landungsbrücken in Hamburg (manchmal hat Mann schon merkwürdige Assoziationen). So angetörnt spiele ich Überseedampfer. Randi ist die Wappen von Hamburg, ich der Kapitän mit den 4 Streifen am Ärmel, der gleich ein gekonntes Anlegemanöver hinlegen wird. Publikum haben wir auch, zwei ältere Herrschaften schauen erwartungsvoll zu mir herüber. So, Herr Kapitän, dann zeigen sie den Landratten mal ein perfektes Manöver. Im rechten Winkel laufe ich mit halber Kraft auf den Steg zu, gebe dann an den „Maschinentelegrafen" den Befehl „Kleine Fahrt voraus" und, als ich ca. drei Meter vom Steg entfernt bin, gleich einen weiteren, „Ruder hart steuerbord" und bestätige mich selbst durch ein „Recht so." Dann ertönt das Kommando, „Maschinen stopp, Ruder hart Backbord" und Randi als Wappen von Hamburg treibt sanft an den Steg. Dort allerdings holt den Kapitän die Realität wieder ein, denn hier sind im Abstand von ca. acht Metern Dalben in den See gerammt. Dieser Abstand passt bestens für Ausflugsdampfer und andere „Dickschiffe", wie Tina und ich die Berufsschifffahrt zu bezeichnen pflegen, aber nicht für die Wappen von Hamburg, die in der Realität eben nur sechs Meter lang ist. Das hat zur Folge, dass sie an diesen nicht belegt werden kann, sondern quasi durch sie hindurch treiben wird. Im letzten Moment wache ich auf und werde wieder zum Skipper der Randi. Der Steg hat, so sehe ich jetzt auch, in etwa die Höhe von Randis Kajüte und sie ist gerade dabei, unter selbigen zu treiben. Ich eile auf die Backbordseite und drücke mein Schiff von der Stegkante ab. Es kratscht leicht an der Windschutzscheibe und eine weitere Schramme ziert mein Boot. Schnell drehe ich das Steuerrad nach Steuerbord, John bekommt einen kräftigen Gasschub und mein Schiff strebt im spitzen Winkel von diesem Anleger weg. Dabei gerät allerdings das Heck unter den Steg, an dem Randi die Nationale führt. Der Fahnenmast verkeilt sich prompt und Deutschland bricht ab, fällt dabei aber, Gott sei Dank, nicht ins

Wasser, sondern ins Boot. Eine Inspektion zeigt, dass er unten glatt abgebrochen ist. Deutschland wird sogleich wieder in die Halterung gesteckt, ragt nun aber nicht mehr ganz so hoch nach oben.

Auf diesen Schock rauche ich erstmal eine Zigarette. Dann entschuldige ich mich bei Randi und bitte sie, ihrem Skipper derartige Nachlässigkeiten seiner Pflichten zu verzeihen. Da der Morgen bisher richtig toll war, zeigt sie sich nicht nachtragend und blubbert verständnisvoll vor sich hin. So, dass wäre also wieder im Lot. Dann können wir es ja mit einem neuen Anlagemanöver versuchen. Der Skipper ist nunmehr hellwach und sieht daher auch, dass auf der dem Land zugewandten Seite des Steges kleinere Dalben im Abstand von drei Metern stehen. Diese Seite ist also offensichtlich die für die Sportbootschifffahrt. Darauf halte ich nun zu, gehe auf 2 Knoten, steuere leicht Backbord, lege Randi mit dem Bug an einen der Pfähle und werfe sogleich den Rückwärtsgang ein. Brav zieht sie sich hinten an den zweiten Dalben. Na bitte, geht doch. Mit zwei Webeleinsteks wird Randi an den Pfählen vertäut, dann schwingt sich der Skipper mit einem Klimmzug auf den Steg. Im Vorbeigehen grüße ich die beiden älteren Herrschaften und werde dabei das Gefühl nicht los, dass sie leicht enttäuscht sind, dass das zweite Manöver so problemlos klappte.

Ich trabe zu dem vorhin gesichteten Lokal, setzte mich auf die Sonnenterasse und bestelle mir ein Kännchen Kaffee. Als ich jetzt noch mal an mein „traumhaftes Anlegemanöver" denke, umspielt ein Grinsen Skippers Mund. Ich bin übrigens der einzige Gast, aber es ist auch erst elf Uhr, die Touristen kommen wahrscheinlich noch. Ich schreibe Tina eine längere SMS, wie es mir gestern mit meinen beiden Seebären ergangen ist.

In der Ferne hört man rhythmische Musik und eine Stimme, die offensichtlich bestimmte Kommandos zum Takt der Musik gibt. Mir fällt ein, dass mein Reiseführer schrieb, die Insel Mettman sei bekannt für ihre Bewegungskuren. Auch ich verspüre nun Lust mich ein wenig zu bewegen und so zahle ich und schlendere den Weg neben dem Café entlang. Auf einer Anhöhe steht ein Pavillon, in dessen Erdgeschoss sich ein Raum befindet, aus dem Musik erschallt. Ich schaue durch dessen geöffnete Fensterscheiben und sehe, wie die Kurenden um den Trainer herum mal hopsen, mal springen und mal laufen. Musik und Bewegung harmonieren fast perfekt miteinander. Fasziniert sehe ich mir das Treiben eine Weile an. Auf der Wiese hinter dem Pavillon entdecke ich dann eine zweite Gruppe, welche Übungen mit Medizinbällen macht. Auch deren Bewegungen sind sehr elegant, fließend und irgendwie spielerisch. Hundert Meter weiter beginnt ein Park, indem weitere Gruppen ähnliche Turnübungen zeigen. Über allem liegt ein wenig Kuratmosphäre, eine Mischung aus Plackerei, Kurkonzert, Kurschatten und um 22.00 Uhr Licht aus. Aber nichts wirkt hier gekünstelt, sondern alles perfekt harmonisch. Ich beschließe, mich demnächst zu erkundigen, welcher Indikation es bedarf, hier eine Kur verschrieben zu bekommen, denn noch mal vier Wochen Bodensee täten mir bestimmt gut.

Dann versuche ich die Halbinsel weiter zu erkunden. Leider ist der Weg zur Inselspitze aber bald überflutet und mein Versuch, mich durch die Büsche zu schlagen, endet mit nassen, verschlammten Schuhen.

Auf einem Trampelpfad finde ich zurück zum Pavillon. Hinter einer Hecke entdecke ich Tennisplätze, auf denen ältere Leute spielen. Diese haben zwar nicht den perfekten Aufschlag eines Michael Stich und führen auch nicht dessen Hinterhand, aber ich finde es einfach toll, wieviel Freude sich in ihren Gesichtern wiederspiegelt. Lange verfolge ich ein gemischtes Doppel. Trotz Cellulitis der Damen und Hängebäuchen der Herren, zeigt man hier Bein und Bauch und haut lustig drauflos. Hoffentlich bin ich in dem Alter auch noch so gut drauf.

Inzwischen ist es fast halb eins geworden. Mein Magen meldet sich mit leichtem Knurren und verlangt nach Stärkung. Ich gehe zum Café zurück und lasse mir dort ein hervorragendes Rehragout mit Spätzle schmecken. Wer gut isst, sollte auch gut trinken, und so bestelle ich mir ein Weizenbier dazu. Gesättigt und zufrieden klettere ich schließlich wieder auf mein Schiff, lege ab und fahre Richtung Reichenau.

Ob des sonnigen, warmen Wetters und der früh nachmittäglichen Stunde begegnen mir recht viele Segler und vereinzelt auch Motorboote. Den Seglern muss ich teilweise in weiten Bögen ausweichen, sie machen mal wieder rigoros von ihrem Vorfahrtsrecht Gebrauch. So ist mein Befinden nicht ganz so gut wie heute Morgen, als ich den See ausschließlich für mich alleine hatte. Eigentlich hatte ich vor, in den Gnadensee zu fahren und mir die Reichenau von hinten anzusehen, aber dort gibt es einen großen Yachthafen, und deshalb vermute ich entsprechend viel Verkehr. Also laufe ich südlich an ihr vorbei und orientiere mich am Sturmwarnfeuer von Hornstaad. Vom Wasser aus sieht die Insel Reichenau sehr verlockend aus: Viele kleine Häuschen, z.T. am Hang gebaut, jede Menge Obstbäume und Blumenfelder sowie Weinreben.

Ich fahre nun quer über den Zellersee auf Steckborn zu, spontan habe ich beschlossen, mir die Einfahrt zum Unterrhein mal anzuschauen und dann eventuell den Rhein runter zu schippern. In Steckborn angelangt drehe ich eine Runde durch den Hafen. Kleine Sportboote liegen hier an Bojen belegt im Hafenbecken. Alte, gut restaurierte Steinhäuser stehen direkt an einer Seite des Hafens, fast sieht es so aus, als könne man sein Boot direkt an diesen belegen und dann einfach durch ein Fenster in die Häuser steigen. Ich merke mir den Hafen als möglichen Liegeplatz vor, wenn ich vom Rhein zurückkomme. Als ich dann aber die Rheinmündung ansteuere, sehe ich, dass hier offensichtlich sowas wie ein Motorboot Rennen ausgetragen wird, mit High Speed heizen Rennboote durch einen Bojen Kurs, vor diesem liegt ein großes Schiff, auf dem wohl die Rennleitung das Geschehen koordiniert. Als ich mich vorsichtig diesem nähere, ertönt aus dessen Lautsprecher die Ansage, momentan sei hier für den Bootsverkehr gesperrt, erst ab fünf Uhr werde wieder freie Fahrt gegeben. Na schön, dann wird das nichts mit dem Rhein. Ich wende und halte wieder auf die Reichenau zu. Etliche Berufsfischer kommen mir entgegen. Man kann sie an einem weißen Ball im Topp erkennen. Mal wieder frage ich mich, ob man hier noch vom Fischfang leben kann.

Auf dem See herrscht nun wieder reger Bootsverkehr, Randi muss immer wieder Hacken schlagen, um anderen Schiffen auszuweichen, was mir ziemlich auf den Keks geht. Als ich darüber nachdenke, wie ich dem entkommen könnte, fällt mir meine Idee mit dem Ankern in einer einsamen Bucht wieder ein. Das setzt allerdings einen „griffigen" Anker voraus und diesen müsste ich erst noch kaufen. Gestern hatte ich bei Konstanz neben dem Hafen der Werft ein Schild gesehen, auf dem was von Bootszubehör stand. Okay, dann geht's also erstmal zurück nach Konstanz.

Wenn man eine schon bekannte Strecke zurückfährt, fehlt meist das Entdeckermoment, das Interesse am Neuen, die Neugier auf das Unbekannte. So geht es mir jetzt auch und ich bin froh, als ich nach knapp einer dreiviertel Stunde die acht Meilen hinter mir habe. Im Hafen der Bootswerft liegen zwei große Pedros, etliche Segler von 15 und mehr Metern und drei bis vier Heizer von 10 m Länge. Randi findet in der hintersten Ecke einen Liegeplatz und kommt sich bestimmt ob der anderen Schiffe recht mickerig vor. Der Bootszubehörladen liegt direkt am Steg. Als ich durch die Tür gehe ertönt eine Schiffsglocke. Drinnen empfängt mich ein Verkäufer, der den im Hafen liegenden Dickschiffen alle Ehre macht, was die an Länge haben, hat er an Breite. Bekleidet ist er mit einer weißen Cargo Hose und einem dunkelblauen Marine Jackett mit goldfarbenen Knöpfen und etlichen Anstecknadeln von Yachtclubs auf dem Revers. Oh je, ein Nobelschuppen, denke ich, arrogantes Personal und teuer. Sofort werde ich aber eines besseren belehrt, denn der Dicke entpuppt sich als guter Verkaufsberater, der sehr locker und mit witzigen Bemerkungen mir die Vor- und Nachteile eines Stock-, Pilz-, Dauforth- und Pfugankers erläutert. Schließlich einigen wir uns auf letzteren und auch der Preis von knapp einhundert Euro ist alles andere als unangemessen. Mein Verkäufer trägt sogar den Anker persönlich zur Randi. Ich frage ihn dann noch, ob der Konstanzer Yachthafen inzwischen wieder benutzt werden könne und ob es noch viel Treibgut auf dem Obersee gebe. Letzteres sei fast komplett rausgefischt, versichert er, aber warum ich nicht nach Bottighofen auf der Schweitzer Seite gehen wolle, das sei nur drei Kilometer entfernt und dort gebe es richtig schöne und gemütliche Liegeplätze. Eigentlich wollte ich ja gleich meinen neuen Anker austesten, aber er schildert mir den Hafen so plastisch, dass ich beschließe, seinem Rat zu folgen. Ich bedanke mich noch einmal. Mein Dicker macht als weiterer Service Randis Leinen los, und entbietet mir beim Auslaufen sogar noch einen angedeuteten Marinegruß, indem er seine Hand mit zwei gespreizten Fingern zu einem imaginären Mützenschirm führt. Er hat wirklich Stil.

Die Konstanzer Brücke ist frei von Treibholz und auch im Obersee erweist sich die Vorhersage des Verkäufers als richtig, sieht man von vereinzelten, kleinen Ästen ab. Ich lasse also, wie von ihm beschrieben, den Konstanzer Hafen steuerbords liegen, passiere die Pfähle 40 bis 37 und sehe nach kurzer Fahrt die Hafeneinfahrtsfeuer von Bottighofen.

Ein recht großer Yachthafen empfängt mich hinter der Hafenmole. An Bojen festgemacht liegen die Schiffe mit dem Bug zum Steg, hinten an einer Boje belegt, dazwischen ist viel freier Platz. Am Ufer, etwas zurückgesetzt, stehen zwei Hochhäuser mit Ferienwohnungen, links direkt am Hafenbecken ein kleines Clubhaus, vor dem die Deutsche, Österreichische und natürlich die Schweitzer Flagge wehen. Ich suche mir die nächstgelegene freie Bucht und warte demütig auf mein Bojen Trauma. Aber, oh Wunder, beim ersten! Anlauf schlaufe ich den hinteren Tampen durch. Ich kann es nicht glauben, der Skipper hat auf Anhieb ein Bojen Manöver gepackt. Als ich über den Steg gehe, muss ich wohl vor lauter Begeisterung gehüpft sein, jedenfalls wippt der Steg entsprechend. Auf einer Bank am Ufer sitzt ein Mensch mit Segler Mütze, den ich frage, ob ich für eine Nacht hier liegenbleiben kann. Das ginge durchaus, wird mir gesagt, aber ich solle mein Schiff besser in die freie Bucht vorne am zweiten Steg verholen, denn der Clubkamerad, dem der Liegeplatz gehört, an dem mein Schiff jetzt liegt, käme heute Abend wieder, aber der andere Platz, am zweiten Steg, sei bis zum Sonntag frei. Eine Nacht koste 20 Schweizer Franken, dafür dürfe ich aber auch in dem Hotel, welches gleich hinter dem Clubhaus liegt, „brausen" und die Toiletten benutzten. „Geben sie mir man gleich die 20 Franken, der Hafenmeister kommt erst spät abends, ich reiche ihren Obolus dann weiter." Leider habe ich keine Franken in meinem Portemonnaie, aber 20 Euro täten es auch, auf den Wechselkurs käme es nicht so an, meint der Schweizer. Nicht nur der Hafen ist hier nett, sondern auch die Leute, der Tipp meines Verkäufers war wirklich gut. Wir klönen noch ein wenig, dann verhole ich Randi an die Bucht am zweiten Steg und -heute scheint es Wunder zu regnen- auch dieses Bojen Manöver gelingt auf Anhieb.

Bewaffnet mit meiner vollgepackten Kulturtasche marschiere ich dann zum beschriebenen Hotel. Das ist zwar nicht gleich hinter dem Clubhaus, sondern ca. hundert Meter weiter, aber so pingelig sind erfolgreiche Bojen Skipper nicht. Mein Segler hatte mir gesagt, ich solle an der Rezeption nur sagen, ich käme vom Yachtclub und einen schönen Gruß von Schweizer, das sei er, bestellen, dann würden mir alle (Dusch) Türen geöffnet. So ist es auch, der Herr an der Rezeption geleitet mich unverzüglich in ein sehr geschmackvoll gekacheltes Bad mit mehreren Luxusduschen, die einen nicht nur von oben, sondern von allen Seiten mit vorwählbarer Temperatur und Druckstrahl mit den Härtegraden 1 bis 5, so steht es auf der Taste, sanft besprühen. Fast zwanzig Minuten lasse ich mich berieseln, rubbele mich dann mit einem von Hotel bereitgelegten und vorgewärmten Badehandtuch ab, bedanke mich noch einmal herzlich bei dem Herrn an der Rezeption und trabe nunmehr als wieder „sauberer Deutscher" zurück zur Randi.

Ich aale mich in der Pflicht und lese weiter das „Boot". Gegen 19.00 Uhr füllt sich der Hafen langsam und Randi bekommt rechts und links Gesellschaft von zwei Schweitzer Segelbooten Deren Eigner sind recht nett und so halten wir, quer über drei Boote, einen fröhlichen Klönschnack. Ich rufe Tina an. Zuerst gibt es Schwierigkeiten mit dem Netz, dann aber klappt die Verbindung im zweiten Anlauf. Ausführlich schildere ich ihr meinen heutigen so ereignisreichen Tag.

Gegen neun verspüre ich Hungergefühle. Ich habe heute keine Lust auf Brot oder Dose und frage meinen Nachbarn zur linken, ob er mir ein gutes Lokal empfehlen kann, wenn es geht in der Nähe. Er verweist mich auf das mir schon bekannte Hotel und gibt auch gleich eine Empfehlung mit. Die „Rösti nach Art des Hauses " seien einfach prima. Da ich heute schon einmal so positiv beraten wurde, entschließe ich mich auch diesem Rat zu folgen. Ich werde nicht enttäuscht, vorzügliches Essen, unaufdringliche Bedienung und gediegene Atmosphäre erfreuen Skippers Herz. Und das alles zu einem absolut angemessenen Preis, wo doch die Schweiz gemeinhin als eines der teuersten Urlaubsländer gilt. Wie sagte mein Kollege: Am Bodensee sind die Preise noch in Ordnung? Da kann er nur die Schweitzer Seite des Sees gemeint haben. Bezahlen tue ich übrigens mit meiner Scheckkarte.

Randi begrüßt ihren Skipper anschließend mit einem fröhlichen Blubdiblubdiblub. Ist ja auch verständlich, wenn einem ein ringsum zufriedener Skipper auf das GFK tritt. Ich genehmige mir ein Bier, rauche genüsslich eine Villiger-Kiel und lasse mich von meiner Lektüre fesseln. Zum Abschluss dieses so gelungenen

Tages trinke ich noch ein Glas Cognac und kuschele mich dann, mit der nötigen Bettschwere versehen, in meine Koje.

12. Tag

Um halb sieben in der Früh werde ich von lauten Geräuschen unsanft aus dem Schlaf gerissen. Ich ziehe die Vorhänge zurück und sehe, dass mein Segelnachbar versucht, seinen Jockel anzureißen. Der widersetzt sich zwar standhaft seinen Bemühungen, aber der Kollege nebenan scheint eine gewisse sportliche Ader zu besitzen. Jedenfalls gibt er nicht auf und stählt systematische seinen Bizeps. Begleitet wird die Aktion von kräftigen Flüchen, so dass gleichzeitig die Stimmbänder mittrainiert werden. Als alles nichts fruchtet, holt er aus der Kajüte eine riesige Werkzeugkiste und rückt seinem Motor mit Schraubenschlüssel und Zange zu Laibe. Bei derartiger Geräuschkulisse ist an Schlaf nicht mehr zu denken, ich stehe auf. Als ich die Seitenteile von Randis Verdeck aufrolle, wendet er mir sein leicht ölverschmiertes Gesicht zu. „Na, will er nicht?" versuche ich Anteil zu heucheln. „Diese verdammte Mistkrücke springt wieder nicht an. Hab keine Ahnung, was das soll. Sagen Sie, Sie haben doch auch einen Außenborder, da müssten Sie sich doch eigentlich mit Motoren auskennen? Was könnte das denn sein?" Eine merkwürdige Logik haben diese Segler, denke ich, denn keine Segel, sondern nur einen Motor als einzige Antriebsquelle zu haben, bedeutet für mich noch lange nicht, Fehler fremder Motoren

194

via Ferndiagnose quasi intuitiv zu erkennen. Da ich aber ein hilfsbereiter Mensch bin, ziehe ich mir Hose und T-Shirt an und kraksele auf sein Boot, wo ich den üblichen Check starte, wenn die kleinen, lieben Außenborder nicht so wollen, wie ihre Herrn und Meister: Sprit kommt an, Zündfunke ist da, Luftfilter scheint sauber und das Kerzenbild ist auch okay. Also kein Routinefall, Grips ist gefragt. Ich setze mich erst mal auf die harte Seglerbank im Cockpit und lege die Stirn in Falten. Mein Nachbar fragt mich sorgenvoll ein weiteres Mal, was es denn sein könne, bekommt aber von mir nur ein Achselzucken zur Antwort. Plötzlich fällt mir ein, dass Sir John seinerzeit in Frankreich mal ein ähnliches Problem hatte, dessen Ursache eine gelöste Verstellschraube für die Frühzündung war. Könnte man hier ja auch mal überprüfen, denke ich, und taste mit meinen Händen das Schwungrad ab. Meine Bemühungen werden insofern belohnt, als ich mir meinen Daumennagel an der Verstellschraube abreiße. Na, jedenfalls habe ich sie so gefunden und da sie wirklich locker zu sein scheint, drehe ich sie etwas fester. „Probieren Sie jetzt noch mal, ob er kommt", weise ich die anstehende Trimm-Dich-Übung meinem Nachbarn zu. Der reißt vier Mal an der Leine und dann springt der Motor zu meinem großen Erstaunen an. Der Segler ist nicht minder überrascht. Über das ganze Gesicht strahlend fragt er ein drittes Mal: „Ja mei, was könnte es denn gewesen sein?" Diesmal bin ich um eine Antwort nicht verlegen und erkläre ihm die Sache mit der Verstellschraube. Ich ernte großes Lob und das Kompliment, dass sich „Motorbootleut halt auskennen". Als Dank schenkt er mir einen Sechserpack echtes Weihenstephaner Weißbier. So ausgerüstet steige ich wieder auf die Randi und mein Seglerfreund knattert aus dem Hafen.

Mit Schmierseife und Bimsstein versuche ich dann meine Dreckpfoten zu reinigen. Nebenbei setze ich Kaffeewasser auf. Das hätte ich besser nicht tun sollen, denn anschließend schmeckt der Kaffee irgendwie nach Öl.

Nach dem Frühstück lese ich. Da mein Buch sehr spannend ist, wird es ein Uhr, bis ich den kleinen John starte. Brav nimmt der seine Arbeit auf, aber dann sagt mir ein Blick zur Tankuhr, dass dies nicht von Dauer sein wird, denn mit einem Stand kurz vor Null kommt auch ein so sparsamer Geselle wie der kleine John nicht allzu weit. Die Reservekanister sind leer, wie ich durch Schütteln feststelle. Na gut, also erst mal Sprit bunkern. Als ich überlege, wo hier eine Tankstelle sein könnte, geht mein Nachbar zur Rechten gerade über den Steg. Ich entbiete ihm ein „Grüß Gott" und frage, ob es hier in der Nähe eine Tankstelle gibt. „Gibt es, quasi gleich um die Ecke. Am Parkplatz vorbei, erste Straße rechts und dann gleich wieder die nächste links. Dann sehen Sie die Tankstelle schon". Das scheint ja wirklich nicht weit zu sein und außerdem tut es mir mit Sicherheit gut, mal wieder ein Stück zu laufen und die recht untrainierten Extremitäten zu bewegen. Ich schnappe mir also meine beiden 20 Liter Kanister und marschiere los. Bei der ersten Straße biege ich, wie beschrieben, rechts ab, bei der zweiten links, nur liegt zwischen beiden schätzungsweise ein Kilometer, in Zeiteinheiten ausgedrückt eine viertel Stunde. Mein Verständnis von „Gleich um die Ecke" jedenfalls ist ein anderes. Als ich die Tankstelle erreiche, sind meine Arme daher etwas lahm. Als ich meine Blechbehälter vollgetankt habe, und die nun jeweils 20 Liter schwereren Dinger anhebe, frage ich mich, ob ich sportliche Betätigung vielleicht doch besser in einer anderen Disziplin als der des Kanisterschleppens hätte versuchen sollen. Als ich nach noch nicht einmal 150 Metern Wegtrecke die erste Pause einlege, weil ich ziemlich außer Atem bin und meine Arme sich anfühlen, als hätte jemand sie wie ein Gummiband in die Länge gezogen, kommen mir Zweifel, ob Kanisterschleppen und Sport möglicherweise nicht zwei miteinander Apriori unvereinbare Dinge sind. Als ich nach weiteren 100 Metern die zweite und dann nach noch nicht einmal 50 Metern die dritte Pause einlegen muss, wird der Zweifel zur Gewissheit: Kanister-schleppen hat mit Sport respektive Körperer-tüchtigung wirklich nichts zu tun, es ist einfach nur elendige Plackerei.

Heute kann ich nicht mehr sagen, wie viele Pausen ich einlegte und wie lange es dauerte, meine geliebte Randi wiederzusehen. Ich erinnere mich nur noch, dass ich bei der fünften Pause nicht mehr wusste, ob es nicht schon die zehnte war, und dass ich erwog, eine Taxe an-zurufen, wovon mich nur das Fehlen meines Handys abhielt, das ich nicht mitgenommen hatte. Am Ende meines qualvollen Weges habe ich sowas wie Blasen an den Händen und die Nase von sportlicher Betätigung ein für alle Mal voll. Ich schaffe es kaum noch, die Kanister an Bord zu wuchten, und bin so fix und alle, dass ich am ganzen Körper zittere. Erst nach einer viertel Stunde fühle ich mich in der Lage, den Inhalt der Kanister in Randis Tank zu schütten.

Um wieder zu Kräften zu kommen, koche ich mir dann ein Süppchen. Inzwischen zeigt die Uhr halb drei, höchste Zeit endlich auszulaufen, denn spätestens um 19.00 Uhr muss ich in Uhldingen sein, will ich mein Date mit Marion einhalten.

John wir gestartet, Randis Tampen werden eingeholt, und in elegantem Bogen geht's aus dem Hafen hinaus auf den See.

Die Blinkfeuer der Hafeneinfahrt verschwinden allmählich im Dunst und ich gehe auf den anhand der Karte festgelegten Kompasskurs. Der Kleine John bekommt 4.000 Touren als Arbeitsvorgabe, damit treibt er Randi munter voran.

Ein leichter Wind kühlt angenehm Skipper und Schiff. Ich lehne mich bequem in meinem Steuersitz zurück, hänge lässig ein Bein über die linke Bordwand, lege meine rechte Hand auf Randis Gaspin, halte sie mit meiner linken auf Kurs und lasse mich von der Weite des Bodensees umfangen. Träumend schaue ich über den See. Die Sonnenstrahlen zaubern bizarre, funkelnde Lichtkaskaden aufs Wasser, die Randis Bug schnittig zerteilt. Im Dunst voraus verschwimmen Wasser und Himmel zu einer Einheit aus Farbe und Licht, als gebe es keine Grenze zwischen beiden Elementen. So gleiten wir fast eine Stunde dahin, Randi und ich, mit uns und der Welt zufrieden.

War mir anfangs Johns gleichmäßiges Schnurren eine angenehme Geräuschkulisse, bekomme ich nun Lust auf Abwechslung. Also wird das Radio angestellt. Der Deutschlandfunk bringt ein Interview mit der Kultusministerin, Bayern 3 nervt mit Schrammelmusik und der SFW, nach meiner bisherigen Erfahrung immer ein Tipp für gute Oldies, berichtet über ellenlange Staus auf deutschen Autobahnen. Auf Santana könnte ich jetzt, aber die CD liegt irgendwo im Kajütschapp verbuddelt. Na gut, Randi findet ihren Weg auch kurzfristig allein. Ich kuppele John aus, lasse Randi dümpeln und gehe in ihre Kajüte. Wohl durch die Schwabbelei gestern auf dem See sind meine CDs aus ihrem Behältnis nach unten in das Schapp gerutscht, stelle ich fest, als ich nach diesen greifen will. Nachdem ich mich durch acht Ersatzgummistripps für das Verdeck, vier Ersatzbatterien für die Taschenlampe, zwei Ersatzglühlampen für die Innenbeleuchtung, zwei Ersatzglühlampen für die Außenbeleuchtung, zwei (noch saubere) Ersatzputzlappen, neben denen ich übrigens endlich mein lang vermisstes Taschenmesser wieder finde, gewühlt habe, halte ich endlich die Santana CD in der Hand. Als ich meinen Arm freudestrahlend aus der Tiefe des Schapps zurückziehe, lässt mich ein durchdringender, langer Ton zusammenfahren, das „Achtung" Signal. Ein schneller Blick durch Randis vorderes Kajütfenster treibt meinen Puls auf 180: Ein riesiges weißes Segel kommt genau auf uns zu! Ich renne aus der Kajüte, stürze ins Cockpit, kuppele den Motor ein, und wirbele das Ruder hart nach Steuerbord. Die beiden ungleich hohen Bordwände gleiten so scharf aneinander vorbei, dass ich unwillkürlich einen Schritt nach rechts mache, weil ich befürchte, mir sonst meine Schulter an der Bordwand des anderen Schiffes anzuschrammen. Als Randis Heck auf Höhe der Pinne des Seglers ist, schreit der Skipper zu mir herüber: „Kruzifix noch a Mal, könnts ihr nicht aufpassen, ihr verdammten Motorbootsleut, Saukerle, ihr." Der Mann hat ja so Recht. Ich rufe ein „Entschuldigung, tut mir leid", zu ihm herüber, glaube aber nicht, dass er es hört, denn er luvt mit im Wind knatterndem Segeln gerade an. „Gottverdammter Leichtsinn", sage ich laut vor mich hin, und als Randi ein fragendes Blub hören lässt, ergänze ich: „Menschenskind, hast du einen bescheuerten Skipper." Mit Verzögerung kommt dann der Schock, ich fange regelrecht an zu zittern, sodass ich Mühe habe, mein Feuerzeug in Gang zu setzen, als ich mir auf den Schreck erst mal eine Zigarette anzünden will. Skipper neigen allerdings dazu, Gefahrensituationen, die aus eigenen Fehlern resultieren, zu verdrängen. Leider bilde auch ich von dieser Regel keine rühmliche Ausnahme, und so erzähle ich alsbald meiner Randi, nachdem ich mich wieder halbwegs beruhigt habe, an der eben durchlebten Fast-Havarie sei nicht ich, sondern der Idiot von Segler Schuld, denn der hätte eigentlich uns mit einem „Manöver des letzten Augenblicks" (diesen Begriff hatte ich für mein Bodensee-patent lernen müssen, wenn er auch, zugegeben, wenig mit meiner Leichtsinnigkeit zu tun hat) ausweichen müssen. Dass mein Schiff ob dieser dreisten Uminterpretation kläglichen Versagens seines Skippers nicht seine Farbe von Blau auf Rot ändert, ist wohl nur dem Umstand zu verdanken, dass ich im Winterlager Randis Farbe wirklich dick aufgetragen habe.

Doch genug von dieser schmachvollen Episode, in der ich mich so wenig mit Ruhm bekleckerte. Ein neues Problem taucht auf: Durch mein Ausweichmanöver und die „Verarbeitung" meines Schrecks habe ich weder auf Kompass noch auf Sumlog einen Blick verschwendet und weiß nun nicht mehr so genau, wo auf dem weiten Bodensee wir uns eigentlich befinden. Per Fernglas peile ich das weit voraus liegende Ufer an. Ich kann zwar eine Ansiedlung mit Kirchturm aus-machen, ein Blick auf die Karte hilft aber keinen Deut weiter, denn der Kirchturm könnte ebenso gut der von Überlingen, als auch der von Uhl-dingen sein. Na schön, bleiben wir erst mal auf dem momentanen Kurs, alles Weitere wird sich finden, wenn wir näher ans Ufer kommen.

Alles Weitere findet sich auch, allerdings auf andere Weise als gedacht. Da ich weiterhin mit meinem Fernglas Landmarken auszumachen versuche, vernachlässige ich zwangsläufig meine nähere Umgebung oder genauer gesagt die Wasseroberfläche. Urplötzlich erschüttern zwei Schläge den Bootsboden, dann kracht es ein weiteres Mal, John heult auf, und das Steuer wird mir aus der Hand gerissen. Dann umgibt mich eine merkwürdige Stille, der Kleine John schweigt! Schiet, das hat mir heute gerade noch gefehlt. Als ich nach hinten gehe, um die Ur-sache für Johns Schweigen zu erforschen, fällt mein Blick auf einen hinter dem Boot treibenden Ast, der eben offensichtlich unter das Schiff geraten und anschließend mit Johns Schraube kollidiert war. Verflixter Mist, fluche ich vor mich hin, hoffentlich hat die Antriebswelle nichts abbekommen, denn dann ist der Motor hin. Ich knöpfe Randis Verdeck hinten los und kippe John aus dem Wasser. Sein Prop sieht zwar an einem Flügel wie ein gezacktes Haifischmaul aus, aber sonst sind optisch keine Schäden auszumachen. Auch die Kühlwassereintritts-öffnung ist frei, und so klappe ich ihn wieder herunter. Zwei Minuten warte ich, dann drehe ich den Zündschlüssel: Brr,..brr.., brrrr, . nichts. Kein

Husten, kein Spucken, nichts! Aber wenigstens dreht das Ritzel die Schwungscheibe durch, die Antriebswelle ist offensichtlich noch okay. Johns Haube wird aufgeklappt und sein Innenleben betrachtet. Auf den ersten Blick stelle ich auch hier nichts Auffälliges fest. Als ich allerdings die Zündkabel überprüfe, erscheint mir das vom zweiten Zylinder recht locker. Vielleicht hat es sich durch den Stoß gelöst. Ich drücke es fest, und wage einen erneuten Startversuch. Brr,... Schweigen, Brrr..., Schweigen, Brrr,....pött, pött, pött, detdetdet... und dann schnurrt der Kleine John wieder richtig los. Er verschluckt sich zwar noch einmal, läuft aber Gott sei Dank wieder. Vorsichtig kupple ich ein, und er nimmt brav Fahrt auf, als wäre nichts geschehen. Dankbar gehe ich nach hinten, tätschele ihm liebevoll über die Haube und verspreche ihm, bei der nächsten Tankfüllung bekomme er zur Belohnung Superbenzin.

Obwohl ich nun wieder eine funktionierende Antriebsquelle besitze, bin ich das ursprüngliche Problem der Standortfrage nicht los. Während der Motorreparatur drehte sich Randi wohl dümpelnd nach Steuerbord, denn als ich jetzt wieder mein Ufer mit dem Kirchturm suche, ist dieses verschwunden. Per Fernglas entdecke ich dafür eines mit Straße. Na schön, dann halten wir eben auf dieses zu, irgendwo werden wir schon landen. Ich lege also den Gashebel „auf den Tisch" und John liefert Vortrieb, als hätte er locker 10 PS mehr unter seiner Haube. Nervös beobachte ich nun allerdings ständig die Wasseroberfläche. Einmal sehe ich auch ein Mini-Holzstück, und sofort wird ein weit ausholender Bogenkurs gesteuert.

Nach 20 Minuten Fahrt erreichen wir endlich Ufernähe. Inzwischen ist es 18.45 Uhr und ich kann nur hoffen, nicht allzu weit von Uhldingen entfernt zu sein, denn sonst kann ich meine Verabredung mit Marion vergessen. Als ich das Ufer nach weiteren Landmarken zur Orientierung absuche, entdecke ich backbords voraus in etwa 50 Metern eine Hafenmole, vor der weit in den See ragend ein breiter Anlegesteg auszumachen ist. Laut Karte befindet sich vor dem Hafen von Uhldingen ein Anleger für den Bundesbahn-dampfer. Wenn ich Schwein habe, ist das dieser Anlegesteg, was heißt, die Mole dahinter gehört zum Uhldinger Hafen. Überprüfen wir das ganze mal in der Realität. John bekommt 3.000 Touren vorgegeben und als wir am Steg vorbeifahren, empfängt uns auf diesem das DB-Emblem. Eine navigatorische Meisterleistung, allerdings nicht des Skippers, sondern offensichtlich einer höheren Instanz oder wie auch immer man diesen unheimlichen Dusel nennen will. 50 Meter dahinter erfolgt die endgültige Bestätigung des Standortes, denn an der Hafenmole prangt ein großes Schild, welches uns im Uhldinger Hafen willkommen heißt.

Kurz vor der Hafeneinfahrt erschallt aus dem Hafeninnern ein langer Ton. Ein Schiff will also auslaufen, dessen Skipper damit einlaufende Boote warnt. Wie nahe das Boot der Hafen-einfahrt ist, vermag ich nicht auszumachen, dazu ist die vor dem Hafen errichtete Mole zu hoch. Auslaufende Schiffe haben immer Vorfahrt, also Gang raus, Randi dümpeln lassen und warten. Was allerdings nicht erscheint, ist ein Schiff. Da hat sich wohl einer verhupt, mutmaße ich, kupple wieder ein und halte auf die recht enge Einfahrt zu. Als ich vielleicht noch zwei Meter von dieser entfernt bin, taucht plötzlich ein Segelschiff mit voll gesetztem Zeug auf und schiebt sich genau auf Randi zu. Durch blitzschnelles Einwerfen des Rückwärtsganges entgeht mein Schiff dieses Mal einer Kollision. Auf dem Segler scheint man von allem nichts gemerkt zu haben, denn 6 junge Leute winken mir fröhlich zu, als sie an Randi vorbeifahren. Etwas lahm winke ich zurück. Ich atme einmal tief durch (zittrige Knie bekomme ich diesmal nicht, scheint wohl alles Gewöhnungs-sache zu sein) und lenke Randi dann in die Hafeneinfahrt, ständig mir meinen Hals nach eventuellen weiteren Ausfahrern verrenkend. Nachdem ich dann im eigentlichen Hafenbecken bin, scheint sich meine Pechsträhne zu legen, gleich steuerbords hinter der Mole sind freie Liegeplätze und ein großes Schild verkündet, dass sie für Gäste reserviert seien. Sanft lege ich Randi an die Kaimauer. Ein bisschen knatscht dabei Birnie, der Birnenfender, was für ihn aber, im Gegensatz zu „normalen" Fendern, eher ein Zeichen von Wohlbehagen ist. Erst jetzt schaue ich an der Wand der Mole hinauf nach oben. Ziemlich hoch, die Kaimauer, mindestens zwei Meter bis zum Rand, schätze ich. Zu allem Übel wird mein Schiff auch noch durch leichten Schwell von der Mauer weggedrückt. Kurz ent-schlossen binde ich mir die Festmachertampen um die Hüfte, steige auf Randis Kajütdach, springe an die Wand und versuche per Klimm-zug den Mauerrand zu erreichen. Meine Arme werden dabei lahm und lahmer und nur das Gefühl, wenn ich jetzt aufgebe, lande ich zwi-schen Kaimauer und Randi im brackigen Hafen-wasser, lässt mich die letzten Kräfte mobilisieren.

Als ich mich keuchend über den Mauerrand wälze, wird mir klar, warum Motorbootfahren in Fachkreisen als Sport bezeichnet wird: Die Disziplin Kaimauererklimmen stählt die Armmuskulatur wirklich ungemein und dient, im Gegensatz zum Kanisterschleppen, wohl echter körperlicher Ertüchtigung. Ich wickle mir die Tampen von der Hüfte, belege Randi an den Festmacherringen und ziehe sie anschließend an die Mauer heran.

So, nun Ausschau halten, wo das Hafenmeisterbüro sich befindet. 10 Meter entfernt entdecke ich auch sogleich das von Marion beschriebene Häuschen. Bedauerlicherweise aber liegt zwischen diesem und mir die Hafeneinfahrt inklusive des darin befindlichen Wassers, und da ich nicht Jesus bin, der ja bekanntlich über selbiges wandeln konnte, muss ich um den ganzen Hafen herumlaufen, ehe ich vorm Büro des Hafenmeisters stehe, das aber geschlossen ist. Von Marion ist noch nichts zu sehen. Nun ja, zwischen 19.00 und 20.00 Uhr hatte sie gesagt. Jetzt ist es kurz vor sieben, wie ein Blick auf meine Armbanduhr zeigt, da hat sie noch eine Stunde Zeit, um zu erscheinen. Ich versuche Tina zu erreichen, bekomme aber kein Netz, so schicke ich ihr eine SMS mit den heutigen Tagesereignissen, verschweige aber mein bevorstehendes Date mit Marion, denn irgendwie habe ich das Gefühl, sie würde das missverstehen. Sie schreibt bald zurück, dass der Opa weiterhin brav sei und sie sich mit ihm heute wieder lange über ihre Kindheit und die Familie unterhalten habe.

Gleich neben dem Hafenmeisterhäuschen befindet sich ein Gartencafé. Na wenigstens etwas, denke ich, da brauche ich die Wartezeit nicht stehend zu verbringen, sondern kann meinen ob so viel Sport leicht „überanstrengten" Körper auf einen weichen Sessel betten. Die Kellnerin empfängt mich mit dem obligatorischen „Grüß Gott, was darf's sein?" und ich bestelle spontan einen Obstler. Muss schon ein harter Tag gewesen sein, wenn der Skipper vor 20.00 Uhr zu solchen Drogen greift. Nach dem Obstler, der mich fast umhaut, folgt ein Kaffee, und da es inzwischen 19.20 Uhr ist, bestelle ich auch noch einen Sauerbraten, inzwischen knurrt nämlich Skippers Magen gar fürchterlich.

Gesättigt und entspannt lasse ich die teilweise doch etwas widrigen Ereignisse des heutigen Tages noch einmal Revue passieren. Über mein Kanister Schleppen, die beinahe Kollision mit dem Segler und den Kaimauerklimmzug kann ich jetzt schmunzeln. Ist doch schön, dass beim Bootfahren der Urlaub nie langweilig wird, denke ich, und zünde mir eine Verdauungszigarette an. Dann schaue ich auf meine Uhr: 10 Minuten vor acht, langsam müsste Marion eigentlich auftauchen. Vorsichtshalber bezahle ich schon mal meine Zeche. Schließlich schlägt die Kirchturmuhr acht Mal. Na ja, vielleicht ist sie aufgehalten worden. Ich zünde mir die nächste Zigarette an. Gerade als ich wieder auf die Uhr schauen will, tönt eine mir wohlbekannte Stimme: „Hallo, großer Bruder, nimmst du eine Anhalterin mit?" Da steht sie vor mir, ihre blonden Haare zu zwei kecken Zöpfen geflochten, gestreiftes Ringel-T-Shirt, ausgefranste, kurze Jeans über sonnengebräunter Haut, Seesack über der Schulter. Ihre braunen Augen fixieren mich schalkhaft. „Mensch, Marion, seit wann bist du denn da?" – „Ich stehe seit 10 Minuten hinter dem Hafenmeisterbüro und habe auf dich gewartet. Dass du dir hier in aller Ruhe den Bauch vollschlägst, konnte ich ja nicht ahnen. Wo liegt denn die Randi?" – „Ja willst du denn mitfahren?" – „Klar, habe ich doch gesagt. Bis Sonntag habe ich frei". Ein tiefer Seufzer entringt sich meiner Brust. „Dort liegt sie. Gleich neben der Hafenmole." – „Gut, dann lass uns mal gehen", sagt sie, schultert den Seesack und wir marschieren los.

Bei Randi angekommen wirft sie elegant ihr Gepäck in die Pflicht und jumpt grazil auf deren Dach, ich plumpse etwas unbeholfen hinterher. Wir setzen uns gegenüber in die Pflicht und ich entnehme meiner Kellerbar ein Mineralwasser für sie und ein Bier für mich. „Haben dich deine Eltern denn einfach so weggelassen?" will ich wissen. „Na ja, ich hab gesagt ich fahr übers Wochenende zu Ursula, du weißt doch, die, mit der ich immer Ski fahre." Aha, der uralte Trick mit der Freundin, denke ich, wenn die Eltern nicht wissen sollen, dass die Freundin ein Freund ist, oder, wie in meinem Fall, der große, aber noch unbekannte Bruder. „Dann sollten wir aber heute nicht hier liegen bleiben, vielleicht sieht uns jemand in diesem Kaff und der steckt es dann deinen Alten." – „Logisch, fahr mal raus, hinter der nächsten Landzunge liegt eine tolle Bucht, da war ich schon oft mit unserer Jolle, da kann man leicht Anker werfen und geschützt ist es auch". Wir werfen also Leinen los oder bessere zerren sie unter den Ringen hervor, dampfen aus dem Hafen, fahren ein paar Meilen, und Marion weist mich in die Bucht ein. Der neu erworbene Pflugscharanker wird herausgekramt, mit ausreichend Tau an Randis vorderer Klampe belegt und dann mit lautem Platsch ins Wasser geworfen. Er besteht seinen ersten Einsatz mit Bravour, denn er hält auf Anhieb, und auch mehrfaches Zerren an der Ankerleine beeindruckt ihn nicht im Mindesten. Ich schließe Randis Verdeck und hole eine Kerze aus der Kajüte. Dabei stolpere ich über Marions Seesack, den sie dort abstellte. Ich frage, ob sie seinen Inhalt erstmal auspacken wolle, damit er nicht mehr im Wege steht, aber sie meint, ich solle einfach die Sachen ins Schapp tun, sie werde sie dann schon finden, sie sitze gerade so bequem. Also packe ich Marions Klamotten in freie Stellen im Schapp, der nunmehr leere Seesack wandert dann unter die Spüle. Nachdem ich die Kerze auf den Tisch stellte, hole ich eine weitere Lage Mineralwasser und Bier aus der Kellerbar, füttere Randis Radio endlich mit der Santana CD und berichte erst mal von meines Tages Missgeschicken. Meine kleine Schwester hört sich Skippers Story zuerst noch brav an, würzt aber dann die geschilderten Ereignisse mit nett ironischen Kommentaren, von Bedauern und Mitleid keine Spur. Ich wechsele also das Thema und frage sie, wie es ihr seit Dienstag ergangen ist. Sie lächelt verschmitzt: „Och, eigentlich ist nichts Besonderes passiert. Nur Donnerstag war´s lustig, da hab ich meinen Segelschein bestanden". Ich gratuliere ihr und sie erzählt mir dann ausführlich, wie es gelaufen ist. Inzwischen sind die Gläser leer und ich bemühe die Kellerbar ein weiteres Mal. Selbst Marion, die sonst nicht viel von Alkohol hält (sie ist ja Sportlerin), trinkt ein Bier mit.

So reden, erzählen und diskutieren wir und werden uns dabei immer vertrauter. Als schließlich die Kerze erlischt und ich die Cockpitbeleuchtung anschalte, schaue ich auf die Uhr, weit nach Mitternacht ist es. Fast augenblicklich merke ich meine Müdigkeit. „Hör mal, kleine Schwester, dein großer Bruder macht jetzt Bubu. Ich rauche noch eine und dann haue ich mich in die Koje." Marion wird auf einmal sehr still und starrt nachdenklich auf die Tür zur Kajüte. Ich rauche schweigend meine Zigarette, stehe dann auf, streife mir mein Hemd über den Kopf, ziehe meine Hose aus und lege beides auf die Bank. Als ich so nur noch in Unterhose dastehe, werde ich ein bisschen verlegen und verkünde, ich ginge jetzt wirklich schlafen. Marion starrt weiter auf die Tür. „Tja, wenn du willst, kannst du ja noch hier sitzen bleiben. Ich schlaf immer auf der Backbordseite, du kannst die Steuerbord Seite haben. Falls ich mich zu breit mache, schieb mich einfach wieder nach Backbord, wenn du ins Bett kommst." – „Hältst du das eigentlich für eine gute Idee, wenn ich mit dir zusammen in der Kajüte schlafe?" fragt sie jetzt leicht entrüstet. „Ja, wo willst du denn sonst schlafen? Die Randi ist nicht so groß. Auf sechs Metern hat man nicht viele Möglichkeiten. Du kannst natürlich versuch-en hier in der Pflicht zu pennen, aber die Bank ist nur eineinhalb Meter lang, da musst du dich ganz zusammen krümmen. Aber probiere es halt, vielleicht geht`s ja. Kannst dir`s ja noch über-legen. Ich muss ins Bett, Marion, bin stein-müde." Ich schaue zu ihr herüber: Sie tut mir leid, so verloren wie sie da sitzt. Am liebsten würde ich sie in den Arm nehmen und ganz fest an mich drücken, aber die zwei Schritte hin zu ihr schaffe ich irgendwie nicht.

Obwohl eben noch hundemüde, wälze ich mich dann in meinem Schlafsack hin und her und kann nicht einschlafen. Ich lausche auf Geräusche aus der Pflicht. Lange bleibt es still. Dann raschelt etwas, ein unterdrücktes „Mist, so geht`s nicht", erreicht mein Ohr. Sie rumort noch eine Weile herum, dann klappt die Kajüttür. Schritte tappen auf mich zu, ein Knie trifft meinen Rücken. Unwillig rolle ich mich zur Seite. „Entschuldigung", flüstert Marion. Sie sucht den Eingang in ihren Schlafsack, dreht sich auf die Steuerbord Seite und rückt, als sich dabei zufällig unsere Beine berühren, ganz schnell mit diesen an Randis Außenwand. Ich schiebe meinen Po wieder ein paar Zentimeter in die Mitte des Bettes. Dann ist endlich Ruhe im Schiff und langsam entspannt sich mein Körper. Als ich fast eingeschlafen bin, meldet sich eine zaghafte Stimme: „Du, großer Bruder?" – „Hmm." – „Darf ich mich an dich rankuscheln?" – „Hmm." Ein Schlafsack samt Inhalt robbt auf mich zu. Vorsichtig sucht eine Hand den Reißverschluss und zieht daran. Behutsam wandert dann ein Arm über meine Schulter auf meine Brust. Ein warmer, weicher Körper folgt und kuschelt sich dicht an den meinen, wobei nackte, wohlgewölbte weibliche Haut unter einem hoch gerutschten T-Shirt auf einen nackten männlichen Rücken trifft. Sie rekelt sich ein bisschen, streicht zärtlich mit dem Arm über meine Schulter und dann die Brust, gibt mir einen sanften Kuss auf den Nacken und dann folgen alsbald tiefe Atemzüge meiner kleinen Schwester. Im Gegensatz zu ihr kann ich nicht schlafen, meine Gefühle sind ziemlich durcheinander, denn mit so viel Nähe von ihrer Seite hatte ich nach unserer

Diskussion über Eifersucht und ihren Bedenken, in der Kajüte mit mir zu nächtigen, nicht gerechnet. Aber es ist sehr schön, diesen weiblichen Körper an meiner Seite zu haben und so lässt meine Anspannung langsam nach und Randi wiegt auch mich leicht schaukelnd in den Schlaf.

13. Tag

Ein vorwitziger Sonnenstrahl, der sich durch die geöffnete Luke geschlängelt hat, weckt mich. Von der Spüle reflektiert, hatte er sich meine Augen als Landeplatz ausgesucht. Ich drehe mich zwar noch einmal zur Seite, aber nach kurzer Zeit gebe ich auf, rappele mich hoch, reibe mir die Augen und wage einen ersten Rundumblick. Marion liegt zusammengerollt wie eine kleine Katze quer im Bett, eine Hand auf meinem Oberschenkel. Vorsichtig schiebe ich sie zur Seite. Sie bewegt sich etwas, schläft aber weiter. Leise stehe ich auf, stehle mich aus der Kajüte und schlüpfe dann in meine Klamotten. Als ich Randis Verdeck herunterklappe, merke ich, dass wir heute Morgen Besuch bekommen haben. Fünf Meter neben uns ankert eine Pedro, auf der ein pfeifender Teekessel gerade das Frühstück einläutet. Auch ich setze Kaffeewasser auf, klappe den Tisch herunter, hole die Frühstücksutensilien aus dem Schapp und rauche dann erst mal eine Zigarette. Der See ist spiegelblank, die Sonne glitzert im Wasser, Randi zieht ein bisschen an ihrem Ankertau, so als wolle sie mit ihm spielen. Ich widme mich meiner

Morgentoilette, am nahen Ufer tut eine Ente das Gleiche, sehe ich dann.

Vom Nachbarboot weht frischer Kaffeeduft herüber. In der Pflicht mampfen ein dicker Papi und eine ebenso beleibte Mami mit zwei nicht minder runden Kindern genüsslich an ihren Semmeln. „Guten Appetit", rufe ich hinüber und hebe grüßend meine Hand. „Grüß Gott, vielen Dank. Traumhaftes Wetter, nicht?" – „Wenn`s so bleibt kann man zufrieden sein", antworte ich und kümmere mich dann um den Kaffee, denn Randis Kessel pfeift.

Wohl durch das Pfeifen geweckt, erscheint Marion in der Kajüttür. Nur mit ihrem Slip bekleidet, Haarsträhne im Gesicht, leicht zerknautscht und noch etwas tapsig. Sie blinzelt in die Sonne und sagt das, was man morgens immer sagt, wenn der andere schon wach ist: „Warum bist du denn schon auf?" Ich sehe sie an, halbnackt und gar nicht verlegen, wie sie da vor mir steht, und ein ganz warmes Gefühl durchläuft meinen Körper. Ein Geräusch dringt vom Nachbarboot. Ich schaue herüber: Papi glotzt Marion an und Mami räuspert ihn an. Ich rucke meinen Kopf zweimal in Richtung unserer Nachbarn und dann zur Kajüttür. Marion versteht meine stille Pantomime, sich erst mal was anzuziehen, falsch, dreht sich in Richtung Motorboot und mir ihren Po zu. Papis Augen treten noch weiter aus den Höhlen. Erst jetzt begreift sie: Blitzartig schnappt sie sich das Küchentuch und drückt es sich vor ihre Brüste. Eine scheinbare Ewigkeit starren wir alle auf Marion, dann verschwindet sie fluchtartig in der Kajüte. Ich muss grinsen und gieße erst mal Kaffeewasser nach.

Zehn Minuten später erscheint Marion, beklei-
det mit T-Shirt und Shorts in der Kajüttür, und
zieht mir einen Schmollmund. Wortlos setzt sie
sich mir gegenüber auf die Bank, greift sich ihre
Kaffeetasse und trinkt einen großen Schluck.
Ich suche ihren Blick. „Hättest du mir ja sagen
können, dass wir Besuch haben", mault sie. Ich
grinse: „Gönn dem Papi doch auch mal was." –
„Sag mal spinnst du? Wie komme ich mir denn
vor? Der hat doch seine Frau dabei und die
Kinder."- „Sahst aber süß aus, so nackig und
verschlafen." – „Darum geht`s ja nun wirklich
nicht", meint Marion vorwurfsvoll. Als ich nichts
sage, sondern nur weitergrinse, fügt sie etwas
versöhnlicher hinzu: „Da hab ich mir ja einen
schönen Bruder geangelt." Ich widerspreche
nicht, und wir lächeln uns über die Kaffee-
tassen hinweg an.
Nach dem Frühstück verlangt es den Skipper
nach der obligatorischen Zigarette und ich bitte
Marion, mir das vor ihr liegende Päckchen zu
reichen. „Du und deine Qualmerei. Eigentlich
sollte ich deine Glimmstängel in den See
schmeißen", meint sie, angelt dann aber doch
nach dem vor ihr liegenden Päckchen. Ganz
wach scheint sie noch nicht zu sein, denn dabei
wirft sie ihre Kaffeetasse vom Tisch und Randis
Teppich bekommt einen großen, braunen
Fleck. „Oh Schiet, wo ist denn der Lappen?"
Lachend zeige ich auf das Putztuch neben der
Spüle. Marion beugt sich vor, taucht nach
unten und Randi versucht ihr nun wohl „Guten
Morgen" zu sagen, denn sie schwabbelt einmal
von links nach rechts, wodurch Marion, die
damit nicht rechnete, mit ihrer Schulter gegen
die Tischplatte haut. „Aua, blödes Boot, lass

das", schimpft sie und geht vorsichtshalber in die Hocke, wobei sie den Fleck schließlich durch viel Rubbeln so halbwegs vom Teppich bekommt.

Unsere Nachbarn haben inzwischen ihr Frühstück beendet. Papi holt den Anker auf, lässt den Diesel an, pustet uns mit diesem eine Rauchwolke auf den Kaffeetisch und verabschiedet sich mit einem „Ade", nicht ohne vorher noch einmal Marion mit seinen Blicken ausgezogen zu haben. „Aufdringliches Pack, diese Yachtleute", schimpft Marion erbost. Als ich sie fragend ansehe, schränkt sie aber netterweise ein, „Du natürlich nicht, ich meine die Typen in ihren dicken Pötten, die glauben, sie können sich alles erlauben. Ich geh mich erstmal waschen und was Richtiges anziehen, falls noch so ein Idiot kommt." Damit verschwindet sie in der Kajüte und ich rauche nun endlich meine Zigarette. „Wo hast du denn meine Klamotten versteckt?" tönt es bald von drinnen. „Im Schapp unter dem rechten Bettkasten." – „Da sind sie nicht." – „Warte, ich komme." Marion wühlt mit beiden Händen in den Staukästen, dabei mit ihren Schultern die Polster des Bettes hochhaltend. „Lass mal sehen", sage ich und drängele mich neben sie. Drängeln sollte man auf einem sechs Meter Boot allerdings grundsätzlich nie, denn als Marion Platz machen will, kommt sie mit ihren Kniekehlen an die Bettkante, knickt um, versucht sich an mir festzuhalten, und beide fallen wir kopfüber aufs Bett, mitten zwischen die Polster. Einen Moment sind wir verdutzt, dann prusten wir lauthals los. Als wir uns endlich wieder beruhigt und aus dem Polsterberg befreit haben, schaue ich sie an: Die obligatorische Haarsträhne im Gesicht, süße kleine Lachfältchen in den Augenwinkeln und das T-Shirt mal wieder verrutscht. Einfach süß, meine kleine Schwester. In einem nun folgenden zweiten Versuch, bei dem ich die Polster hochhalte, findet Marion im Schapp schließlich ihre weiße Bluse und eine Jeans. Sie zieht sich die Sachen an und gibt mir dann einen Kuss auf die Wange. Ein angenehmes Kribbeln erfolgt meinerseits auf dieser.

Marion meint nun, wir sollten auslaufen, Randi brauche Bewegung, sonst werde sie träge. Ohne festes Ziel schippern wir dann auf dem Überlinger See herum. Die Sonne lacht vom Himmel, Randi wippt fröhlich auf den Wellen, die andere Boote zu uns herüberschicken, John brabbelt friedlich am Heck und Wärme flimmert über dem Wasser. Wir reden nicht viel, lächeln uns nur manchmal an, denn wir fühlen uns einfach wohl.

Schließlich schlägt Marion vor, Richtung Bodmann zu fahren und dort in einer ihr bekannten Bucht zu baden. Ich wundere mich zwar, wie viele Buchten sie kennt, finde die Idee aber gut. „Du musst mir nur sagen, wie wir da hinkommen. Ich weiß nämlich nicht mehr, wo wir sind." Marion beugt sich über die auf dem Cockpit liegende Karte, peilt ein paar Mal zum Ufer herüber und tippt dann auf einen Punkt. „Hier etwa, schätze ich. Geh mal auf 270 Grad". Wie sie sich so schnell orientieren konnte, ist mir zwar ein Rätsel, aber inzwischen habe ich fast grenzenloses Vertrauen in ihre Navigationskünste.

Nach einer Stunde Fahrt zeigt sie auf einen

Fleck am Ufer: „Da müsste es sein. Siehst du das Haus da oben am Hang? Halt genau drauf zu." Alsbald tut sich eine wunderschöne Bucht auf, umgeben von einem bewaldeten, steil ansteigende Ufer mit einem Schilfgürtel ringsum und einem Schwanenpaar, das gemächlich von dannen strebt. Ich werfe den Anker aus und die Bucht gehört uns.

Marion geht in die Kajüte, ihren Bikini suchen. Nach 5 Minuten erscheint sie wieder in der Pflicht. „Ich finde den blöden Bikini nicht. Hast du ihn irgendwo gesehen?" – „Nee, aber lass uns doch einfach nackt baden, hier ist doch sowieso kein Mensch." Prompt kommt ihr „Sag mal spinnst du? Wenn nun wieder Leute kommen, auf einem Boot, zum Beispiel. Was ist dann?" – „Ja, was soll dann sein, dann schwimmen hier eben zwei, na und? Außerdem habe ich sowieso keine Badehose mehr, die habe ich versehentlich als Putzlappen beim Abdichten missbraucht." – „Na, dann bade mal schön. Ich geh jedenfalls nicht ohne Bikini ins Wasser bei den vielen Booten hier." Demonstrativ halte ich Marion das Fernglas hin. „Wenn du ein Boot siehst, sag Bescheid, ja?" Marion befindet mich einer Antwort zwar nicht für würdig, aber ihre Blicke sind eindeutig: Das traust du dich nie! Ehrlich gesagt, ich hätte mich wahrscheinlich auch nicht getraut, aber diese Art von Blicken können große Brüder absolut nicht ab. Langsam stehe ich auf, ziehe mein T-Shirt und meine Jeans aus und werfe beides lässig auf die Bank. Es folgt der Slip, dann ein Moment der Verlegenheit. Doch das Ding ziehe ich jetzt durch. Forsch drehe ich mich zu Marion um und sage lässig: „So, und nun hinein in die Fluten". Sie starrt mich an, splitternackt wie ich bin. Schnell schwinge ich mich über die Bordwand und plumpse ins Wasser. Mir bleibt fast das Herz stehen, so kalt erscheint mir der See im ersten Moment. Als ich prustend wieder auftauche, beugt sich Marion über die Bordwand und prüft mit ihren Händen die Wassertemperatur. „Ist toll, richtig warm, komm doch auch", lüge ich zu ihr hinauf. „Ist mir zu kalt", murrt sie. Um den Schein zu wahren, schwimme ich zwei Runden ums Boot und ziehe mich dann, mit einem Arm Randis Scheuerleiste greifend, ans Boot. „War aber nicht lange dein Schwimmen", kommt es von oben. „Ich wollte mich nur etwas abkühlen. Guckst du mal, ob du die Badeleiter findest? Müsst hinten in der Backskiste liegen". Marions Gesicht verschwindet und ich höre sie rumoren. „Hier liegt nichts. Wo soll sie sein?" Da fällt mir siedend heiß ein, dass ich die Badeleiter am ersten Tag ja zurück ins Auto getan hatte, da sie -sperrig wie sie ist- mir nur unnötig Platz wegnahm und ich meinte, sie auch nicht zu benötigen. Mist, wie komme ich jetzt wieder an Bord? Marion schlägt vor, in einen Tampen einen Palstek zu knüpfen, und mich so an Bord zu hieven. Gesagt, getan. Ich lege mir das Tau um die Achseln, schlucke dabei etwas Wasser und ziehe mich dann wieder an Randi heran. „So okay, nun zieh mal". Das Tau ruckt an und brutal haut meine Schulter gegen die Scheuerleiste. „Aua, hör auf, das wird nichts", schreie ich nach oben. Ein erschrockenes Gesicht beugt sich über die Bordwand. „Hab ich dir wehgetan?" – „Ist nicht so wild", mime ich den starken Mann. Wir einigen uns darauf, dass Marion den Tampen oben fest belegt und mir hilft, mich an selbigem an Bord zu hangeln. Das klappt auch fast bis zur Bordwand, aber dann passe ich nicht auf und schramme mit dem Oberschenkel an die Klampe. Vor Schmerz lasse ich das Tau fast los, aber Marion greift beherzt meine Hand und zieht mich über die GFK-Barriere. Völlig erschöpft setze ich mich auf die Bank in der Pflicht. „Du blutest ja da unten." Ich blicke in Marions Gesicht und dann an mir herab: Ein drei Zentimeter breiter Riss verläuft quer über meinen Oberschenkel. „Hast du Pflaster an Bord?" – „Ja, in der Schublade in der Kajüte." Minuten später klebt ein riesiges Pflaster auf meinem Bein, mit langen Streifen Leukoplast gesichert. „So, das müsste halten", kommentiert Marion fachmännisch. Auf einmal werden wir beide verlegen. Mir wird bewusst, dass ich noch immer splitternackt bin. Etwas dümmlich sage ich: „Na, was ist?" – „Nichts ist, außer dass ich meinen großen Bruder sehr mag. Aber der sollte sich mal was anziehen, sonst wird die kleine Schwester verlegen". Sie drückt mir einen Kuss auf den Mund, den ich erwidere, dann rappele ich mich hoch und verziehe mich mit meinen Klamotten in die Kajüte. Als ich die Hose anziehen will, sehe ich einen Kaffeefleck auf dieser, wohl die Folge des morgendlichen Kaffeeverschüttens von Marion. Also tauche ich wieder ins Schapp ein und hole mir eine andere, denn große Brüder wollen gegenüber kleinen Schwestern schon auch adrett aussehen. Als ich mit sauberer Jeans bekleidet aus Randis Kajüte komme, stehen zwei dampfende Kaffeetassen auf dem Tisch. „Ohne alles sahst du fast besser aus", neckt Marion, und ich werde ein weiteres Mal verlegen. Wir klönen, betrachten die Landschaft und genießen die Gegenwart des anderen.

Schließlich verkündet Marion, sie habe einen Mordshunger und fragt, was denn die Küche des Hauses biete. „Dose in allen Variationen." Antworte ich, öffne Randis Vorratskeller und lese Marion die Dosen Etiketten vor. Sie entscheidet sich für Gulasch mit Spätzle und ich verspreche, daraus für uns ein drei Sterne Menü zu zaubern. Drei Sterne schaffe ich zwar nicht, höchstens einen, aber Marion meint, nachdem sie auch noch den Topf ausge- schleckt hat, ich sei der beste „Dosenkoch", den sie kenne, und unterstreicht dieses Lob mit einem nach Spätzle schmeckenden Kuss auf meinen Mund, sozusagen als Nachspeise.

Inzwischen ist es halb sieben, und wir be- schließen, heute Nacht in unserer wunder- schönen, einsamen Bucht zu bleiben. Ich bekomme nun eine SMS von Tina, die sich heute erneut mit Inge verabredet hat und schreibe zurück, dass ich ihr viel Spaß wün- sche. Bei einer guten Flasche Rotwein, dem auch Marion zuspricht, nehmen wir dann unsere Gesprächsthemen von gestern Abend wieder auf. Nähe und Vertrautheit umfangen uns. Manchmal greifen wir spontan nach der Hand des anderen, berühren mit den Finger- spitzen Schulter oder Gesicht und reiben unsere Beine unter dem Tisch zärtlich anein- ander. Randi wiegt sich manchmal leicht auf den Wellen, die plätschernd unsere Bucht erreichen, und beteilig sich ab und zu mit einem freundlichen Blub an unserem Gespräch. Als die Sonne am Horizont als roter Ball versinkt, durchströmt uns ein richtiges Glücksgefühl.

Noch eine halbe Stunde sitzen wir dann in der Pflicht, halten uns an den Händen, sehen träumerisch auf das Wasser und lauschen einfach nur den Gitarre Klängen von Carlos Santana. Die auf dem Tisch stehende Kerze ist niedergebrannt, wir beginnen ein wenig zu frösteln. Ich klappe Randis Verdeck hoch, kontrolliere noch einmal den Anker und dann verziehen wir uns in die Kajüte. Marion mummelt sich in ihren Schlafsack, zieht sich diesen bis zum Kinn hoch und meint: „Mir ist ein bisschen kalt. Magst du mich wärmen?" Dabei schlägt sie den Schlafsack auf. Das Licht der Kajütbeleuchtung spiegelt sich auf ihrer bronzefarbenen Haut, ein bisschen Schalk blitzt in ihren Augen und so robbt der große Bruder auf sie zu, streicht ihr die Haarsträhne aus dem Gesicht, drückt ihr ein paar zärtliche Küsse auf den Mund und nimmt dann heute sie in den Arm. Eng umschlungen schlafen wir ein. Was gestern noch für mich zu anfänglichem Gefühlschaos führte, ist heute ganz selbstverständlich, so als würden wir uns schon seit Ewigkeiten kennen, was ja bei Bruder und Schwester in der Realität auch der Fall ist.

14. Tag

Regen trommelt auf Randis Kajütdach und beendet meinen Schlaf recht unsanft. Da die

Luke offensteht, ist das Polster nass geworden. Ich verriegele die Luke und merke, dass Marion nicht mehr da ist. Leichte Panik überfällt mich. Ich rappele mich hoch, öffne die Kajüttür, und da sitzt sie, auf der Bank in der Pflicht, Knie hochgezogen, Kopf leicht schräg gelegt, dick in einen Pulli eingemummelt. „Was machst du denn da?" Sie zuckt zusammen, offensichtlich hat sie mein Kommen nicht gehört. „Ich denke nach." – „Bist du schon lange auf? Hab dich gar nicht rausgehen gehört." – „Du hast geschnarcht wie ein nasser Sack". Sie lächelt zaghaft: „Ich bin aber vom Regen wach geworden und dann konnte ich nicht mehr einschlafen." – „Wie lange sitzt du denn hier schon?" – „Über eine halbe Stunde, glaube ich." – „Und denkst nach..." – „Naja, ich versuche es wenigstens." – „Worüber denkst du denn nach?" – „Über dies und das. Sieht aber alles recht trübe aus." – „Was sieht trübe aus?"- „Alles". Als keine weitere Erklärung folgt, mache ich erst mal Morgentoilette. Marion schaut mir dabei zu und setzt Kaffeewasser auf, dann frühstücken wir schweigend.

Der Regen lässt langsam nach. Ich knüpfe die eine Seite von Randis Verdeck auf, um Luft reinzulassen. Marion hat ihre Beine zum Kinn hochgezogen. Das halbangebissene Brot liegt auf dem Teller. „Hast du keinen Hunger?" – „Nee, mag nicht mehr." Ich merke, wie meine Stimmung immer mehr absackt. Um nicht ganz in eine Depri abzudriften greife ich über den Tisch hinweg nach ihrer Hand. Etwas widerwillig lässt sie das geschehen, erwidert aber mein Streicheln ihres Handrückens nicht. „Komm, erzähl was los ist, eine solche

Stimmung hält ja keiner aus. Und bei dem trüben Wetter schon gar nicht." Sie sieht mich lange an. „Ich weiß nicht, wie das mit uns weitergehen soll." – „Was meinst du mit weitergehen?" – „Mensch, überleg doch mal. Bruder und Schwester tun so was wirklich nicht, was wir seit Freitag miteinander veranstalten," und als ich darauf nichts erwidere, fügt sie hinzu: „Wir sind nicht mehr Bruder und Schwester, wir sind so was wie ein Liebespaar. Aber das sind wir auch nicht, denn du hast deine Tina und ich den Reiner. Also, was sind wir nun eigentlich?" Ich weiß es leider auch nicht. Aber da ich mir das nicht zugestehen kann, halte ich einen langen Monolog über Urlaubsflirts, Alltagstrott, Beziehungen im allgemeinen und besonderen, und komme zu dem Schluss, dass wir eben lernen müssten, mit solchen Situationen vernünftig umzugehen. Ich merke selber, wie dämlich sich das anhört, aber so kann ich mich wenigstens von meiner eigenen Melancholie ablenken.

Marion hat die ganze Zeit geschwiegen. Jetzt durchläuft ein feines Zittern ihren Körper. So jedenfalls bringt das nichts, denke ich, gehe um den Tisch herum, setze mich neben sie und lege ganz vorsichtig meinen Arm um ihre Schulter. Sie kuschelt sich an mich und ich streichle sanft durch ihr Haar.

Lange sitzen wir so und versuchen, mit der Traurigkeit in uns klarzukommen.

Der Regen hat aufgehört, nur ein paar Schwitzwassertropfen fallen von Randis Verdeck auf Marions Gesicht. Sie wischt sie weg, richtet sich auf, trinkt einen Schluck Kaffee und setzt sich dann mir gegenüber auf die Bank. „Okay, ich glaube jetzt geht es wieder. Manchmal sind kleine Schwestern blöd, was, großer Bruder?" Scherzhaft nicke ich mit dem Kopf, aber das Lächeln in meinen Augen signalisiert, dass ich diese kleine Schwester trotzdem sehr gern habe. Sie lächelt zurück und die Traurigkeit weicht dem Gefühl von Zärtlichkeit. „Lass uns den Tag noch ein bisschen genießen. Magst du nach Wallhausen rüberfahren?" Es klingt schon wieder fast fröhlich. „Da kenne ich eine tolle Bucht." – „Was, noch eine? Wieviel Buchten kennst du denn?" Sie lacht und meint, „Viele. Wenn du sie alle kennenlernen willst, musst du bald wiederkommen". – „Okay, mach ich, wann?" Aber die Frage bleibt von ihrer Seite aus unbeantwortet, nur ein bisschen Wehmut erscheint in ihrem Gesicht.

Marions dritte Bucht ist wiederum ein Voll-treffer, und da die grauen Wolken sich inzwi-schen in Richtung der Berge verzogen haben, erhält die Sonne eine Chance, ihren Teil zur Aufmunterung der Crew beizutragen. Randis Verdeck wird geöffnet, die Pullis weichen kurz-ärmeligen Hemden, eine neue Kanne Kaffee wird aufgesetzt, und dann reden wir über Marions bevorstehendes Abitur, ihre Klassen-kameraden, ihr Leben in Stuttgart und mein Leben in Göttingen. Zwischendurch fassen wir uns immer mal wieder an oder halten uns bei den Händen, so wie gestern. Um halb drei gibt es Mittagessen aus der Dose, wieder bekomme ich für die Zubereitung ein Lob meiner kleinen Schwester.

Kaum merken wir, wie die Zeit vergeht. Durch Zufall schaue ich auf die Uhr: Schon fünf! Marion sieht es und sagt: „Um acht Uhr bin ich wieder zurück, habe ich zu Hause gesagt". Unser eben noch so lebhaftes Gespräch verstummt. Wir denken beide das gleiche: Nur noch drei Stunden. „Was schätzt du, wie lange brauchen wir über den See?" – „Eine dreiviertel Stunde, wenn du ein bisschen Speed gehst." Um nicht wieder eine Depri aufkommen zu lassen, schiebe ich Ina Deter in den CD Schacht. Schweigend und in Gedanken versunken hören wir „Nur ein einziges Wort, und ich fall dir vor die Knie". Dann sagt Marion: „Ich würde keinem Mann vor die Knie fallen." – „Da wäre ich nicht so sicher. Stell dir mal vor, es ist die große Liebe deines Lebens. Was dann?" Das bleibt von ihrer Seite nicht ohne Widerspruch und eine Diskussion über Beziehungen entspinnt sich. Allerdings vermeiden wir beide krampfhaft, das Ganze auf uns beide zu beziehen, und ergehen uns lieber in allgemeinen Floskeln. Dann sehe ich wieder auf meine Armbanduhr: „It`s six o`clock, my lady", versuche ich zu scherzen. Sie sieht mich an und sagt unvermittelt: „Erzählst du das mit uns Tina?" – „Ich glaube schon." – „Alles?" – „Nein, das wohl nicht. Nur das mit Bruder und Schwester". Ich fingere eine Zigarette aus der Packung, zünde sie an und frage, „Und du, sagst du dem Reiner was?" – „Ich weiß nicht." Und dann, nach kurzem Nachdenken: „Nein, ich sage ihm nichts, aber ich werde mit ihm endlich über Eifersucht reden und dass er mich immer kontoliieren will". Ich nicke nur, denn mein Mund ist ganz trocken. Ich schlucke ein paar Mal und räuspere mich. „Ist deine verdammte Raucherei, solltest wirklich aufhören", kommentiert sie. Aber ich sehe in ihren

Augen, dass sie sehr wohl weiß, dass es nicht die Zigaretten sind. Sie schaut nun auch auf die Uhr. „Los du, lass uns fahren, sonst schaffen wir es nicht mehr. Schmeiß den kleinen John an, ich mach den Anker klar. Findest du zurück? Musst auf 40 Grad gehen". Ich will noch ihre Hand greifen, aber sie ist schon aufgestanden und auf dem Weg zum Vorschiff.

Als wir in den Uhldinger Hafen einlaufen, ertönen acht Schläge von der nahen Kirchturmuhr. Pünktlich auf die Minute. Gleich backbords findet sich ein freier Gastliegeplatz. Marion springt mit den Tampen an Land und belegt Randi fachmännisch mit zwei Webeleinsteks an den Pollern. „Hör zu großer Bruder, ich gehe jetzt in die Kajüte und packe meinen Seesack. Wenn du dich noch von mir verabschieden willst, darfst du in fünf Minuten nachkommen. Kannst ja währenddessen eine rauchen." Als ich in die Kajüte komme, sitzt sie auf dem Bett, der Seesack liegt verschnürt neben ihr. Sie hat sich ihre Pipi-Langstrumpf Zöpfe vom Freitag geflochten und auch wieder ihr Ringel T-Shirt an. Ich bleibe in der Kajüttür stehen und schaue zu ihr herüber: Ein paar Tränen laufen aus ihren Augen. Als sie mich sieht, wischt sie über ihr Gesicht, und sagt: „Scheiße, ich hasse Abschied Szenen. Hast du mal ein Tempo?" Ich reiche ihr ein Taschentuch. „Komm, großer Bruder. Nimm mich noch mal in die Arme und gib mir einen Kuss. Dann haue ich ab." Ich drücke sie ganz fest, und dann merke ich, dass es auch feucht aus meinen Augen quillt. „Weinst du?" fragt sie erstaunt. Ich kann nur mit dem Kopf nicken und sie noch fester an mein Gesicht pressen. Auf einmal merke ich, dass auch ihre Wangen wieder feucht werden. So heulen wir beide ein bisschen um die Wette.

Dann löst sie sich sanft aus meinen Armen und meint: „Ich gehe jetzt. Bleibst du bitte hier, ja? Sonst muss ich mich dauernd umdrehen und dann laufe ich womöglich noch gegen einen Laternenpfahl." Abrupt steht sie auf, nimmt ihren Seesack und geht aus der Kajüte. Ich höre sie über die Bordwand steigen und dann das Knirschen ihrer Schritte auf dem Kies. Für einen Moment bleibe ich noch sitzen, dann gehe ich ins Cockpit. Marion hat gerade den Hafen Weg erreicht. Ein paar Augenblicke kann ich sie noch sehen, dann ist sie hinter der Hafenmole verschwunden und ich bleibe mit Randi alleine zurück.

Ich weiß nicht, wie lange ich so gestanden habe. Mir kommt es vor wie Stunden, aber natürlich waren es nur Minuten. Irgendwann löst sich meine Erstarrung und ich setze mich in die Pflicht. Das Radio ist noch an, Ina Deter liegt im CD Schacht. Ich stelle auf volle Lautstärke, ist mir scheißegal, ob sich jemand gestört fühlt. Ich nehme eine Zigarette aus der Packung, aber sofort höre ich ihre Stimme: „Typisch für dich, jetzt natürlich eine durchziehen." So hätte sie es nicht gesagt, so nicht formuliert, aber ist ja sowieso egal, sie ist weg, verschwunden hinter der Hafenmole. Selbstmitleid überschwemmt mich. Ich öffne die Kellerbar, hole die Cognac Flasche heraus und gieße mir randvoll ein Glas ein. Ob sie schon zu Hause ist? Was sie wohl ihren Eltern erzählt, wie es bei Freundin Ursula war? Mist, und wem erzähle ich was? Randi blubert zwar sogleich, aber für derartige Themen scheint mir meine GFK Freundin dann doch nicht geeignet. Ein weiterer Cognac wird ins Glas gekippt. Alsbald beginnt er zu wirken, meine mir durch den Kopf schießenden Gedanken glätten sich irgendwie, ich werde ruhiger. Als ich mir dann aber eine neue Zigarette anstecke, wird mir ganz flau im Magen. Egal, der Cognac hilft wenigstens, das Gedankenkarussell in meinem Kopf abzustellen.

Ziemlich schwankend gehe ich schließlich in die Kajüte und ziehe mich aus. Mir fällt ein, dass ich vergessen habe, das Verdeck zu schließen, also gehe oder besser schwanke ich nochmal nach draußen und knöpfe es zu, dabei gieße ich mir ein weiteres Glas Alkohol ein, das ich fast in einem Zug austrinke. Irgendwie komme ich in meinen Schlafsack und drehe mich zur Seite, aber nun beginnt die Kajüte zu schwanken und mein Magen krampft sich erneut zusammen. Ich drehe mich auf die andere Seite, dann auf den Rücken, dann wieder auf die linke Seite. Randi lässt ein fragendes Blub ertönen, was mich irgendwie beruhigt, jedenfalls ist mir nicht mehr so flau im Magen. Irgendwann muss ich wohl eingeschlafen sein, denn ich erinnere mich an nichts Weiteres mehr.

15. Tag

Um neun wache ich auf, fühle mich total kaputt und habe auch ziemliches Schädelbrummen, kein Wunder, bei dem gestrigen Alkohol

Konsum. Noch etwas wackelig auf den Beinen krabbele ich aus dem Schlafsack, entleere meine Blase und werfe dann ein Aspirin ein, das ich nach einigem Suchen im Verbandskasten finde. Sehr, sehr langsam läuft heute die Morgenroutine ab. Bei der zweiten Tasse Kaffee fällt mir auf einmal ein, dass ich weder Marions Handy Nummer noch ihre Adresse habe, was bedeutet, ich kann keinen Kontakt zu meiner kleinen Schwester aufnehmen und sie irgendwann mal wiedersehen, wie ich es mir eigentlich wünsche. Mist, wie konnte ich das vergessen? Ich ärgere mich über mich selbst und werde traurig und deprimiert. Nach dem Frühstück, inzwischen geht's mir wieder so halbwegs, richte ich mein Bett, eine Routine, die ein ordentlicher Skipper eben nun tut. Als ich die Kopfkissen aufschüttele, sehe ich, dass unter dem von Marion ein Zettel liegt. Verwundert schaue ich, was auf diesem steht: Ihre Adresse und eine Handy Nummer. Unterschrieben ist er einfach nur mit „Deine kleine Schwester", mehr nicht. Typisch Marion, denke ich, nicht direkt agieren, sondern mir mögliche Initiativen überlassen. Aber schön, dass auch sie den Kontakt zu mir halten will. Froh und glücklich gebe ich dem Zettel einen Kuss und stecke ihn dann in mein Portemonnaie. Dabei schwabbelt Randi etwas, mein Schiff scheint sich also auch zu freuen, Marion irgendwann mal wiederzusehen.

Inzwischen ist der Kopfschmerz fast verschwunden, sodass der Skipper nun Überlegungen anstellen kann, wie er seine restlichen drei Tagen Urlaub verbringen will. Irgendwie fehlt mir etwas, auf das ich mich freuen kann, wie es die letzten Tage war, nämlich Marion wiederzusehen. Vielleicht sollte ich mir außer dem Bodensee auch mal ansehen, was dessen Orte so kulturell zu bieten haben, also quasi zum Schluss meines Törns noch eine Art Kulturprogramm absolvieren, geht mir nun durch den Kopf. Außerdem würde mich das, so glaube ich, auch von Gedanken an Marion ablenken. Spontan kommt mir Meersburg in den Sinn, wo ich ja schon mal war, aber keinen Liegeplatz bekam, um mir die Stadt anzuschauen. Ich habe den Ort als sehr schön und interessant in Erinnerung und von der Burg aus müsste man einen tollen Ausblick über den See haben. Okay, das heutige Ziel sei also Meersburg.

Als ich den Hafen verlasse und am Büro des Hafenmeisters vorbei fahre, fällt mir auf, dass ich für diese Nacht keine Gebühren entrichtet habe, aber der Hafenmeister hat mich ja auch nicht abkassiert, also war das eine Umsonst Nacht, auch nicht schlecht. Mein Blick wandert dann automatisch zu der Stelle, an der Marion am Freitag stand und ich werde wieder traurig.

Auf dem See ist wenig los. Beim Passieren der Insel Mainau lenke ich Randi möglichst nahe ans Ufer, um mir die Blumenpracht noch einmal anschauen zu können, die mich erneut sehr beeindruckt. Dann wird der Kurs nach Steuerbord gerichtet, hin zum Ufer des Bodensees, an dem ich nun entlang tuckere, und mich an der schönen Landschaft erfreue. Immer wieder nehme ich das Fernglas zur Hand, um mir einiges genauer ansehen zu können, so entdecke ich auch ein großes Feld, das sich einen kleinen Hügel hinaufzieht, auf dem in

Reih und Glied Sellerie und Salatpflanzen angebaut sind. Zwischen diesen führt ein Weg zu einem Kloster, das oben auf dem Hügel steht, so als sei es zur Aufsicht über die Pflanzen gebaut. Ein schöner, harmonischer Anblick, irgendwie charakteristisch für die Landschaft rund um den See.

Gegen halb eins sind Randi und ich vor dem Meersburger Hafen angekommen. Vor der Einfahrt nehme ich Fahrt weg und schaue, ob ein Boot herauskommt und gebe auch vorsichtshalber Schallzeichen, die Einfahrt ist jedoch frei und so laufen wir ein. Da ich ja schon weiß, wo die Gastliegeplätze sich befinden, steuere ich mein Boot gleich dorthin und habe auch Glück, zwei Plätze sind frei. Beim Anlegen bin ich einen Moment unaufmerksam und die arme Randi macht unsanft Bekanntschaft mit der Stegkante, wofür ich mich gleich bei ihr entschuldige. Nachdem ich belegt habe, schaue ich, ob sie sich eine Schramme eingefangen hat, was aber nicht der Fall ist, nur ein schwarzer Striemen ist zu sehen, der mit etwas Polieren leicht zu entfernen sein müsste.

Da im Büro der Weißen Flotte, das ja auch als Hafenmeisterbüro fungiert, niemand anzutreffen ist, gehe ich die Uferpromenade entlang. In fast jedem Haus ist ein Lokal, ein Café, eine Weinstube oder auch einfach nur eine Kneipe, davor Tische, die auf der Promenade stehen, alle voll besetzt mit Gästen. Meersburg ist übrigens Hauptort des Weinbaus am Bodensee, las ich in meinem Führer, daher gibt es so viele Weinlokale. Bei den Touristenströmen, die sich auf der Uferpromenade entlang schieben, muss Mann richtig aufpassen, niemanden umzulaufen. Die Stadt ist an einem Berg erbaut worden, sodass sich die Unterstadt entlang dem Ufer des Sees erstreckt, die Oberstadt mit der Burg thront quasi auf der Kuppe des Berges. Durch schöne Gassen mit alten Fachwerkhäusern gelange ich zum Marktplatz mit seinem imposanten Rathaus. Hier ist gerade Markttag, die Stände bieten Obst, Käse, Wein und Blumen an, laut Schildern alles aus eigenem Bodensee Anbau. Ich verweile ein paar Minuten und schaue mir alles an, viele Fotos werden geschossen. Dann steige ich etliche Treppenstufen hinauf in die Altstadt, wieder an Fachwerkhäusern vorbei. Bei einem ragt aus dem Dachgiebel ein Flaschenzug mit einem Seil. So hat man wohl früher Waren oder Gerätschaften in die Stockwerke gehievt, denke ich, denn das Haus sieht nach einem alten Kaufmannshaus mit Lager aus. Weitere Treppen geht es hoch über die Burgweganlage vorbei an der hohen Burgmauer zur Linken. Auf halbem Wege mache ich eine kurze Pause und bewundere eine alte Wassermühle. Weiter geht's hinauf zur Burg, die man über eine schmale Fußgänger Brücke erreicht. Von hier aus fällt der Blick noch einmal auf die Wassermühle und die Gassen der Stadt, alles sehr beeindruckend. Ich löse eine Eintrittskarte und schließe mich einer Gruppe an, die von einer sehr kompetenten Führerin durch die Räumlichkeiten der Burg geleitet wird, die älteste am See. Die Räume sind fast alle noch mit den originalen Möbeln des vorigen Jahrhunderts ausgestattet und unsere Führerin erklärt, welche Funktion die einzelnen Räume früher hatten. Dann geht es eine schmale

Treppe hinauf in den Turm. Oben ziemlich verschwitzt angekommen, wird man für seine Mühen mit einem tollen Panoramablick über den Bodensee auf der einen und einem ebensolchen auf der anderen Seite über die Dächer der Stadt belohnt. Der See erscheint in wunderschön sonnigem Licht, die kleinen Gassen, Fachwerkhäuser und Passanten der Stadt wirken von hier wie Spielzeug. Anschließend sehen wir einen Film über Hexenverbrennungen, der sehr drastisch zeigt, wie man im Mittelalter versuchte, wurde jemand als Hexe denunziert, diese durch Folter zu einem Geständnis zu bringen, mit Satan im Bude zu sein. Dann steigen wir hinab in die Folterkammer. Hier sind diverse Folterwerkzeuge zu besichtigen und so kann man sich das eben im Film gezeigte noch einmal quasi gegenständlich vorstellen. Bei einem der Folterwerkzeug, das als Nagelausreißer bezeichnet wird, kommt mir auf einmal in den Sinn, dass ich mir meine Findernägel demnächst mal schneiden müsste, denn ich hatte mir ja den am Daumen beim Belegen abgerissen. Schon merkwürdig, an was ich denke, wenn es ums Foltern geht... Letztlich aber bin ich froh, 500 Jahre später zu leben und vor allem in einem Land, wo Menschenrechte in der Verfassung verankert sind. Wieder oben in der Burg zeigt man uns nun noch die Schätze der Burgherren, die diese im Laufe der Jahre durch Kriege und Raubzüge anhäuften. Einige sehr schöne Schmuckstücke sind darunter, die auch Tina gefallen dürften, denn bei Schmuck hat sie einen sehr exquisiten und somit auch teuren Geschmack. Zum Schluss schauen wir uns die

Wohnung der Dichterin Annette von Droste-Hülshoff an, die lange, bis zu ihrem Tode 1848, auf der Burg lebte. In ihrem Arbeitszimmer stehen noch ihre eigenen Möbeln. Sie hätte gerne, während sie ihr wohl bekanntestes Buch „Die Judeneiche" schrieb, zur Entspannung auf den See hinaus geschaut, erklärt unsere Führerin. Im Sommer sei die Dichterin meist im „Fürstenhäusle" gewesen, einem kleinen Haus mitten in den Meersburger Rebgärten oben auf dem Berg. Für ihre wirklich guten, spannenden und auch witzigen Erläuterungen bekommt die Führerin zum Schluss unserer Tour viel Applaus.

Da ich noch Lust auf ein bisschen Bewegung in frischer Luft habe, schlendere ich nach der Burgbesichtigung durch die schönen, kleinen Gassen der Meersburger Altstadt und bewundere die mittelalterlichen Häuser. Auf dem Marktplatz gönne ich mir in einem Café ein großes Stück Kuchen und einen Pott Kaffee, beides mundet sehr gut. Irgendwie erinnert mich das Café vom Ambiente her an das, in dem ich Marion kennen lernte, was mich sofort wehmütig werden lässt. In einem Supermarkt kaufe ich dann noch ein paar Vorräte ein.

Um vier sieht mich Randi wieder. Ich habe keine Lust, im Hafen von Meersburg die Nacht zu verbringen, dazu ist es mir hier einfach zu hektisch, zu laut und zu unruhig, zumal ja auch im Halbstundentakt die Fähren nach Konstanz abgehen, also schaue ich in die Karte, wo es einen ruhigeren Hafen geben könnte, der möglichst auf dem Weg nach Friedrichshafen liegen sollte, denn dort will ich Morgen mein „Kulturprogramm" mit der Besichtigung des

Zeppelinmuseums fortsetzen. Schließlich entscheide ich mich für den in Schloss Kirchberg, das dürfte nur eine kurze Fahrstrecke sein und der Hafen wird auch als ruhig und beschaulich beschrieben. Die Tampen werden gelöst, die Fender eingebracht und Randi gen Hafenausfahrt manövriert. Gerade aber fährt eine Fähre ein, sodass ich länger dümpelnd warten muss, bis die Ausfahrt frei wird.

Der See ist nun wieder von vielen Seglern frequentiert und ich muss mich konzentrieren, diesen rechtzeitig auszuweichen, was etwas nervig ist. So bin ich froh, nach knapp einer halben Stunde den Hafen von Schloss Kirchberg anzusteuern. Er befindet sich hinter einem ovalen Steinschutzwall mit einer recht breiten Einfahrt. Nachdem ich diese passierte, sehe ich, dass ungefähr zehn recht lange Stege, die auf Holzpfählen stehen, im 90 Grad Winkel vom Ufer aus in das Hafenbecken hineinragen, aber Hinweise auf Gastliegeplätze sind nicht auszumachen, also tuckere ich notgedrungen alle Stege ab. Der Skipper sieht zwar die eine oder andere freie Stelle, aber nirgendwo ein Schild, ob es sich dabei um Gastliegeplätze handelt. Die Boote liegen übrigens an den Stegen mit der Nase voraus, hinten sind sie an Dalben belegt. Aber da ich ja am Bodensee mein Dalben Trauma endlich bewältigt habe, so scheint es mir zumindest im Moment, stört mich das erstmal nicht. Schließlich fahre ich an die Spundwand vor dem Hafenmeisterbüro und belege Randi erstmal dort. Dabei kommt wieder Birnie, mein Birnenfender zum Einsatz, der sich sogleich lustvoll quietschend in eine der Mulden an der Mauer legt. Das Büro ist allerdings nicht besetzt, ein Schild hängt an der Tür, dass der Hafenmeister um sechs Uhr wieder zurück sei. Tja, was nun? Soll ich einfach Randi hier liegen lassen und bis sechs warten? Was aber, wenn es keine freien Plätze mehr gibt und ich wieder auf den See raus muss und mir einen anderen Hafen suchen, dann aber mit dem Nachteil, dass zu vorgerückter Stunde die Wahrscheinlichkeit auf einen Liegeplatz natürlich deutlich abnimmt? Als ich gerade wieder auf Randi gehen will, spricht mich eine ältere Dame an und fragt, ob ich einen Liegeplatz für die Nacht suche, was ich bejahe. Sie würden gleich auslaufen und erst Übermorgen wieder zurück sein, so könne ich den ihren bekommen. Sie lägen am zweiten Hauptsteg, da solle ich gleich mit meinem Boot hinschippern. Ich bedanke mich und bin von so viel Mitdenken und Freundlichkeit sehr angetan. Randi wird zu dem mir genannten Steg gefahren, vor dem ich dümpelnd warte, dass ein Boot ausläuft. Allerdings tut sich erstmal nichts, kein Schiff entfernt sich von einem der Stege. Es braucht wohl seine Zeit, ehe die nette Dame außen herum um den Hafen zum Steg gegangen ist und dann muss man ja auch noch die Tampen lösen, denke ich, also fasse dich in Geduld Skipper. Nach gefühlten zwanzig Minuten Dümpeln schiebt sich langsam ein großer holländischer Stahlverdränger auf Randi zu. Auf der Fly steht die nette Dame, winkt mir bei Passieren unserer Boote zu und wünscht mir noch viel Spaß im Hafen. Ich winke zurück und bedanke mich noch einmal, dann wende ich nach Steuerbord und halte nach der Lücke Ausschau, aus der das Boot kam. Erst ganz am Ende des Steges sehe ich sie. Links steht ein Dalben, aber ich brauche diesen nicht zum Belegen, denn ich kann Randi direkt an der Spundwand des Hafenbeckens festmachen. Schön, dann wird es einfach mit dem Belegen. Vorsichtig wende ich über Backbord, rangiere Randi an die Spundwand, bin aber gleichzeitig darauf bedacht, nicht zu weit nach vorn zu geraten und so Randis Nase am Hauptsteg anzubumsen. Das Manöver klappt bestens. Randi wird mit zwei Tampen an den Pollern oben auf der Spundwand belegt und bekommt noch einen weiteren vorn, der sie am Hauptsteg festhält, damit sie nicht durch möglichen Wellenschlag anderer Schiffe unsanft gegen die Spundwand gedrückt werden kann. Birnie kommt erneut zum Einsatz, voller Enthusiasmus quetscht er sich sogleich an diese.

Froh, so problemlos und schnell einen Liegeplatz gefunden zu haben, gehe ich von Bord, um mir den nahe gelegenen Ort anzusehen, der sich vom Hafen aus gesehen zur linken Seite hin erstreckt. An zwei- bis dreigeschossigen Häusern schlendere ich entlang, die meisten mit Terrasse oder Balkon und direktem Blick auf den See. Schilder weisen darauf hin, dass es sich wohl fast ausschließlich um Ferienwohnungen handelt, aber die meisten haben ein „Belegt" Schild. Wenige Leute sind unterwegs und auch sonst wirkt alles nicht unbedingt wie ein Touristenzentrum, denke ich an Meersburg und die Massen von Touristen, die ich dort vorhin erlebte. Bald endet der Ort, allzu groß scheint er nicht zu sein. Ein Schild verweist auf ein

Strandbad und ich folge spontan dem Weg dorthin hinunter zum Seeufer. Hier nun scheint das Leben zu sein, dass ich im Ort vermisste. Der Parkplatz ist rappeldicke voll, einem eben angekommenen Bus entsteigen viele neue Badegäste, bepackt mit Luftmatratzen, Rucksäcken und Kühltaschen, erwartungsvoll freudig strahlende Kinder im Schlepptau. Ich schließe mich ihnen an und komme an einen schönen Sandstrand. Im See plantschen Kinder und Erwachsene, etliche Schlauchboote und Kanus paddeln im Uferbereich, eine Baderutsche gibt es zur Freude der Kinder auch und Gejauchze und fröhlicher Lärm dringt zu mir herüber. Eine Tischtennisplatte und ein Netz zum Volley Ball spielen sind ebenso vorhanden. Diejenigen, die solche Aktivitäten nicht mögen und Ruhe suchen, haben es sich auf den zahlreichen Liegestühlen bequem gemacht, die meist unter schattenspendenden Bäumen stehen. Ich schaue dem Treiben eine Weile zu, dann zieht es mich wieder zurück zu meinem Schiff, der Skipper verspürt Kaffeedurst.

Nachdem der Kaffee fertig gebrüht ist, öffne ich die Seitenteile von Randis Verdeck, denn die Sonne lacht nach wie vor wolkenlos vom Himmel. Ganz öffnen will ich es nicht, denn so habe ich quasi eine Art Sonnenschirm, der mein Haupt vor den UV Strahlen schützt. Ich mache es mir auf Randis Bank bequem und lese. Ab und zu geht mal jemand auf dem Weg vor der Spundwand zu seinem Boot, dann begrüßt man sich freundlich nach alter Seefahrer Tradition durch Heben und leichtes Drehen einer Hand.

Um sechs gehe ich zum Hafenmeisterbüro, das nun besetzt ist, und entrichte meine Liege- gebühr für eine Nacht. Man gibt mir auch einen Schlüssel für die Sanitäranlagen. Ich schlen- dere noch über drei der Stege und betrachte mir die dort liegenden Boote, aber in erster Linie sind es Segler, die ich zwar nun dank Marion vom Typ her gut einschätzen kann, aber Skippers Herz schlägt nach wie vor für Motorboote, von denen es nur zwei zu sehen gibt, wesentlich kleiner als Randi. Also geht's bald zurück zu meinem Schiff und wieder auf die Bank in der Pflicht.

Um sieben bekomme ich Hungergefühle und schmiere mir drei Brote zu Abend. Auf einmal merke ich, dass mein Darm grummelt und ich dringend die Toilette aufsuchen sollte. So gehe ich zu den Sanitäranlagen, die übrigens sehr gepflegt und sauber sind. Als ich wieder bei Randi bin und gerade in ihre Pflicht steigen will, sehe ich, dass eine schwarz weiß getigerte, ziemlich große Katze auf ihrem Tisch sitzt und mir ganz ungeniert den Schinken von meinem Brot geklaut hat, an dem sie nun genussvoll kaut. Ich bin total perplex, wo kommt die denn her und vor allem, wieso ist sie einfach auf mein Boot gesprungen? Normalerweise meiden Katzen ja alles, was schwankt, da es ihren Gleichgewichtsinn stört. Als die Mietze mich sieht, erschrickt sie, faucht kurz, schnappt sich den Schinken, hüpft vom Tisch auf die Bank und von da auf den Boden und zieht sich in die Ecke vor der Kajüttür zurück. Ich finde es zwar dreist, dass mir einfach jemand mein Abend- brot klaut, andererseits aber mag ich Katzen und die da sieht irgendwie nett aus, auch wenn sie mich gerade anfauchte. Ich steige in Randi, setze mich in die rechte Ecke der Bank und beobachte die Mietze, die mich misstrauisch anstarrt, eine Pfote auf dem Schinkenstück. Nach einer Weile gehe ich in die Hocke, strecke meine eine Hand aus und nähere mich ihr vorsichtig. Als ich ca. einen halben Meter von ihr entfernt bin, faucht sie erneut, ich warte einen Moment, aber als ich dann wieder näher komme, ernte ich ein weiteres Fauchen. Na gut Mietze, dann machen wir uns erstmal nicht näher bekannt. Ich gehe zurück auf die Bank, setze mich nun aber auf die Backbord Seite, sodass wir uns nicht mehr direkt sehen können, denn zwischen uns ist so das Schapp mit dem Steuersitz. Alsbald höre ich Schmatz Geräusche, dann ist es still. Auch ich habe inzwischen die beiden Brote, die Mietze übriggelassen hatte, gegessen, allerdings ohne zu schmatzen. Okay, dann starten wir mal einen zweiten Versuch uns bekannt zu machen, Futterneid dürfte ja jetzt nicht mehr das Thema sein. Ich setze mich wieder in die andere Ecke, warte ein paar Minuten, gehe erneut in die Hocke und nähere mich so langsam der Mietze. Als ich kurz vor ihr bin, erfolgt kein Fauchen, also rücke ich noch ein paar Zentimeter vor, lege meine Hand auf ihr Fell und streichele ihren Rücken, was sie alsbald mit einem zufriedenen Schnurren quittiert. Dann rollt sie sich auf die Seite und lässt sich von mir ihren Bauch kraulen, wobei das Schnurren an Intensität zunimmt. Da ich die ganze Zeit vor Mietze hocke, tut mir aber alsbald der Rücken weh, zumal ich auch nach hinten wenig Platz habe, da ist das Schapp des Kochers. Also steht der Skipper schließlich auf, reckt und streckt sich und sagt, „Mietze, du musst nun langsam wieder nach Hause gehen." Wir schauen uns erneut an, aber die Katze macht keine Anstalten, Randi zu verlassen. Ich setze mich wieder auf die Bank und greife nach meinem Buch. Nun rekelt sich die Katze, streckt ihre Pfoten nach vorn, macht den Rücken lang, kommt dann auf mich zu, setzt sich vor mich hin, und als ich keine Anstalten mache, sie erneut zu streicheln, springt sie auf die Bank und legt dann einfach ihren Kopf auf meinen Schoss. Wie gesagt, ich mag Katzen sehr, und so kann ich gar nicht anders, als sie erneut zu streicheln, schließlich kraule ich auch wieder ihren Bauch, alles begleitet von wohligem Schnurren. Mit einer Hand die Katze zu liebkosen, mit der anderen das Buch zu halten, das ja ziemlich dick ist, und sich dann auch noch bei diesem intensiven Geschnurre auf selbiges zu konzentrieren, gelingt nicht allzu lange, sodass ich nach einer halben Stunde meine Mietze erneut auffordere, nach Hause zu gehen. Als sie auch jetzt dazu keine Anstalten macht, nehme ich sie auf meinen Arm und setze sie draußen auf den Steg. „Tschüss Mietze, kannst aber gerne mal wiederkommen", verabschiede ich mich von ihr. Da die Katze aber einfach auf dem Steg sitzen bleibt, mich anschaut und sich dann auch noch lang auf den Steg legt, schließe ich das Verdeck an dieser Seite, denn so müsste sie ja endlich begreifen, dass ich keine Lust mehr habe, sie zu beschmusen. Ich rufe Tina an, die etwas verwundert ist, von mir gestern keine Nachricht bekommen zu haben. Ich entschuldige mich, es vergessen zu haben, der Tag sei angeblich etwas hektisch gewesen. Ich erwähne zwar Marion, aber Näheres verschweige ich, wobei ich mich Tina gegenüber dabei ziemlich unwohl fühle. Sie erzählt von der weiteren Genesung des Opas. Nach dem Telefonat verspüre ich auf einmal eine starke Sehnsucht nach ihr, so wie eine Welle, die über mich schwappt. Ich lese mein Buch weiter. Um zehn gibt es den obligatorischen Mücken Angriff, also schließe ich auch die linke Verdeck Seite und ziehe deren Reißverschlüsse runter. Als ich das nun auch noch auf der rechten Seite tun will, sehe ich, dass meine Mietze immer noch auf dem Steg liegt und bei dem Geräusch, das die Verschlüsse verursachen, sofort erwartungsvoll zu Randi hinschaut. Beim Blick in diese Katzenaugen kann ich einfach nicht anders, ziehe die Seite der Plane zur Seite, sage, „Na schön, dann komm halt noch mal", und augenblicklich ist sie mit einem Sprung wieder im Boot. Ich setze mich auf die Bank, Mietze legt sich wieder auf meinen Schoss, ich streichele sie, sie schnurrt, alles wie gehabt. Inzwischen ist es fast dunkel geworden, Zeit, in die Kajüte zu gehen und im Bett weiterzulesen. Ich sage daher der Mietze, sie solle entweder endlich nach Hause gehen, wobei ich auf das Verdeck Teil neben ihr deute, oder von mir aus auf der Bank in der Pflicht schlafen. Die Katze schaut mich an, setzt sich auf ihre Hinterpfoten, zeigt aber keinerlei Reaktion zu weiteren Aktivitäten. „Na gut Mietze, dann überlege es dir nochmal, ich gehe jedenfalls ins Bett". Ich wasche mir Gesicht und Hände, putze mir die Zähne, schlüpfe in meine

Schlafklamotten und gehe dann in die Kajüte, wobei ich deren Tür schließe. Fünf Minuten kann ich im Bett lesen, dann ertönt ziemlich jämmerliches Mauzen von draußen, das ich dreimal ignoriere, dann aber aufstehe und nach der Katze sehe. Die schlüpft sofort an meinen Beinen vorbei und springt aufs Bett, auf die rechte Seite, also nicht die meine, wenigstens nimmt die Mietze etwas Rücksicht, denke ich. Ich lege mich wieder hin und lese weiter. Die Katze rollt sich zusammen, schnurrt noch eine Runde und scheint dann zu pennen. Als ich um zwölf mein Buch aufs Schapp lege, wird die Mietze wach und schaut kurz zu mir hoch. Nachdem ich mich in meinen Schlafsack mummelte und das Licht löschen will, robbt die Katze augenblicklich von der Seite her unter diesen und legt sich dann einfach lang auf meinen Bauch, wobei sie sogleich den Schnurrer ertönen lässt. offensichtlich eine neue Kuschelrunde erwartend. Ziemlich dreist, die Mietze, finde ich, aber andererseits zeugt es ja auch von viel Vertrauen und Nähe zu mir, aber so kann ich nicht schlafen. Vorsichtig lege ich meine Arme vorn und hinten unter ihren Körper und schiebe sie Stück für Stück aus dem Schlafsack, schließlich liegt sie neben diesem, aber noch ziemlich nahe bei mir. Das wird sie wohl, so hoffe ich, wieder einschlafen lassen. Ich lösche das Licht. Allerdings kann nun ich nicht einschlafen, denn ich habe Schiss, dass ich die Mietze, drehe ich mich im Schlaf mal auf die andere Seite, erdrücken könnte. Also schiebe ich sie vorsichtig mit meinem Oberschenkel ein paar Zentimeter von mir weg, sodass ich glaube, nun kann nachts nichts mehr passieren. Ich warte noch einen Moment, Mietze rührt sich nicht. Beruhigt drehe ich mich auf die Seite, aber muss nun an Marion denken, die sich ja ähnlich im Schlaf zusammenrollte wie die Mietze. Ein bisschen traurig werde ich, aber andererseits ist es schön, wieder jemanden neben mir liegen zu haben, und sei es auch nur jemand mit Fell. Alsbald schlafe ich ein.

16. Tag

Um acht werde ich wach, meine Blase drückt. Noch etwas verschlafen merke ich, dass auf meiner linken Schulter Fell liegt. Da ich gestern auf der rechten Seite eingeschlafen war, ist die Mietze offensichtlich nachts wieder in meinen Schlafsack gerobbt, über mich hinweggeturnt und hat sich dann auf meine Schulter gelegt. Von allem aber habe ich nichts mitbekommen. Ich schlage den Schlafsack zur Seite und frage die Mietze, ob sie gut geschlafen hat. Sie mauzt mich kurz an, dann nehme ich sie vorsichtig von meiner Schulter und lege sie aufs Bett, stehe auf, schnappe mir meine Kulturtasche und marschiere zu den Sanitäranlagen, wo ich mich an der Blase erleichtere und auch gleich dusche.
Anschließend absolviere ich meine Morgenroutine. Als ich mir gerade die Frühstücksbrote geschmiert habe, kommt die Mietze aus der Kajüte, gähnt einmal kräftig, streckt ihre Vorderpfoten lang aus, gähnt erneut, springt dann neben mich auf die Bank, schaut auf die auf

dem Tisch liegenden Brote, dann erwartungsvoll mich an. Da ich mit so etwas gerechnet hatte, habe ich zwei Scheiben Schinken beiseitegelegt, die ich ihr nun gebe. Lustvoll schmatzend verzehrt sie diese sogleich. Anschließend erfolgt wieder eine Runde ausgiebigen Streichelns. Ein Blick zur Uhr zeigt, dass es inzwischen schon halb zehn geworden ist, allmählich sollte ich mal auslaufen, denke ich. Aber wohin mit der Mietze? Ich nehme sie schließlich auf meinen Arm, steige aus Randi und gehe, sie immer noch auf meinem Arm haltend, was sie brav mit sich geschehen lässt, zum Hafenmeister, den ich frage, ob er die Katze und vor allem deren Besitzer kennt, was er aber verneint. Just in diesem Moment kommt ein Skipper ins Büro, der sehr besorgt dreinschaut. Als er aber mich und die Mietze sieht, geht ein Strahlen über sein Gesicht. „Jule, wo kommt du den her, wo warst du denn die ganze Zeit?" und dann zu mir gewandt, „Wo haben sie denn meine Katze gefunden?" – „Ich habe sie nicht gefunden, die hat mich gefunden, oder besser den Schinken, der gestern auf meinem Abendbrot lag, den hat sie mir einfach vom Brot geklaut".- „Das ist typisch für dieses Tier, Schinken kann sie einfach nicht widerstehen, egal, wo der sich befindet", erwidert der Skipper. „Ich bin sie dann nicht mehr losgeworden und wir haben zusammen die Nacht verbracht, heute Morgen auch zusammen gefrühstückt, ich habe ihr übrigens freiwillig von meinem Schinken abgegeben. Ich hoffe, er hat dir geschmeckt, Jule?" Jules Herrchen lächelt, ich reiche sie ihm rüber, sie mauzt freudig und kuschelt sich sogleich schnurrend in seine

Arme. Er bedankt sich und lädt mich auf sein Boot zu einem Kaffee ein, aber ich sage, ich wolle gleich auf den See raus. „Vielleicht trifft man sich ja da nochmal oder in einem der Häfen", meint er, „dann können wir meine Einladung nachholen". Ich verabschiede mich von ihm und dann von Jule, die ich nochmal kraule, was sie mir mit intensivem Schnurren dankt.

Wieder auf Randi überlege ich, dass ich eigentlich den Skipper hätte fragen sollen, wie er es schaffte, Jule dahin zu bekommen, auf einem Boot mitzufahren. Bordhunde habe ich ja schon oft auf Schiffen gesehen, aber eine Bordkatze ist für mich ein absolutes Novum. Randi lässt ein zustimmendes Blubbern ertönen. „Das ist schon ein merkwürdiger Urlaub, liebe Randi, was uns da alles so zuläuft, erst eine kleine Schwester und nun eine Katze. Bin mal gespannt, ob noch jemand kommt". Ein erneutes Blubbern erfolgt, auch mein Schiff scheint gespannt zu sein, was in den verbleibenden Urlaubstagen noch so auf uns zukommen mag.

Wie gestern beschlossen, steht heute ja das Zeppelin Museum auf dem Programm. Ein kurzer Blick auf die Karte zeigt, dass Friedrichshafen in schätzungsweise einer guten Stunde zu erreichen sein müsste. Randis Verdeck Seitenteile werden geöffnet, die Leinen gelöst, die Fender in die Körbe gesteckt, der kleine John wird gestartet und dann geht's auf den See.

Bald merke ich, dass es ziemlich windig ist, was zwar die Segler erfreut, die mit viel Speed und entsprechender Schräglage unterwegs sind, aber Randi kommt ziemlich ins

Schwabbeln, zumal der Wind nicht nur von vorn kommt, sondern auch von Steuerbord her, und so mein Schiff sich nicht nur auf und ab wiegt, sondern auch von rechts nach links. Randi scheint es Spaß zu machen und ich habe das Gefühl, sie übt Tanzschritte des Rock an Roll, aber ihr Skipper hat eher für sich das Gefühl, es tanzt sein Magen. Schließlich habe ich keine Lust mehr auf das Schwabbeln und lenke mein Schiff mehr unter Land, dort müsste es etwas ruhiger sein. Aber erst als wir an Immenstadt vorbei sind, lässt das Schwabbeln merklich nach, eine langgestreckte Bucht schützt vor dem Wind. Sie ähnelt irgendwie der, in der wir vorgestern ankerten, und sofort denke ich wieder an Marion. Gemächlich ziehen die Landschaft und die kleinen Orte vorbei, öfter nehme ich auch mein Fernglas zur Hand und schaue mir ein paar Details am Ufer näher an. Nach einer knappen Stunde Fahrt erreichen wir den Hafen von Friedrichshafen mit dem markanten Molen Turm backbords der Einfahrt. Aus dieser schiebt sich gerade ein Passagierschiff der Weißen Flotte, sodass ich in den Leerlauf gehe und dümpele. Nachdem der Dampfer sich weit genug entfernt hat, kuppele ich wieder ein, bekomme aber nun dessen Kielwasser ab, was Randi wieder zu einer fröhlichen Tanzfigur animiert.

Nach Einfahrt in den Hafen achte ich darauf, genügend Abstand zu der Steuerbord Mole zu halten, meine Bodensee Karte warnte vor dort sich befindenden Untiefen. Wäre ja auch ein Unding, wenn John sich noch am vorletzten Tag die Schraube vermacken würde. Vorbei an den Anlegern der Weißen Flotte und dem imposanten Bahnhofsgebäude steuere ich den am anderen Ende liegenden Yachthafen an. Er scheint mir ziemlich groß, mit seinen vier langen Stegen, die in das Hafenbecken hineinragen und einem Quer Steg, der ihn nach vorn begrenzt. Dieser ist aber wohl nur für große Boote gedacht, denn er ist wesentlich höher, als die anderen. Dass es in Friedrichshafen noch einen weiteren Hafen, eben diesen Yachthafen gibt, hatte ich dem Bodensee Führer entnommen. Auf der Hinfahrt hatte ich diesen merkwürdigerweise nicht gesehen. Ich tuckere die Stege ab, finde aber keine Hinweise auf Gastliegeplätze, wie üblich. Also lege ich Randi erstmal an den Steg direkt vor dem Hafenmeister Büro, hier liegt kein Boot.

Das Büro des Hafenmeisters ist nicht besetzt, ein Schild besagt, dass der erst wieder um sechs da ist. Neben seinem Büro befindet sich übrigens das der Wasserschutz Polizei. Ich beschließe, Randi einfach an ihrem Platz zu belassen, egal, ob das ein Gastliegeplatz ist oder nicht, denn sollten weitere Schiffe kommen, gibt es ja jede Menge Platz für diese vor und hinter meinem Boot. Die Nacht werde ich hier nicht verbringen, dazu ist mir die Stadt und deren Lärm zu nahe.

Das Zeppelinmuseum ist im Denkmalgeschützen ehemaligen Hafenbahnhof untergebracht, so brauche ich quasi nur einmal über die Uferstraße gehen, und schon stehe ich vor seinem Eingang. Im Museum wird man zuerst mit der Entwicklung der Zeppeline anhand von Fotos und technischen Erklärungen vertraut gemacht, welchen Luxus es an Bord gab und wie die Passagiere die Luftschiffreisen erlebten, die bis nach Amerika gingen. Dann steige ich über eine ausfahrbare Treppe in eine nachgebildete Kabine der Graf Zeppelin. Von dort kann man nach „draußen" schauen, durch schräg nach oben geneigte Fenster. Da alles unter der Decke aufgehängt wurde, schwankt es leicht und man kann sich gut vorstellen, wie sich die Passagiere im Original Zeppelin wohl gefühlt haben. Ein Stück des Flugkörpers, der die Graf Zeppelin, gefüllt mit Helium Gas, in die Luft steigen ließ, ist daneben zu sehen. Er besteht aus Baumwolle mit einer speziellen Lackierung. Schon irgendwie merkwürdig, dass also letztlich ein so großes Luftschiff aus nichts anderem als dem gleichen Stoff bestand, aus dem auch Bekleidung gemacht wird. Interessant finde ich auch die Beschreibungen, wie der Arbeitsalltag des Bordpersonals aussah und welche Aufgaben es zu erledigen hatte. In den nächsten Vitrinen finden sich Bilder vom Absturz der Hindenburg am 6. Mai 1937 in Lakehurst und Erläuterungen zu den Ursachen des Unglücks und den Schicksalen der Menschen an Bord. Graf Zeppelin, erläutern weitere Schaukästen, war nicht nur ein Visionär, was seine Luftschiffe betraf, sondern auch ein kluger Geschäftsmann und sozialer Arbeitgeber, denn rund um den Hangar, in dem seine Luftschiffe gebaut wurden, siedelte er Zulieferbetriebe an, die ihm Motoren, Getriebe und Gas lieferten, sodass Anfang der zwanziger Jahre so bedeutende Firmen wie die Maybach Motorenwerke und Dornier entstanden. Dann sehe ich mir Modelle der Motoren an, die der Graf bauen ließ, nicht nur für seine Luftschiffe, sondern auch für Automobile. Auch eine Originalgondel für einen Motor ist ausgestellt. Bei dem Gedanken, dass in diese während der Fahrt die Mechaniker per Leiter vom Zeppelinrumpf her einstiegen und dort, quasi mitten in der Luft, Wartungsarbeiten vornahmen, wird mir ganz anders. Weitere Dokumente zur Luftschifftechnik sind zu betrachten sowie unterschiedliche Zeppelin Modelle. Einen interessanten Film mit historischen Aufnahmen und den neuen Entwicklungen zur Technik der Luftschifffahrt schaue ich mir noch an, dann kaufe ich mir zum Abschluss meines Besuchs im Zeppelin Museum ein Buch über die „Hindenburg" im Museums Shop.

Nach so viel Technik und Historie steht mir der Sinn nun nach profaneren Dingen, so biege ich nach links ab in die Einkaufsmeile der Stadt, um in den Geschäften nach einer neuen Badehose zu schauen. Obwohl die Altstadt von Friedrichshafen im Krieg zerstört wurde, empfängt mich eine schöne Flaniermeile. Bei einem Pflastermaler, der mit Sprühflaschen sehr interessante Bilder auf den Gehweg „malt", verweile ich kurz, schaue ihm bei seiner Arbeit zu und werfe ihm dann zwei Euro in die ausliegende Spendenbox. Drei Geschäfte frequentiert der Skipper, aber die dort angebotenen Bademoden treffen nicht meinen Geschmack, daher gehe ich etwas enttäuscht zurück und schlendert noch die Uferpromenade entlang, wo ich sehr schöne Blumenarrangements bewundere. Hier soll es häufig Hafenkonzerte geben, meint mein Führer, vor allem, wenn die Bootsmesse stattfindet, auch wird erwähnt, dass 1824 in Friedrichhafen das erste deutsche Dampfschiff gebaut wurde.

Als ich wieder bei Randi bin, fühle ich mich ein bisschen geschafft von den vielen Aktivitäten, daher koche ich mir einen Kaffee, klappe ihr Verdeck runter, denn es ist inzwischen recht warm geworden, und setze mich zum Entspannen mit meinem Buch in die Pflicht.

„Guten Tag, ist das ihr Boot?" Ich schrecke etwas zusammen. Ein Wasserschutzpolizist und seine Kollegin stehen auf dem Kai. „Dürfte ich bitte mal ihre Papiere sehen?"- „Ja, natürlich, einen Augenblick bitte, ich hole sie aus der Kajüte". Mist, denke ich, wenn die die Randi auch von innen sehen wollen, kriegen die das mit dem fehlenden Wassereimer unter der Spüle bestimmt mit und dann ist eine Strafe fällig. „Hier sind die Papiere", sage ich, als ich aus der Kajüte komme, und reiche sie dem Polizisten hoch, der sie sich ziemlich lange anschaut. „Ihr Motor ist für den See zugelassen?" fragt er dann, nachdem er einen kritischen Blick auf den kleinen John geworfen hat. Ich bejahe das. „Könnten Sie das anhand von Papieren belegen?" – „Nur durch die Zulassungspapiere bei der Abnahme für den Bodensee, das hat die Kollegin Schafftlmeyer aus Lindau gemacht". Nun schaltet sich seine Kollegin ein und meint, Frau Schaffltmeyer kenne sie, wenn die die Zulassung ausgestellt habe, dann sei das in Ordnung. Ihr Kollege scheint Frau Schafflmeyer und ihren scheinbar untadeligen Ruf in Kollegenkreisen offensichtlich nicht zu kennen, aber als er etwas sagen will, trifft ihn ein ziemlich böser Blick der Kollegin, und so sagt er diesbezüglich nichts, fragt aber, ob ich das Schild nicht gesehen hätte, indem er sich zur Seite dreht und mit seinem Arm auf ein solches ungefähr drei Meter entfernt vor der Straße an einem Laternenmast befestigt zeigt. Mit viel Mühe kann ich entziffern, was auf diesem steht: Liegeplatz der Wasserschutzpolizei. „Entschuldigung, das habe ich auf die Entfernung nicht gesehen", entgegen ich. Seine Kollegin bekommt ein leicht ironisches Grinsen in ihr Gesicht, schaut mich und dann ihren Kollegen an und meint: „Gustl, da siehst du es mal wieder, das kann man vom Wasser aus wirklich nicht ausmachen, du solltest endlich mal meinen Antrag, auch am Kai ein Schild aufzustellen, weiterleiten", wobei sie ihn mit einem tadelnden Blick bedenkt, mich aber, als sie ihren Kopf zu mir wendet, freundlich anlächelt. „Ja, hast ja recht, aber man kommt ja vor lauter Arbeit zu nichts mehr", rechtfertigt sich der Kollege. Ein weiterer Blick seiner Kollegin trifft ihn, der eigentlich nur so gedeutet werden kann, dass Gustl sich bestimmt bisher noch nie überarbeitet hat. „Ich werfe gleich die Leinen los", sage ich, aber die Kollegin meint, das sei nicht nötig, ich könne ruhig noch bis um halb fünf hier liegen bleiben, die Kollegen kämen erst dann mit ihrem Boot von ihrer Schicht zurück. Nun werfe ich der Kollegin einen überaus freundlichen Blick zu und bedanke mich. Ein nettes Lächeln geht an mich zurück, dann verabschieden sich die beiden mit einem „Grüß Gott, und noch viel Spaß auf dem See", von mir und gehen zurück in ihr Büro. Mein Vorurteil über die Sturheit Deutscher Beamten hat nach dieser Episode zwar wieder etwas Auftrieb bekommen, aber dieser bezieht sich nun nur noch auf die männliche Beamtenschaft, die weibliche wird davon ausgenommen. Da mein Buch momentan sehr spannend ist, lese ich das Kapitel zu Ende, so wird es vier Uhr, ehe ich den Liegeplatz verlasse und Randi aus dem Hafen manövriere.

Da Übermorgen mein Urlaub endet, scheint es mir angebracht, für die Nacht einen Hafen zu suchen, der nicht allzu weit von Lindau entfernt ist, sodass ich dann Morgen es nicht mehr weit dorthin habe. Nach Blick auf die Bodensee Karte entscheide ich mich für Langenargen, die beiden Häfen dort hatte ich mir ja schon angeschaut, vor allem gab es etliche Gastliegeplätze, also müsste mein Boot dort eigentlich einen Platz für die Nacht finden. So steuere ich nun Kurs Langenargen.

Es herrscht nicht mehr viel Verkehr auf dem See. Randi kann also einen relativ geraden Strich fahren und muss nur einmal einem Segler ausweichen, der sich dafür sogar beim Passieren der Boote freundlich bedankt. Nach einer halben Stunde Fahrt sehe ich die vorgebaute Mole und dahinter die beiden Einfahrten zu den Häfen. Ich wähle den Gemeindehafen, da es hier mehr Gastllegeplätze geben soll, und nehme daher die Einfahrt an Steuerbord. Er erscheint mir, wie bei meinem ersten Besuch, ziemlich groß, etliche Stege empfangen uns, an denen viele Boote liegen. Also bleibt mal wieder nur das alte Spiel, deren Reihen abzufahren und zu schauen, wo Gäste ihre Boote vertäuen dürfen. Aber weit gefehlt, gleich am ersten Steg steht ein großes Schild „Nur für Gastlieger". Ich wende nach Steuerbord und gleich der dritte Platz ist frei. Es dauert allerdings etwas, ehe ich Randi an den Steg in die Lücke zwischen den beiden Booten rangiert habe, denn die ist recht eng. Aber da der Skipper ja derartige Manöver als Herausforderung betrachtet, sein Können unter Beweis zu stellen, klappt alles gut. Publikum ist leider nicht vorhanden, das hätte dann mal ein Manöver erster Klasse sehen können. Nachdem Randi belegt ist, gehe ich zum Hafenmeister Büro, wozu ich einmal außen um den Hafen herum laufen muss, was dauert. Der Hafenmeister ist sehr freundlich, hat offensichtlich Zeit und erkundigt sich, woher ich komme und wie es mir bisher auf dem See gefallen hat. Ich kann nur Positives berichten, was ihn zu freuen scheint, und so bittet er mich, doch mal im Weser Yachtclub für den Bodensee, vor allem Langenargen, die Werbetrommel zu rühren. Der Preis für eine Nacht ist allerdings nicht unbedingt als günstig zu bezeichnen, aber das kenne ich ja inzwischen.

Wieder auf meinem Schiff mache ich mir sogleich Abendbrot. Als ich mich dann mit meinen Broten auf die Bank in der Pflicht setze, erwarte ich irgendwie unbewusst, dass gleich wieder eine Katze kommt, die mir den Schinken mopst. Nur ein Hund, der den Steg entlang geht und schnuppernd vor Randi stehen bleibt, aber sofort von seinem Herrchen zum Weitergehen aufgefordert wird, interessiert sich offensichtlich für mein Abendbrot, Jules werden nicht gesichtet. Ich rufe Tina an und berichte von meinem Tag. Sie hat für den Opa heute ein besonderes Essen gekocht und als er sich bei ihr dafür sehr bedankte, hat sie ihm als Nachtisch einen Extra Schnaps genehmigt, was ihn freute.

Da ich nach den heutigen Kultur Aktivitäten

keine Lust mehr habe, mir den Ort anzusehen, fläze ich mich bequem auf die Bank und verbringe den Abend mit meinem Buch, das nach wie vor sehr spannend ist. Wie üblich um zehn stellen sich wieder die Mücken ein, ich schließe das Verdeck und gehe zu den Sanitäranlagen mich waschen. Die sind allerdings nicht so sauber und gepflegt wie die in Schloss Kirchberg, aber durchaus annehmbar.

Wieder auf Randi mache ich mich Bett fein, hole mir zwei Bier aus der Kellerbar und lese weiter bis viertel nach zwölf. Eine Zigarette wird noch in der Pflicht geraucht und dabei ein Blick über den Hafen geworfen. Die Leuchten rings um das Hafenbecken spiegeln sich im Wasser, ein ruhiger, friedlicher Anblick. Dann mummelt sich der Skipper in seinen Schlafsack und ist auch sogleich eingeschlafen.

17. Tag

Um halb acht werde ich wach, mein Bootsnachbar hinter mir schmeißt gerade seinen Jockel an, was ziemlichen Krach verursacht, zumal er diesen auch die ganze Zeit laufen lässt, ehe er seine Tampen gelöst hat und den Steg verlässt. Etwas genervt stehe ich schließlich auf und gehe zum Waschhaus. Hier ist es ziemlich voll und ich muss zehn Minuten warten, ehe eine Dusche frei wird. Wieder auf Randi bereite ich mir mein Frühstück und setze mich dann mit Kaffee, meinen Broten und meinem Buch in die Pflicht. Schade, dass heute mein letzter Urlaubstag ist, von mir aus könnte ich noch mindestens zwei Wochen auf dem See verbringen. Da sich mein Darm, wie gewohnt, bald nach dem Frühstück meldet, gehe ich erneut zu den Sanitäranlagen.

Auf dem Rückweg zu Randi, kurz bevor es auf den Schwimmsteg geht, sitzt ein etwa fünfjähriges Mädchen, hält sich das Bein und wimmert leise vor sich hin. Ich beuge mich zu ihr runter und frage, was sie hat und ob ich ihr helfen kann. Sie zeigt mit Schluchzen auf ihr rechtes Bein, wo sich eine große, blutende Schramme befindet. „Wo hast du dir denn die geholt?" will ich wissen, aber sie meint nur: „Weiß nicht, bin hingefallen." – „Wo sind denn deine Eltern?" – „Weiß nicht, hab mich ver-laufen."- „Du blutest ziemlich stark, da muss mindestens ein Pflaster drauf. Pass auf, du kommst jetzt erstmal mit zu meinem Schiff, da habe ich einen Verbandskasten, dann sehen wir weiter. Kannst du aufstehen?" – „Weiß nicht", wieder schluchzt sie. Ich helfe ihr vor-sichtig hoch, nehme sie dann auf meinen Arm und trage sie zu Randi, wo ich sie in die Pflicht auf die Bank setze und mir den Verbands-kasten aus dem linken Schapp fische. „Das wird jetzt gleich ein bisschen wehtun, ich muss dir da zum Desinfizieren Jod drauf tun, wenn es zu dolle brennt, sag es, ja?" Sie schaut mich mit verweinten Augen an und nickt. Vorsichtig lasse ich Jod auf die Wunde tröpfeln, sie zuckt zwar zusammen, aber sagt nichts. Nun werden zwei Mullbinden auf die Schramme gelegt, dann kommt um alles ein Verband. „Ist es nun besser, tut es noch weh?" Erneut folgt ein „Weiß nicht", als Antwort. Sie scheint aber keine Schmerzen mehr zu haben. Ich packe das Verbandszeug wieder ein und tue es zurück ins Schapp. Als ich aus der Kajüte komme, schaut sie sich sehr interessiert Randi an. „Ist das dein Schiff?" – „Ja, gefällt es dir?" Ich erhalte erstmal keine Antwort, aber sie schaut weiter. Dann fragt sie „Fährst du damit aufs Wasser?" – „Ja, eigentlich wollte ich mit Randi schon auf dem Bodensee sein, aber dann hab ich dich ja gefunden". Sie schaut mich fragend an. „Randi, das ist mein Boot, sie heißt so". Auf einmal fällt mir ein, dass ich sie ja noch gar nicht nach ihrem Namen fragte. „Wie heißt du denn? –„Mona". „Okay, Mona, ich bin der Holger." Sie überlegt einen Moment, dann fragt sie: „Darf ich mitkommen?" Spontan sage ich „Klar, vor allem, weil du so tapfer warst, als ich das Jod auf deine Wunde gab". Ein Strahlen geht über ihr Gesicht, sie steigt vorsichtig von der Bank, verzieht dabei ein wenig ihr Gesicht, offensichtlich hat sie doch noch Schmerzen, und stellt sich erwartungsvoll vor mich hin. „Du, da müssen wir aber vorher deine Eltern fragen. Die werden sich auch schon Sorgen machen, wo du bleibst. Wo sind die denn?" - „Weiß nicht." – „Aber du musst doch wissen, wo du hergekommen bist. Seid ihr auch mit einem Boot da?" – „Nein." – „Mit was seid ihr denn dann hergekommen? Oder wohnst du hier?" – „Nee, mit einem Wohnmobil." – „Und wo steht das?" – „Weiß nicht." – „Von wo bist du denn gekommen, als ich dich gefunden habe?" – „Ich musste mal groß machen." – „ Du meinst, du warst im Klo Haus und hast dich dann verlaufen?" Ein Nicken erfolgt, nach wie vor schaut sie mich erwartungsvoll mit großen Augen von unten an.

Okay, denke ich, also kann ja das Wohnmobil ihrer Eltern nicht allzu weit weg sein, frage mich aber auch, warum ihre Eltern sie einfach alleine loslaufen ließen. „Komm, Mona, dann lass uns mal zum Hafenmeister gehen, vielleicht kennt der deine Eltern." – „Mag lieber mit dem Boot fahren," bekomme ich zur Antwort. „Klar, machen wir, aber erstmal müssen wir deine Eltern finden, dann fahren wir, okay?" – „Mein Papa muss arbeiten, bin nur mit meiner Mami da." – „Okay, dann suchen wir jetzt die, ja?" Ich hebe sie hoch, hieve sie über Randis Reling und setze sie auf dem Steg wieder ab. Nachdem ich neben ihr stehe, frage ich sie, ob sie laufen kann. Sie schaut mich wieder mit ihren großen Augen an, nimmt dann meine Hand und humpelt neben mir her. Ich merke aber, dass ihr das Gehen doch noch Schmerzen bereitet, also nehme ich sie wieder hoch und setze sie mir spontan auf die Schultern, was ihr sehr zu gefallen scheint, denn ein kleiner Juchzer entringt sich ihrer Brust. Beim Hafenmeister angekommen frage ich, ob er Mona kennt, was er aber verneint, und wo ihre Mutter mit dem Wohnmobil sein könnte, weiß er auch nicht, aber sagt, ganz in der Nähe sei ein kleiner Campingplatz, deren Gäste dürften die Sanitäranlagen des Hafens mitbenutzen. Wir sollten einfach den Weg bis zur Hecke gehen, hinter dieser nach links ab-biegen, und dann würde man den Platz schon sehen, allenfalls fünf Minuten bräuchte man bis dorthin. Ich bedanke mich, setze mir Mona nach Verlassen seines Büros wieder auf die Schultern und nach kurzer Zeit sehe ich den Platz, auf dem schätzungsweise zehn Wohnwagen und Wohnmobile stehen. Auf einmal ruft Mona von oben ein „Da". Ich setze sie auf den Boden und will sie eigentlich fragen, wo den „da" sei, aber sie läuft sofort auf das zuvorderst stehende Womo zu. Sie stellt sich vor deren Tür, reckt sich hoch, kommt so gerade eben an die Klinke, macht diese auf und verschwindet nach drinnen. Ich folge ihr und klopfe an die Tür. Es dauert, bis eine dickliche Frau, etwa in meinem Alter, Mona auf dem Arm, diese öffnet und mich fragt: „Ja, bitte?" - „Ich habe ihre Tochter gefunden, sie hatte sich verletzt, ich habe ihre Wunde verbunden und nun wollte ich eigentlich nur hören, ob alles wieder gut ist". – „Kommen Sie doch rein, ich habe gerade Kaffee aufgesetzt, dann können Sie mir alles erzählen, vorab aber erstmal vielen Dank". Ich lehne aber ihr nettes Angebot ab und entschuldige mich damit, dass ich mit Randi gleich auf den See raus will. Mona schaut zu mir hin und meint. „Du hast gesagt, ich darf mitkommen". Etwas irritiert und ein bisschen misstrauisch, so scheint mir, schaut mich ihre Mutter an. Ich erkläre nun doch etwas ausführlicher, wie mein Versprechen an Mona zustande kam und sage dann, ich sei heute am späten Nachmittag wieder im Hafen, dann würde ich vorbei kommen und sie abholen, natürlich könne ihre Mutter auch mitkommen. Mona mault zwar etwas, aber ihre Mutter meint, das sei eine gute Idee, zumal das Kind noch nicht gefrühstückt hätte. Ich verabschiede mich, gebe der Mutter und Mona die Hand, die mich etwas enttäuscht ansieht, dann gehe ich zurück zu Randi.

An meinem letzten Urlaubstag will ich nochmal

die Weite des Sees genießen, mir irgendwie dieses Gefühl einprägen, wie es ist, so viel Wasser zum Fahren um mich herum zu haben, denn den Rest der Saison gibt's ja „nur noch" die Weser. So geht's nach dem Ablegen einfach schnurstracks auf den See hinaus ohne festes Ziel. Die Sonne strahlt warm und zaubert Lichtspiele auf das Wasser, also wird das Verdeck ganz nach unten geklappt, so ist der Eindruck von Weite ringsum noch intensiver. Kurzum, der Skipper ist glücklich und zufrieden. Im Gegensatz zu gestern ist es fast windstill, sodass wenig Segler unterwegs sind und ich freie Fahrt habe. Spaßeshalber fahre ich ein paar Wenden und Kreise, Randi scheint das zu gefallen, sie blubbert dabei freudig. Wenn mir ein Boot entgegenkommt und wir aneinander vorbei fahren, grüßt man sich mit dem Skipper Gruß, ein Skipper ruft mir auch ein „Ahoi, und gute Fahrt" zu.

So verbringe ich fast eineinhalb Stunden auf dem See. Inzwischen ist es 14.00 Uhr geworden. Mein schlechtes Gewissen meldet sich, denn eigentlich hatte ich ja Mona versprochen, sie auf Randi mitzunehmen, also wende ich meinen Kurs zurück nach Langenargen. Ungefähr 30 Meter vor der Einfahrt zum Hafen kommt mir ein Stahlverdränger entgegen, der gerade ausgelaufen ist. Auf seinem Dach liegt ein Rettungsring und in diesem, wie ich beim Näherkommen sehe, eine Katze. Das kann doch eigentlich nur Jule sein, oder? Als Randi fast auf Höhe des Bootes ist, wird mir klar, es ist Jule. Sie hat eine Art Geschirr um den Körper gebunden mit einer Halteschlaufe oben. Ich vermute, dass man sie so mit dem

Bootshaken aus dem Wasser fischen kann, sollte sie in den See fallen. Ich betätige mein Horn und grüße den Skipper. Er erkennt mich offensichtlich sogleich, winkt und ruft zu mir rüber, „Kommen Sie längsseits, ich habe was für Sie". Also manövriere ich Randi vorsichtig an die Seite des Stahlverdrängers, der Skipper eilt von seiner Fly und befestigt sie mit einem Tampen an der Klampe seines Bootes. Er holt ein Sixpack und reicht es mir rüber. „Ein kleines Dankeschön für den Schinken, den Ihnen Jule geklaut hat", meint er dabei. Ich bedanke mich und frage, warum die Katze so problemlos mitfährt, denn normalerweise meiden ja Katzen alle schwankenden Gegenstände. Er erklärt, dass er sie schon als Baby auf sein Schiff mitnahm und sie so an das Bootsfahren gewöhnte. Sie bewege sich sehr sicher an Bord und sei auf Ihn fixiert. In den Häfen gehe sie zwar an Land und schaue sich die Umgebung an, entferne sich aber eigentlich nie weit und komme auch bald wieder auf das Schiff zurück, daher war er auch sehr besorgt, als sie den Abend, den sie auf Randi verbrachte, nicht wiederkam. Er fragt mich dann, ob ich Morgen zufällig in Romanshorn sei, da wolle er nämlich hin, und dann könnten wir abends noch etwas klönen und ich ihm von meinen Bodensee Erlebnissen erzählen, er hätte auch einen hervorragenden Malt Whiskey an Bord. Da Randi ja Morgen aus dem Wasser kommt, muss ich sein Angebot leider ablehnen. So verabschieden wir uns, er löst den Tampen und ich fahre Richtung Hafeneinfahrt. Jule hat übrigens die ganze Zeit in ihrem Rettungsring scheinbar interessiert unserer Unterhaltung gelauscht.

Wieder an meinem Liegeplatz, gehe ich gleich zum Womo, klopfe an die Tür, Monas Mutter begrüßt mich und dann sieht mich das Kind auch sogleich, breitet seine Arme aus und läuft auf mich zu. Ich nehme sie hoch und sie kuschelt sich an meine Brust. Ihre Mutter bietet mir eine Tasse Kaffee an und wir setzen uns an den Tisch, Mona klettert sofort auf meinen Schoss. Sie habe den ganzen Nachmittag nur von mir und Randi geredet und wann ich denn endlich käme, meint ihre Mutter. Ich frage sie, ob sie mitfahren will, aber sie meint, sie werde leicht seekrank und hätte es daher nicht so mit Booten. Wir klönen noch ein wenig über unsere Eindrücke vom Bodensee, dann gehen wir alle drei zur Randi, Mona hat sich sofort meine Hand geschnappt. Der Skipper zeigt nun, nicht ohne Stolz, der Mutter sein Boot. Sie schaut sich die Randi auch von innen an und meint zum Schluss, sie finde sie richtig kuschelig. In spätestens einer halben Stunde seien wir wieder da, sage ich, ich würde Mona dann wieder zu ihr bringen. Mir scheint, ihr kommen nun doch Zweifel, ob sie ihr Kind einfach einem doch letztlich wildfremden Mann anvertrauen sollte und dass auch noch auf einem Boot, aber dann meint sie, das sei okay. Drei Kissen werden auf den Beifahrersitz gelegt, damit Mona vorn rausschauen kann, das Kind auf diese gesetzt und dann schlaufe ich noch einen Tampen um sie, quasi eine Art Sicherheitsgurt, damit sie nicht runterfallen kann, was sie zwar nicht so toll findet, aber nach meiner Erklärung über Sicherheit akzeptiert. Ich werfe die Leinen los, manövriere Randi vom Steg und fahre zur Hafeneinfahrt. Die Mutter winkt uns zum Abschied.

Auf dem See ist das Kind begeistert und zeigt immer wieder auf vorbeifahrende Schiffe. Auch ich bin happy, dass es ihr gefällt, und selbst die Wellen, die ab und zu von den Seglern her kommen und Randi etwas schwabbeln lassen, machen ihr nichts aus, im Gegenteil, sie juchzt sogar einmal auf, als eine größere kommt. Vorsichtshalber halte ich Randi aber relativ nahe am Ufer. Nach einiger Zeit frage ich Mona, ob sie auch mal lenken will. Zuerst schaut sie mich verwundert an, dann nickt sie etwas zaghaft. Ich schalte in den Leerlauf, löse Monas Tampen, nehme sie mir auf den Arm und setze mich dann wieder auf meinen Sitz, nun das Kind auf meinem Schoss. Behutsam platziere ich ihre Hände auf Randis Lenkrad und sage, sie solle das mal drehen und schauen, was das Schiff dann macht. Zuerst recht zögerlich dreht sie mit ihren kleinen Händen das Lenkrad nach Steuerbord und merkt, dass Randi nun in diese Richtung fährt. Sie scheint begeistert zu sein, und dreht das Lenkrad in die andere Richtung, Randi fährt nach Backbord. Voller Stolz kurbelt sie es dann wieder zurück und erneut nach Steuerbord. Letztlich bin aber ich es, der lenkt, denn ich unterstütze unten am Steuerrad ihre Bewegungen mit einer Hand, um alleine zu lenken reichen ihre Kräfte nicht aus, wie ich merkte. Als ich ihr nach ungefähr einer viertel Stunde sage, wir müssten jetzt aber wieder zurückfahren, zieht sie eine Schnute, akzeptiert es aber. Ich setze sie wieder auf ihren Sitz und steuere den Hafen an. Nachdem Randi belegt ist, krabbelt sie mit meiner Unterstützung nun selbständig vom Sitz, dann stelle ich sie auf den Steg. Sie nimmt meine Hand, sagt „Auf Wiedersehen Randi" und dann gehen wir zurück zum Womo. Hier übergebe ich sie ihrer Mutter und verabschiede mich gleich, denn ich will ja heute noch bis Lindau fahren. Als ich Mona meine Hand gebe und „Tschüss" sage, kullert eine Träne aus ihrem Auge, was mich ziemlich anrührt.

Wieder auf meinem Boot lege ich gleich ab und fahre Richtung Lindau. „Tja Randi, da haben wir nun neben einer kleinen Schwester und einer Katze auch noch ein Kind aufgelesen, aber war doch schön, oder?" beginne ich dann eine Unterhaltung mit meinem Schiff, irgendwie habe ich das Bedürfnis, die letzte Strecke auf dem See mich jemandem mitzuteilen. „Das war es nun auch mit dem vielen Wasser unter deinem Kiel, kannst ja den anderen Booten im Weser Yacht Club mal erzählen, wie sich das so anfühlt", spreche ich weiter zu ihr. Ein Blubbern erfolgt, Randi scheint mir zuzustimmen. Ich lasse dann auch wieder meine Blicke über den Bodensee schweifen, so glaube ich, mir dessen Weite als Gefühl aufheben und immer wieder abrufen zu können. Ein bisschen Traurigkeit und Wehmut überfällt mich, dass nun definitiv mein Törn endet.

Nach Einfahrt in den Lindauer Hafen steuere ich den Yachtclub an und finde auch sogleich, oh Wunder, einen freien Platz für mein Boot. Ich melde Randi für eine Nacht als Gastlieger an. Der Vorsitzende höchstpersönlich ist im Büro. Heute wirkt er wesentlich freundlicher auf mich als zu Beginn meines Törns, aber es sind ja auch keine anderen Clubkameraden da, deren Streitereien er schlichten müsste. Bei der

Segelschule frage ich, ob man mir Morgen beim Ausslippen helfen könne, vor allem ggfs. Vorschub mit einem Auto leisten, sollte Nora es den Slip hinauf nicht schaffen. Kein Problem, meint der Segellehrer, sein Landi (für nicht Eingeweihte, so wird ein Land Rover mit Allrad Antrieb unter Insidern bezeichnet) hätte da schon ganz andere Boote aus dem Wasser gezogen. Wir vereinbaren, dass wir das morgen so gegen neun bewerkstelligen werden. Nora wird begrüßt, ich hole mir eine der Reisetaschen und packe schon mal ein paar Sachen in diese, dann bringe ich sie wieder zum Auto. Tina wird angerufen, der ich sage, dass ich morgen wohl so gegen acht wieder zuhause sein werde. Sie meint, sie freue sich sehr, mich endlich wieder in die Arme nehmen und mit mir kuscheln zu können und sei sehr gespannt auf einen ausführlichen Törn Bericht.

Auf Randi gibt's nun Abendbrot. Anschließend mache ich noch einen Spaziergang durch den Hafen und schaue mir ein paar Boote an, wahrscheinlich das Gefühl, auch vom Flair der Bodensee Häfen Abschied zu nehmen.

Ich setze mich in die Pflicht, hole mir die Flasche Whiskey aus der Kellerbar, gieße mir ein Glas ein, zünde mir eine Villinger-Kiel an, das Ritual für besondere Anlässe, und lasse im Geiste meinen Törn noch einmal Revue passieren. Ein zweites Glas Whiskey folgt, ein zweites Zigarillo, weitere Situationen fallen mir ein und so wird es neun Uhr, ehe ich das Verdeck schließe, die Abendroutine absolviere und dann gleich ins Bett gehe. Lesend verbringe ich meinen letzten Abend auf dem Bodensee. Ich freue mich sehr, morgen Tina wiederzusehen.

18. Tag

Um acht weckt mich mein Handy. Noch etwas verschlafen stehe ich auf, gehe duschen und absolviere dann zum letzten Mal die Morgen-routine. Einerseits bin ich traurig, dass der Urlaub nun zu Ende ist, andererseits freue ich mich, heute Abend Tina wiederzusehen. Nach dem Frühstück hole ich die andere Reisetasche aus meinem Auto, in die ich weitere Sachen packe, dann bringe ich sie zurück zu Nora. Vom Schleppen der recht vollen Tasche ein bisschen außer Puste gehe ich dann zum Container der Segelschule und sage, dass wir nun Randi rausnehmen könnten. Der Segel-lehrer meint, in einer viertel Stunde sei er am Slip, ich solle schon mal mein Auto dort hinfahren. Nora und Schluppi werden also vor den Slip gefahren, von Schluppi wird die Leiste abgebaut, die Winde wird entriegelt und dann rangiere ich das Gespann ins Wasser. Im Gegensatz zum Einslippen klappt das gleich beim ersten Mal. Während ich auf den Segel-lehrer warte, bekomme ich doch ein bisschen Schiss, ob alles klappt, denn mit Tina bin ich ja ein eingespieltes Team, wie der Segellehrer da verfährt, weiß ich nicht. Als er nach zwanzig Minuten mit seinem Range Rover vorfährt, meint er, ich solle einfach mit meinem Boot über den Trailer fahren, den Rest mache er dann. Das klingt irgendwie professionell und nach Routine, also entere ich mein Schiff, werfe den Kleinen John an und rangiere es dann vorsichtig über den Trailer. Der Segellehrer hat sich inzwischen Gummistiefel angezogen, steht mit dem Windenseil in der Hand auf Schluppis Deichsel, winkt mit der anderen, ich solle noch etwas weiter vorfahren und dann hat er auch schon den Schäkel in Randis Hacken am Bug eingeschlauft und beginnt mit der Winde sie nach vorn zu ziehen. Er muss zwar zweimal ihren Bug zur Seite drücken, ehe sie mittig auf den Rollen von Schluppi liegt, aber das Ganze dauert allenfalls fünf Minuten. Ich habe inzwischen den Kleinen John hochgefahren und den Hauptschalter der Batterien auf Aus gestellt. Er ruft mir zu, „Alles okay, Sie können von Bord kommen", und ich klettere über Randis Bugspitze auf die Deichsel von Schluppi und von dort an Land. „So, das haben wir", meint der Segellehrer, setzt aber dann etwas skeptisch hinzu, „Sie haben keinen Allrad Antrieb?" Ich verneine. „Versuchen Sie es mal, wenn es nichts wird, spannen wir meinen Landi davor". Ich setze mich in Nora, der Segellehrer stellt sich hinten zum Trailer, offensichtlich um aufzupassen, das Randi auch gerade auf Schluppi beim Hochziehen bleibt, und ich starte den Motor. Ca. zwei Meter schafft Nora, dann drehen die vorderen Antriebsräder durch. „Macht nichts", wird mir beschieden, „ich hänge den Landi davor, einen Augenblick bitte". Er steigt in sein Fahrzeug rangiert es einen Meter vor Nora, holt aus dem Kofferraum ein Abschleppseil, befestigt dieses an der Hänger Kupplung des Landi und das andere Ende schlauft er um Noras vordere Abschleppöse. „Okay, kann losgehen". Er steigt in sein Auto, fährt vorsichtig an, bis das Seil straff kommt, gibt dann mehr Gas und langsam ziehen Nora und der Landi Randi aus dem Wasser. Wir schauen kurz, ob sie immer noch mittig auf Schluppis Rollen liegt, was der Fall ist, befestigen zusammen die Spanngurte und die hintere Lichtleiste und ich bedanke mich bei ihm für seine Hilfe. Dann fahre ich hinter ihm her zum Container. Für die 16 Tage, die Nora auf dem Parkplatz stand, werden mir 48 Euro berechnet, für die Hilfe beim Ausslippen werden 20 Euro angesetzt, ein fairer Preis, wie ich finde. Er wünscht mir eine gute Heimfahrt.

Ich programmiere das Navi auf „Nach Hause", stelle mir eine Flasche Wasser in die Ablage der Fahrertür, und dann geht's zurück nach Göttingen. Das Ausslippen hat noch nicht Mal eine halbe Stunde gedauert, stelle ich bei einem Blick auf meine Uhr fest. Wenn ich in keinen Stau komme, müsste ich eigentlich so gegen sieben Uhr abends wieder daheim sein.

Im Gegensatz zur Herfahrt ist die B 31 Stau frei, auf der Gegenfahrbahn allerdings gibt es häufig Stop und Go Verkehr, es scheint, dass nur wenige vom Bodensee wegwollen, aber viele zu ihm hin. Das Radio bringt gute Rock Musik, so bleibe ich bei Laune und wippe den Takt einzelner Stücke auf Noras Lenkrad mit. In Ludwigshafen geht es auf die Autobahn, auch hier sind keine Staus zu erwarten, wie der Verkehrsfunk vermeldet. In der Nähe von Stuttgart lege ich eine Pause in einer Raststätte ein, trinke einen Kaffee und vertrete mir etwas die Beine, ehe es weitergeht. Ich denke nun erneut an meinen Urlaub und lasse die Tage im Geiste noch einmal Revue passieren. Es war ein schöner, sehr ereignisreicher und spannender Urlaub, auf dem mir vor allem eine kleine Schwester „zugelaufen" ist. Ob wir in Kontakt bleiben und uns irgendwann Mal wiedersehen, wird sich zeigen, und natürlich auch, wie Tina reagiert, wenn ich von Marion berichte. So vergeht die Zeit relativ schnell und ich bleibe auch wach und munter. Die zweite Pause wird in der Nähe von Würzburg eingelegt, hier gönne ich mir eine Curry Wurst mit Pommes, die aber nicht besonders schmeckt, auch Nora bekommt Futter. Ich rufe Tina an und sage, dass ich wahrscheinlich so gegen halb acht zuhause sein werde. Sie werde auf mich in meiner Wohnung warten, meint sie, und der Opa lasse mich auch grüßen. So nicht nur physisch, sondern auch seelisch gestärkt, geht's auf den letzten Abschnitt der Strecke, auch dieser ist von keinen Staus heimgesucht.

Um halb acht stelle ich mein Gespann vor die Haustür, lobe Nora und Schluppi für ihren Einsatz, nehme meine Reisetaschen aus dem Auto und gehe hoch in meine Wohnung. Tina finde ich in der Kuche, sie kocht und meint: „Schön, dass du wieder da bist. Ich dachte, nach der langen Fahrt hast du bestimmt Hunger, das Essen ist gleich fertig, es gibt Geschnetzeltes mit Safran Reis und Salat." Ich nehme sie spontan in den Arm und wir küssen uns lange, wobei fast das Essen angebrannt wäre. Es schmeckt vorzüglich. Tina berichtet, dass es dem Opa wieder sehr gut geht, zumal er nun wirklich seine Trinkgewohnheiten verändert habe und sich brav an die Regeln hält, die sie ihm vorgab, was die Anzahl der Biere und Korn pro Tag betrifft. Dann ziehen wir auf die Couch um, kuscheln uns aneinander und ich erzähle vom Bodensee. Über Marion berichte ich nicht so ausführlich, das behalte ich mir für später vor, aber Tina scheint mit einer kleinen Schwester als Familienzuwachs durchaus einverstanden zu sein. Sie hatte auch eine Flasche Wein mitgebracht, die wir im Laufe des Abends leeren, und so wird es recht spät, ehe wir ins Bett gehen und dort eng aneinander gekuschelt sogleich einschlafen.

Nachspann

Bis heute bin ich Marion freundschaftlich verbunden, wirklich so, als wenn sie meine kleine Schwester wäre.
Tina habe ich bald ausführlich von ihr erzählt, zuerst reagierte sie ein wenig eifersüchtig, dann aber verstand sie meine Gefühle, nun eine kleine Schwester zu haben. Im Herbst besuchte ich Marion mit Tina in Stuttgart. Beide mochten sich auf Anhieb. Weitere Besuche folgten, Marion lernte so die „Nordlichter" immer besser kennen. Wir telefonieren häufig und halten uns auf dem Laufenden, wie es uns ergeht. Vor einem Jahre machten Tina und ich noch einmal Urlaub am Bodensee, allerdings ohne Boot, wir hatten eine Ferienwohnung gemietet. Einige der Orte und Häfen meines Törns zeigte ich ihr, aber etliches hatte sich inzwischen verändert, die Gefühle von damals kamen bei mir nur selten wieder hoch, aber der Bodensee war auch ohne Boot sehr schön.
Der Opa lebte noch 5 Jahre, er blieb beim

kontrollierten Trinken, sodass sich letztlich doch lohnte, dass Tina ihren Urlaub nicht mit mir, sondern ihm verbrachte, wie sie auch heute noch betont.

Marion machte mit ihrem Reiner wegen dessen Eifersucht und Kontrollzwang nach einem halben Jahr Schluss, studierte Sport und Französisch in Stuttgart für das höhere Lehramt, lernte einen neuen Mann kennen und lieben, und lebt inzwischen mit ihm in Friedrichshafen, wo er, der Ingenieur ist, eine Stelle in einem Werk gefunden hat, das ehemals Graf Zeppelin gehörte. Sie segelt immer noch und ist inzwischen sogar nebenberuflich Segellehrerin bei Rolands geworden.

Glossar für Bootslaien

Aufschießer: Bei Segelbooten ein Manöver, das die Fahrtrichtung durch Verstellen der Segel ändert.

Außenborder: Ein Bootsmotor, der am Heck des Bootes befestigt ist und sich so außerhalb des eigentlichen Bootskörpers befindet.

Back: Der Heckbereich des Bootes.

Backbord: Bezeichnung für die linke Seite eines Bootes, vom Heck aus gesehen.

Backskiste: Staukasten für Utensilien am Heck eines Bootes.

Badeleiter: Eine kurze Leiter, die über die Bade-plattform unter Wasser gehängt wird, sodass man über diese dann ins Schiff steigen kann, wenn man schwimmen war.

Badeplattform: Am Heck eines Bootes ange-brachte Plattform, von der aus man ins Wasser jumpen kann oder auf dieser stehend Arbeiten am Außenborder verrichtet.

Beaufort: Messeinheit für die Windstärke.

Belegen: Das Boot an einem Anleger mit dem Tau-werk befestigen.

Boesch: Ein aus Holz gefertigtes Boot mit exklu-siver Ausstattung. Der Name bezeichnet die Werft, die diese Boote mit einer langen Tradition herstellt.

Bojen: Im See verankerte runde Bälle, meist aus Blech oder PVC, die als Ansteuerungshilfe dienen oder an denen per Einschlaufen mit Tampen das Heck eines Boot belegt wird, dessen Bug am Steg festgemacht ist.

Bootshaken: Eine Art langer Stange mit einem Haken an der Spitze, um so das Boot an den Steg zu ziehen bzw. es von diesem abzudrücken oder über dessen vorderen Haken ein Seil an einer Stelle zu platzieren, an die man mit ausgestreckten Armen nicht heranreicht.

Box oder Bucht: Bezeichnung für den Liegeplatz eines Bootes an einem Steg.

Buganschnitt: Wellen mit der Bugspitze zu treffen versuchen, so wird das Boot weniger von seitwärts kommenden Wellen hin und her bewegt.

Choke: Durch Ziehen des Chokes wird das Benzingemisch fetter und der Motor springt nach längerer Standzeit schnell an.

Chris Craft: Ein spezieller Bootstyp.

Dalben: Im Wasser stehende Pfähle, die als Ansteuerungshilfe oder zur Belegung dienen.

Daycruiser: Ein spezieller Bootstyp. Es sind sportliche Boote für Tagesausflüge. Die meisten Modelle verfügen über ein offenes Cockpit.

DLRG: Deutsche Lebensrettungsgesellschaft

Dümpeln: Das Boot auf der Stelle halten.

Echolot: Instrument, das die Tiefe unter dem Boot anzeigt.

Einen geraden Strich fahren: Das Boot möglichst ohne Abweichungen auf einem geraden Kurs halten.

Einslippen: Den Trailer, auf dem das Boot liegt, soweit ins Wasser fahren, bis das Boot auf diesem aufschwimmt. Dafür gibt es spezielle Slipstellen, die ein Stück weit schräg unter Wasser führen.

Fahrt zurücknehmen: Das Schiff langsamer werden lassen, indem der Gashebel zurückgestellt wird.

Fender: Ein aufblasbarer Schutzkörper aus Kunststoff, der Kratzer und andere Beschädigungen am Rumpf eines Schiffes beim Anlegen an einem Steg verhindert, indem er als Puffer zwischen diesem und der Bordwand dient. Je nach Bootsgröße gibt es Fender mit unterschiedlichen Größen und Formen, z.B. als Kugel- oder Langfender. Fender werden an Tampen befestigt und an den Bordseiten herausgehängt.

Fly: Der Steuerstand eines Bootes befindet sich auf dem Kajütdach. Meist gibt es einen zweiten in der Kajüte.

Freibord: Der über der Wasserlinie liegende Teil der Bordwand, quasi die obere Begrenzung eines Bootes.

Gangbord: Die meist schmale, um das Boot herumlaufende Trittfläche, auf der man von hinten nach vorn gehen kann.

Gashebel: Der Hebel an der Schaltbox, mit dem der Motor Gas bekommt und so schneller oder langsamer wird und mit dem auch in den Vorwärts- oder den Rückwärtsgang geschaltet wird bzw. den Leerlauf.

GFK: Spezieller Kunststoff, aus dem Boote gefertigt sind.

Gleiten: Das Boot hebt sich durch Gas geben mit seinem Bug aus dem Wasser und gleitet so quasi über dieses, was etliche PS voraussetzt.

GPS: Eine Art Navi für Boote.

Gradzahlen auf dem Kompass: Angaben, in welche Himmelsrichtung das Boot fährt.

Gummiente: Bezeichnung für ein Schlauchboot.

Hebel auf den Tisch legen: Vollgas geben.

Innenborder: Der Bootsmotor ist im Boot innen eingebaut, mittig oder im Heckbereich.

Kajütschott: Eingang zur Kajüte, meist in Form von Stufen nach unten.

Klampe: Vorrichtung zum Befestigen von Festmacher Leinen. Sie hat zwei gegenüberliegende Hörner, um die das Tauwerk geschlungen wird, um dann das Boot an einem Steg zu belegen.

Knoten: Maßeinheit, wie schnell ein Boot läuft, vergleichbar den km/h bei einem Auto.

Kühlwassereintrittsöffnung: Bootsmotoren werden gekühlt, indem sie sich das dafür benötigte Wasser aus dem See per Pumpe ziehen. Dafür gibt es seitlich am Zett-Antrieb oder dem Schaft des Außenborders eine Öffnung.

Landpeilmarken: Markante Stellen an Land, z.B. ein Kirchturm, den man vom See aus gut sieht und seinen Kurs so dorthin ausrichten kann.

Päckchen liegen: An einem am Steg festgemachten Boot werden an dessen Längsseite weitere belegt, die nun wie ein Packet neben dem anderen liegen, so wird Platz am Steg gespart.

Palstek: Eine spezielle Art von Knoten als Schlaufe in einem Seil.

Pedro: Ein spezieller Bootstyp.

Pflicht: Der hintere Bereich eines Bootes, in dem sich meist auch der Steuerstand befindet.

Pinne: Der lange Griff bei einem Außenborder, mit dem man den Motor in die gewünschte Richtung drehen kann und an dessen Ende sich auch der Drehgriff für das Gas befindet.

Prop: Der Propeller, der das Boot unter Wasser antreibt.

Pütz: Bezeichnung für einen Eimer.

Ruder: Hierunter wird bei Motorbooten auch das Steuerrad verstanden.

Reling: Griffstangen, an denen man sich festhalten kann, meist vorn am Bug befindlich oder an den Seiten.

Schaltbox: Die Box, an der sich der Gashebel befindet. Per Bowdenzug ist dieser mit dem Vergaser des Motors verbunden.

Schapp: Schublade in einem Boot.

Schwell: Eher kleinere Wellen, die ein Boot zum Schaukeln bringen können.

Seemeilen: Ein in der Schifffahrt gebräuchliches Längenmaß. Eine Seemeile entspricht 1,85 Kilometer.

Spring: Einen weiteren Tampen zum Belegen des Bootes ausbringen, der verhindert, dass es seitwärts an den Steg gedrückt wird, z.B bei Schwell.

Stahlverdränger: Ein Bootstyp, gebaut aus Stahl, der für eher gemächliches Fahren auf Flüssen und Seen ausgelegt ist, meist mit einer Innenausstattung, die der eines Womos ähnelt.

Sterne schießen: Auf dem Meer navigieren, indem man anhand der Stellung der Himmelskörper und der Seekarte den Kurs festlegt.

Steuerbord: Bezeichnung für die rechte Seite eines Bootes, vom Heck aus gesehen.

Sumlog: Instrument, das die Geschwindigkeit des Bootes anzeigt.

Tampen: Seil, um das Boot z.B. am Steg zu befestigen. Aufschießen bedeutet dabei, die Tampen, wenn sie nicht benutzt werden, in Form eines in sich geschlossenen Kreises auf das Deck zu legen, damit sie sich nicht verwuseln.

Touren vorgeben bzw. U/min: Vorgabe der Drehzahl für den Motor per Gasgriff. Desto höher die Touren, desto schneller läuft der Motor.

Vollzeug: Ein Segelboot hat alle Segel voll in den Wind gedreht.

Wanten und Stage: Bei Segelbooten diejenigen Teile des Tauwerks, die als Abspannung zur Verstellung der Masten dienen.

Webeleinstek: Ein spezieller Knoten im Tampen.

Zett-Antrieb: Die Antriebswelle eines Innenborders, an der dann unter Wasser der Prop angebracht ist, wird vom Motor aus zu einer Art Box am Heck geleitet. Hierzu sind zwei Biegungen notwendig, die die Form eines Zetts haben. Die Box ist hochklappbar, sodass man an den Propeller drankommt und ihn z.B. von Schilf säubern kann, was sich um diesen wickelte. .

Zeitfracht Medien GmbH
Ferdinand-Jühlke-Straße 7
99095 Erfurt, Deutschland
produktsicherheit@kolibri360.de